不为繁华易素心

民国文人风骨

游宇明 ◎ 著

浙江大学出版社

ZHEJIANG UNIVERSITY PRESS

·杭州

图书在版编目(CIP)数据

不为繁华易素心：民国文人风骨. / 游宇明著. —杭州：
浙江大学出版社，2012.1（2025.6重印）
ISBN 978-7-308-09457-3

Ⅰ.① 不… Ⅱ. ① 游… Ⅲ.①文人–生平事迹–中国–民国
Ⅳ.①K825.4

中国版本图书馆CIP数据核字（2011）第265280号

不为繁华易素心
——民国文人风骨

游宇明　著

责任编辑　胡　畔
封面设计　居　居
出版发行　浙江大学出版社
　　　　　（杭州市天目山路148号　邮政编码310007）
　　　　　（网址：http://www.zjupress.com）
排　　版　大千时代（杭州）文化传媒有限公司
印　　刷　小麦（杭州）印刷科技有限公司
开　　本　710mm×1000mm　1/16
印　　张　19.75
字　　数　260千
版 印 次　2012年1月第1版　2025年6月第16次印刷
书　　号　ISBN 978-7-308-09457-3
定　　价　48.00元

往事未付红尘

岳　南

在文学上，游宇明先生是一个很难用三言两语界定的人物。有人说他是美文家，他的美文佳作不时出现在《散文》、《青年文学》、《北京日报》等众多纸媒上，并被央视"子午书简"栏目三次播出，选入教材、文集，其数量之多，恐怕他自己也无法准确计算了。前一段又听说《读者》、《格言》等受众广大的刊物纷纷与他签约，更证明了其美文的影响力。有人说他是杂文家，《杂文报》、《杂文月刊》、《湘声报》等杂文主阵地时有他攻城略地的身影，国内各种杂文奖项经常闪烁他的名字，最权威的几种杂文年选总有他一席之地，《杂文选刊》曾为他做专辑、专访，大为红火。

近几年，游先生开始把精力和视角投向民国时期的大师巨子，以及那些有担当、有风骨、坚守民族大义和独立之精神、自由之思想的人物，这个转变正如游先生对我的剖白："也许是因为对过去的事情有些好奇，最近四五年，我颇痴迷于史书，读过的史书少说也有一两百本，读史书又喜欢关注那些活得元气充沛的人，时间长了，眼前经常人影飘动。"那么，在游先生的眼前飘动的是些什么人呢？从《不为繁华易素心——民国文人风骨》中可以找到答案。他们是蔡元培、梁启超、王国维、张伯苓、辜鸿铭、胡适、鲁迅、朱自清、梅贻琦、金岳霖、张奚若、钱端升、陈寅恪、吴宓、丰子恺、弘一大师、杨树达、叶企孙、吴有训、顾颉刚、成舍我、林语堂、傅斯年、赵元任、刘文典、叶公超、钱穆、钱锺书、钱学森、钱三强、钱伟长、梁宗岱、严怪愚，等等，正是这一批人物，在那个风云际会的时代写下了光辉灿烂的篇章，留下了不朽的盛业和一大笔值得后人追思缅怀的精神遗产。

回眸民国时期的人物与文化，很像一部现代版的春秋战国史，人才辈出、大师如林、百家争鸣、精神昂扬、思想自由、学术文化如同星河灿烂繁荣，令人心向往之……面对这一盛景和精神高地，连同站在高地上的鸿学硕儒，游先生在观察和书写中，没有刻意去描绘全貌、全景，或进行宏大叙事，而是捕捉人物的侧面和生活中不太为人看重或易被忽略的细枝末节，从这些小处勾勒出人物的音容风貌，传递一种真性情、真精神和大境界，给读者以启迪心灵的洗礼。

从书中的第一辑可以看到，被学界誉为"三百年来仅此一人"的"教授的教授"陈寅恪，发现自己任职的清华理工学院教员全年无请假一点钟者，因而自己也连续两年未请假一点钟。按陈氏的说法，其实多上一点钟与少上一点钟毫无关系，但自己心中默默有个誓约，非有特殊缘故必不请假，故常有带病而上课的情况。今天，我们经常听到一些人说当年的清华如何如何了得，出了多少人才，培养了多少大师云云，须知培养大师是有条件和要付出代价的，从陈寅恪先生透露的这件小事上，可窥知和领悟到一点什么。

像陈寅恪这种宁可自己付出代价也要坚守规则的事，同样体现在傅斯年身上。抗战时期，傅斯年率领的中央研究院史语所由昆明迁到了四川南溪李庄，就是在这个地方，他坚决拒绝中研院总干事叶企孙欲聘时在桂林的陈寅恪遥领中央研究院史语所研究员职并支专任之薪。陈傅二人既是柏林大学的同学，又有亲戚关系，表面看起来傅似乎有点无情，但恰恰通过"无情"这一点，可证那一代文化人视原则、规程的重要几乎超过了生命，亦证其人格力量的伟岸和风骨所在。——走笔至此，我想读者看过《傅斯年当年的忧虑》这一篇短文之后，设身处地想一想，假如自己是陈寅恪或傅斯年，能不能具有这样的品质，能不能在彼时彼地这样做并在社会的现实里有所坚持？这或许是游宇明先生暗中为读者出的一道促其反思人生的试题吧。

顺便说一下，书中第一辑的"先生之风，山高水长"的小标题，不是随便拟出来的，实是引自范仲淹《严先生祠堂记》的句子。范氏以"云山苍苍，江水泱泱，先生之风，山高水长"来赞美他的老师严子陵。这个句子被游先生借来做提纲挈领的引子，确实是恰到好处。在这个小标题之下，我们看到大师们群体的雕像和仰之弥高的精神风采，所谓"大学者，非有大楼之谓也，有大师之谓也"，这是清华校长梅贻琦的话，也代表了那个时代现实和学术界的追求目标。正是有了这样的现实环境和精神支柱，才有抗战爆发后的西南联大时期，哲学教授金岳霖冒着敌机轰炸，写出了力作《论道》和一生的代表作《知识论》；才有了机械工程学家刘仙洲跑警报之余写出了著名的《热工学》；才有了社会学家陶云逵冒着被敌人炸死的危险跑遍云南全省，调查少数民族社会经济、语言分布、宗教信仰、地理环境，创办"边疆人文研究室"和《边疆人文》杂志等丰功伟绩。而从这些鲜活的例证中，后来者才更加直感地触摸到自由知识分子背后那一根瘦弱与坚硬的脊梁。所谓铁肩担道义，世事多舛而情怀不改、信念不衰，在这一群大师们身上淋漓尽致地表现了出来，成为我们的民族记忆中最温热的一部分。

当然，正如冯友兰教授撰写的西南联大纪念碑碑文所言："文人相轻，自古而然，昔人所言，今有同概。"大师也有大师性格中的差异和不足，师生、同事间的口舌、义气之争自是难免。如书中毫不隐讳地再现了鲁迅与史学家顾颉刚之争，国学大师刘文典等对作家沈从文的鄙视等尴尬之事。而我认为游先生写得最为出色的一篇是《两种"谢本师"》，文中，作者特别择取了历史上最著名的一次"谢本师"事件加以叙述。其事发生在清代著名朴学大师章太炎与俞平伯的曾祖父俞樾之间。俞樾当年科举考试以一句"花落春仍在"深得主考官曾国藩的赏识，后把讲舍命名为"春在堂"。章是俞的学生，俞对章氏出校之后结交维新人物、倡言革命、剪掉辫子等举动极为不满。1901年，章太炎去苏州东吴大学任教，拜访住在苏州曲园的俞樾，俞氏声色俱厉，对章的行为大加指责。章太炎很不服气，当即反驳，后写下《谢本师》一文，宣布离开师门，但两人并未真的断绝师生关系。1907年俞樾去世，章太炎作《俞先生传》，虽然文章中不乏微词，整个基调却充满敬意。章太炎寓居上海时，有次专程赴苏州凭吊俞樾故居。看到大厅中一幅写着"春在堂"的匾额，认出是先师俞樾的遗墨，立即命同行的陈存仁点起香烛，行三跪九叩之礼。走到左厢房，章太炎辨认出这是他旧时的读书处，请房主拿出纸笔留字，房主只有笔墨而无纸张，章太炎在墙上留了两首诗，黯然而别，故事到此结束。

游宇明文章的老到和技高一筹之处在于，在看似故事结束之后继续书接上回，笔锋一转，点出周作人与沈启无师徒反目的事例示众。如此对比，文章的立意、境界和所达到的高度就显得大不同了。沈启无是周作人的学生，曾与俞平伯、废名、江绍原等并称"周门四大弟子"。此人最初对周作人亦步亦趋，抗战期间，周出任伪教育总署督办一职，沈启无担任伪北大文学院国文系主任兼图书馆主任。但沈觉得老师当了大官，自己的官帽子太小，对周作人深怀不满，竟至反目成仇，最后发展到相互在文章中讥讽、攻击对方……对上述两次"谢本师"事件，游宇明认为不可同日而语，章太炎的"谢本师"为公不为私，所以，章在不得已的"辞谢"里有对师恩的念念不忘和对老师出自内心的敬重。这样的"谢"虽然也是悲剧，但沉痛中自有一份温暖，能够得到后人充分的理解和尊敬。而沈启无的"谢本师"却完全源于个人的私欲，而且这私欲还与他们师徒在民族大义上的失节联系在一起。因此，其"谢师"也就"谢"得鬼鬼祟祟、有气无力，师徒都被后人看不起。"谢本师"本身无所谓对错，因什么而谢却标示着一种品位和思想境界。

——思往事，立斜阳，而今风云已更改，当时却道寻常。《不为繁华易素心——民国文人风骨》，正是把民国时代看似寻常的事重新发掘、展示出来，以期让读者在新的现实和语境中得到启发和教益，于历史的温情和敬意中重塑失落的民族之魂。

　　岳南，1962年生，长期致力于纪实文学的创作，著有《复活的军团》、《日暮东陵》、《风雪定陵》（合著）等考古纪实文学作品12部。另著有以自由主义知识分子的学术精神情感命运为主体脉络的《陈寅恪与傅斯年》、《从蔡元培到胡适》、《南渡北归》等十部。其中有十余部作品被翻译成英、法、德、意、日、韩等文字在海外出版，全球销量已达数百万册。现为台湾新竹清华大学驻校作家。

目　录

第三辑　大学者，有大师之谓也

第四辑　文人的另一种色调

第五辑　满园春色关不住

先生之风，山高水长

悲观论学人的选择

读过不少民国史著作，深为一些前辈学人对国家、民族的那种责任感而感动。以前总认为那些杰出的知识分子之所以要逃离沦陷区奔赴大后方，是因为他们对抗战前途非常乐观，相信不久的将来，中国就会光复国土，自己可以继续以前的安宁生活。事实却告诉我，其时很有一些爱国学人对时局的看法是悲观的。

刘宜庆《绝代风流》一书收录了抗战初期一些学人的诗作，从这些诗作里，我们可以非常清晰地看到学者们对国家前途命运的担忧。1937年底，北大、清华、南开联合组成的长沙临时大学开学，冯友兰和临时大学的学者游览衡山，拜谒二贤祠（为纪念朱熹、张栻的论学而建），情不自禁，吟诗两首："二贤祠里拜朱张，一会千秋嘉会堂。公所可游南岳耳，江山半壁太凄凉。""洛阳文物一

冯友兰　　　　　　　　　　　陈岱孙

尘灰，汴水繁华又草莱。非只怀公伤往迹，亲知南渡事堪哀。"1938年2月，因为几次大的战争失利，临时大学被迫迁往昆明，冯友兰、陈岱孙、朱自清等人途经桂林、柳州时，乘船游览了桂林山水。想到战时局势，朱自清不禁悲从中来，作《漓江绝句》："招携南渡乱烽催，碌碌湘衡小住才。谁分漓江清浅水，征人又照鬓丝来。"与冯友兰、朱自清相比，吴宓和陈寅恪诗中的悲观情绪更深一层。吴宓《大劫一首》云："绮梦空时大劫临，西迁南渡共浮沉。魂依京阙烟尘黯，愁对潇湘雾雨深。入郢焚麋仍苦战，碎瓯焦土费筹吟。惟祁更始全邦梦，万众安危在帝心。"云南蒙自有一南湖，湖中有一个叫松岛的小岛，一天傍晚，陈寅恪与吴宓从松岛散步回来，看着湖面的荷花，听着桥旁酒楼里的划拳、碰杯声，不禁悲从中来："景物居然似旧京，荷花海子忆升平。桥边鬓影还明灭，楼外笙歌杂醉醒。南渡自应思往事，北归端恐待来生。黄河难塞黄金尽，日暮人间几万程？"

　　冯友兰、朱自清、吴宓、陈寅恪四人的诗中都提到"南渡"一词。在中国文化中，"南渡"是有特定的含义的，借用冯友兰所撰的《国立西南联合大学纪念碑》上的话说是："稽之往史，我民族不能立足于中原，偏安江表，称曰南渡。"南渡之所以堪哀，是因为历史上，"南渡之人，未有能返者。晋人南渡其例一也，宋人南渡其例二也，明人南渡其例三也。"

西南联大的一些学者对时局持悲观态度，并非完全没有原因。一是因为连年内战，中国的国力、军力薄弱，物质储备、人员素质都很难支撑长期的消耗战；二是几千年的专制制度造成社会不公、官民不睦，沦陷区的主要汉奸政权就有三四个，抗日战争期间自愿、半自愿为日寇充当炮灰的伪军居然超过百万人。所有这些，都使学人们忧心忡忡。

对战时形势的估算如此悲观，然而，这些来到大后方的杰出学人从未想过卖身求荣，而是毫不犹豫地选择了与自己苦难的祖国共进退，用知识打造民族的心力。他们知道，国家就像一栋大房子，不要说这栋房子全部倒塌，就是屋顶烂个窟窿，公民也会遭受无数的

朱自清与妻子陈竹隐

风雪雨霜。个人要想活得有人格有尊严，就必须千方百计保住国家这栋房子。何况，国家越是危难，越需要大家团结一心，有钱出钱，有力出力，有智出智，只有这样，国家才有机会起死回生。

认为某种国事不可为却偏要执著地付出自己的努力，鞠躬尽瘁，死而后已，这正是那一代"悲观"论学人们最值得后人敬佩的地方。

蔡元培

好人蔡元培

蔡元培先生是一个极有个性的人物。他身为前清翰林，却热心于推翻清王朝的革命，1904年组织光复会，1905年加入同盟会，革命信念终生不渝。他从旧时代过来，却有着非常前卫的教育思想，主张对新旧思想"兼容并包"，实行教授治校，宣扬劳工神圣，"以美育代宗教"。一句话，作为革命家、教育家，蔡元培都作出了非同一般的贡献，影响十分深远。

然而，对蔡元培，也许最恰切的评价应该是：他首先是一个好人，一个时刻准备燃烧自己温暖别人的好人。

毛子水《对于蔡先生的一些回忆》披露了这样一个细节：蔡元培有次跟钱玄同聊天，钱玄同突然问："蔡先生，前清考翰林，都要字写得很好的才能考中；先生的字写得这样整脚，怎么能够考得翰林？"蔡元培笑嘻嘻地回答："我也不知道，大概因为那时正风行黄山谷字体的缘故吧！"蔡元培1912年就是国民政府的教育总长，是标准的高官；年纪也比钱玄同大19岁，算是长辈。然而，他对钱玄同的冒犯毫不在意，充分反映了他的宽容。

蔡元培特别关心别人。民国21年春天，蔡元培到武昌珞珈山小住，武汉大学的同人热烈地欢迎他。当时学生辈的陈西滢正病卧在床，不能行动。蔡元培走上百余级石阶专门去看陈西滢。一年夏末，陈西滢与蔡元培一同去北平。车快到北平时，蔡元培对陈西滢说跟他一起乘车是不用花钱的，这一次一个钱也没花，心里觉得很不安，饭车的钱希望陈西滢让他开销。蔡元培说得这样委婉诚恳，陈西滢也不好坚持。第二天早晨发现不但饭费，连睡车上茶房的小费他都付过了。车到站时，蔡元培又说他带了一个当差，并且有人来接，行李有人招呼，劝陈西滢将行李放到一处运去。陈西滢非常感动，后来专门写文章提到这些事。

汪精卫

蔡元培待人宽容、热情，却也不是一个没有原则的人，当朋友做了错事，他敢于直言不讳地指出来。罗家伦《伟大与崇高》一文回忆：1935年，蔡元培到南京，当时还是南京政府行政院长兼外交部长的汪精卫请他吃晚餐。蔡元培苦劝汪精卫改变亲日立场，铁心抗日。蔡元培说这些的时候流下了眼泪，滴在汤盘里，和汤一道咽下去。

从某种意义上说，人是靠事业标定价值的，希望自己在某个领域出人头地，赢得他人的尊敬甚至膜拜，也是人之常情。但人又是一种社会性很强的动物，自己的所作所为可能对他人发生影响，因此，做一个好人，给所有路过你生命的人带来快乐和幸福，应该成为我们的第一追求。做好人与干大事其实一点也不矛盾。做好人要关心别人的冷暖，似乎耽误了做事业的时间，实际上不是这样。一个人善待别人，别人也会帮助你，你干事业的效率就会大大提高。一生做好人的蔡元培，最后不是成就了大事业吗？

真正的好人不会把做好人看作一种投资，但时间一定会主动付给你应有的补偿。

骨头的重量

也许是因为对过去的事情有些好奇，最近四五年，我颇痴迷于史书，读过的史书少说也有一两百本，读史书又喜欢关注那些活得元气充沛的人，不觉间常常被前人的事迹深深打动。

徐中舒

邵瑞彭信札

邵瑞彭是来自浙江淳安的一个参议员，这位浙江省立优级师范的毕业生，先后加入过光复会、同盟会，热心于推翻封建帝制，建立民主自由的共和制度。1912年12月，他当选为众议员。1923年，直鲁豫巡阅使曹锟看上了总统的位子，曹锟这个人无德无才，想通过正规的选举上台几乎没有可能，他决定贿赂议员。10月1日，在曹锟的授意下，由设在北京甘石桥的总统选举筹备处向在京议员分赠支票一张，面额5000银圆，约定选后三天兑现。绝大多数众议员都被收买了，投了曹锟的票，做了"猪仔"议员，唯独邵瑞彭不干。收到5000银圆的贿选支票后，他立即拍照寄往北京、上海等地的报纸发表，同时向北京地方检察厅提出控诉，顿时全国舆论一片哗然。邵瑞彭的正义之举受到了社会普遍的尊敬，当他躲避追杀抵达严州、淳安时，淳逐旅严同乡会、石峡师范讲习所、雉山小学等机构都举行盛大集会欢迎他，会场打的横幅统一写着"揭发五千贿选，

徐悲鸿画作《灵鹫》

先生万里归来"的字样。

　　徐悲鸿是中国现代杰出的画家之一，因为看不惯国民党的一些做法，他对当局采取不合作的态度。傅国涌《民国年间那人这事》载：1929年，国民党政府举办第一届全国美术作品展览，他拒绝参加。与他一向保持友好关系的戴季陶、朱家骅想联名介绍他加入国民党，他不愿意。1935年，朋友张道藩请他给蒋介石画像，他一口回绝，说自己对蒋介石不感兴趣。1943年，他在重庆展示了一幅国画《灵鹫》，笔力雄健，意境深远，一位美国将军特别喜欢。抗战胜利之后，美国将军回国，蒋介石要送礼物，此人什么都不要，只想要徐悲鸿那幅《灵鹫》，然而，无论国民党官员开价多少，徐悲鸿就是不卖。

徐百柯《民国那些人》写到四川大学教授徐中舒的一件旧事。极"左"时期，有次开《海瑞罢官》讨论会，当时很多先生都"学聪明了"，一看风向不对，包括某些和吴晗私交很好的人都开始变得滑头，说话不知所云。徐中舒却说："吴晗写这个东西是不是为彭德怀翻案，我不知道，我也不认识吴晗。但姚文元的说法我觉得不对，清官总是比贪官好吧，怎么连清官一块儿批呢？"徐中舒的意见一发表完，记录这次会议的小册子立即从"学习辅导材料"变成了"供批判用"，徐中舒成为"文革"中四川大学第一个被揪出来的"反动学术权威"。

每一个人都有一副父母赐予的骨头，有的人骨头很轻很软，一顿饭、一包烟、一瓶酒、一次色诱、一个荣誉就可以将其收买；有的人骨头很重很硬，金钱、权势、安逸的生活、旷世的名声都无法使之改变自己的坚守。原因很简单，前者的骨头只是一般的骨头，而后者的骨头却加入了一种精神养分，这种精神养分我们称之为骨气。

因为有了杰出者的骨气，我们的世界多了阳光雨露、碧草蓝天。

老派学人的真气

最近一些年，"会来事"、"会做人"似有成为褒义语之势。然而，就在这种人人琢磨怎样赢得他人青睐的氛围里，真正让人内心生出喜欢的实心人和性情中人却越来越少，这不免让人怀念已经离开我们的一些老派学人的真气。所谓真气，就是一个人想说什么说什么，爱干什么就干什么的脾性。

著名散文家朱自清先生曾经做过清华大学图书馆馆长，他做事原则性很强，最肯站在别人的角度思考问题。朱自清先生在辞去图书馆代理馆长职务准备办理移交时，特地将一个不称职的馆员辞退。朱自清说：我不能把确实无法胜任在图书馆工作的人留给继任的图书馆馆长，让我充好人而继任馆长当恶人。

在原则问题上，闻一多先生也是不会"来事"、不懂得"做人"的。汪修荣先生《民国教授往事》介绍：西南联大教授刘文典有吸鸦片的坏习惯。当时距昆明千里之遥的磨黑有个叫张孟希的富豪想从昆明请一位

朱自清

著名大学教授去磨黑，为其母亲写墓志铭，满足自己的虚荣心。他托人找到刘文典，表示除供给刘鸦片、承担刘一家三口的生活费之外，刘回昆明时再送50两"云土"为谢。在战争年代，这个条件相当优厚，刘文典自然高高兴兴地接受了邀请。没想到，刘文典回到昆明后，虽然学校聘任委员会同意聘任刘文典，中文系代主任闻一多却拒不发给其聘书。闻一多认为刘文典去磨黑的行为不足以为人师表。刘文典不服气，给清华大学校长梅贻琦写信申诉，但闻一多不肯通融，刘在此事上也确实授人以柄，梅贻琦爱莫能助。刘文典找到闻一多，两人大吵了一架，不得已，刘文典只好离开西南联大，去了云南大学执教。

钱理群先生《论北大》一书讲到逻辑学家金岳霖一件轶事。金岳霖年轻时曾经热烈追求过一代美女兼才女林徽因，但林最后却选择了建筑学家梁思成，金岳霖遂终身不娶。林徽因死后，有一年，金岳霖在北京饭店请了一次客，老朋友都很纳闷，到了之后，金岳霖才郑重宣布："今天是徽因的生日。"全场肃然动容。

我们的社会无疑需要真气，真气意味着一个人交出自己的心让别人反

闻一多

复察看、抚摸，不忌讳他人评头品足，不惧怕他人误会中伤，它是光明磊落、坚守内心准则的一种象征，也是正义的化身。

然而，真气又是最不容易获得的。上述这些老派学人身上焕发着勃勃真气，当然与他们自身真率、纯净的本质有关。真气本质上就是对一个人灵魂中的污秽、阴谋、野心等等见不得人的东西的抵抗，没有这种抵抗，真气就没有落脚的地方。老派学人的真气更与当时的社会环境血肉相连，这一点往往被人有意无意地忽视了。中国20世纪三四十年代国民政府忙于打仗，对大学的控制力相对较弱，学术在大学里具有相当大的话语权，学人在校内外较受尊重。金岳霖请客之举虽然发生在20世纪50年代，他秉承的也还是20世纪三四十年代民国大学学人的作派。没有20世纪三四十年代特定的时代环境，没有当时的权力对学术的相对宽容，学人就不可能活得这样真气充盈、性灵飘飘。

无数事实证明：仅仅依靠学人的坚守，真气不可能长久，更不可能成为一种风尚。

梅贻琦的操守

20世纪上半叶，清华大学的学生运动特别活跃，学生们经常驱赶校长，清华大学的校长当得很狼狈。然而，梅贻琦在清华做了17年校长，任何时期，清华学生喊出的口号都是"拥护梅校长"。1962年，梅贻琦在台湾去世，大家把他安葬在他亲自创办的清华原子能研究所（后改称新竹

"清华大学"），他的墓地被称为梅园，一年一度，新竹清华人都会举行盛大的祭"梅"活动，以纪念这位杰出的教育老人。

梅贻琦受到清华师生如此崇敬，当然与他确立的"教授治校"的清华传统有关。在清华，做一个好教授永远是最神气的，梅贻琦说过："大学者，非谓有大楼之谓也，有大师之谓也。"他还说："我这个大学校长是帮教授搬凳子的。"不过，有一点，我们绝对不可以忽视，梅贻琦之所以影响巨大，也由于他崇高的道德操守。

龙　云

潘光旦

作为深受西方文化影响的知识分子，梅贻琦有着极强的规则意识。1938年，奉国民政府教育部的命令，清华大学与北京大学、南开大学合组西南联合大学，迁往昆明，当时的云南省政府主席龙云在人财物等方面给了西南联大最大的支持。有一天，龙云特地来拜访梅贻琦，说孩子没有考取联大附中，请求破例录取。梅贻琦留龙云吃饭，并请联大教务长潘光旦作陪。席间，梅贻琦先生请潘光旦派老师晚上辅导龙云的孩子，等明年再考，并且言明老师的家教费得由龙主席支付。对别人坚守规矩，对自己的子侄更不例外。当年，梅贻琦的侄子梅祖武、小女儿梅祖芬都报考过清华大学，因为成绩不合格，一个去了北洋大学北京分部（即后来的北京大学

费正清

钱端升

工学院），一个去了燕京大学。梅贻琦做了那么多年的清华大学校长，没有凭个人关系录取过一个"自己人"，他曾嘱咐秘书和有关招生的老师，凡要求破例录取的信件，不必转给他本人，一律按规定办事。

梅贻琦特别廉洁，首先是使用公款非常节省。刘宜庆《绝代风流》一书介绍：抗战之初，梅贻琦刚到昆明，就退掉司机，将个人使用的小汽车拿来公用。他外出有公务，近则步行，远则搭蒋梦麟或别人的车。1941年7月，梅贻琦、郑天挺、罗常培在成都准备转重庆回昆明，梅贻琦联系到了飞机票，此时恰好又有个乘邮政汽车的机会，想到乘邮政汽车可以给公家节约两百多元，梅贻琦毫不犹豫地退掉了飞机票。

梅贻琦非常鄙夷化公为私的行为，宁可委屈自己，也绝不占公家半点便宜。20世纪30年代初，梅贻琦刚出任清华大学校长，就主动放弃前任校长享受的免交电话费、免费雇佣家庭帮工、免费拉两吨煤等几项"特权"。 1939年以后，昆明物价飞涨，师生基本生活极难维持，梅贻琦向国民政府教育部申请了一些补助金，有给老师的，有给学生的。梅贻琦的四个子女都在联大读书，他却不让妻子领取补助金。其实，梅贻琦一家也过得非常清苦，他一个月的工资只能维持一家人半个月的生活，其妻子不得不做些糕点寄卖以补家用。1942年，美国驻华大使特别助理费正清来昆明，拜访联大的金岳霖、张奚若、钱端升等人，梅贻琦请其吃饭，本来完全可以用公款报销，他却为费正清举办家宴，一顿饭花了不下1000元，而他当时的月薪不足600元。1962年，梅贻琦在台湾去世，身边的人打开他病中一直携带的一个箱子，里面全是清华基金的数目，一笔一笔，分毫不爽。

现在一些大学校长常常为人诟病，官僚气、势利、以权谋私、浪费、学术腐败都是其显见的病灶，他们与梅贻琦等过去的校长的区别，既体现在学识上，更体现在个人操守上。

名流的脾气

在国人的传统观念里，脾气绝对不是一个好词。它往往与不理智、冲动、不会做人等负面信息联系在一起。我们似乎很少想过一个道理：脾气到底有没有价值？

其实，杰出的人往往是有脾气的。1940年蔡元培先生在香港辞世，中央研究院院长一职空缺。依当时的体制，应该由中研院聘请的评议员民主推选三位候选人，再由民国政府最高领导者从中圈出一位。正当选举即将展开，蒋介石下一条子，要求大家举顾孟余出来。陈寅恪觉得蒋的行为破坏了游戏规则，极为不满，当即表示自己只投胡适的票，还说如果要把顾孟余选出，胡适也必须选出。选举期间，有人请蒋介石参加评议员的集体宴会，席上蒋氏说了一些冠冕堂皇的官话。陈寅恪想起蒋介石下条子的事情，就非常看不起他，宴罢赋诗一首："自笑平生畏蜀游，无端乘兴到渝州。千年故垒英雄尽，万里长江日夜流。食蛤那知天下事，看花愁近最高楼。行都灯火春寒夕，一梦迷离更白头。"写完，陈寅恪亲抄一份给西南

蒋介石

联大外文系教授吴宓品评，吴心有灵犀，立即将诗收入《吴宓诗集续集》稿中。诗后附注："寅恪赴渝，出席中央研究院会议，寓俞大维妹丈宅。已而蒋公宴请中央研究院到会诸先生，寅恪于座中初次见蒋公，深觉其人不足有为，有负厥职。故有此诗第六句。"据吴宓考证，陈寅恪的诗还借"食蛤"的典故，骂蒋介石为小人。

与陈寅恪相比，蔡元培的脾气似乎更大。岳南《从蔡元培到胡适：中研院那些人和事》载：1922年12月，北洋政府议长吴景濂、副议长张伯烈等人为了在派系斗争中取胜，向总统黎元洪举报内阁财政总长罗文干与奥地利银行签订借款合同时收受贿赂（后来证明此事子虚乌有），胁迫总统黎元洪下令逮捕罗文干。司法当局经过一番调查取证，觉得这是一桩冤案，宣布无罪释放罗文干。然而，只过了四天，国务院一帮政客再度开会，由教育总长彭允彝提案，再次将罗文干逮捕入狱。此时，身为北京大学校长的蔡元培坐不住了。1923年1月17日，他向总统黎元洪递交辞去北大校长的呈文，以示强烈抗议。蔡元培在呈文中说："钧座尊重司法独立的命令朝下，身为教育最高行政长官之彭允彝，即于同日为干涉司法独立与蹂躏人权之提议，且已正式通过国务会议。似此行为，士林痛恨！佥谓彭允彝此次自告奋勇，侵越权限，无非为欲见好于一般政客，以为交换同意票之条件耳。元培目击时艰，痛心于政治清明之无望，不忍为同流合污之苟安；尤不忍此种教育当局之下，支持教育残局，以招国人与天良之谴责。惟有奉身而退，以谢教育界及国人。"7月20日，蔡元培登船赴欧洲考察、进修，一走就是三年，从此再也没有回到他所挚爱的北大校园。

所谓脾气，其实就是一个人对自己不喜欢、不赞成的事表态时的激烈

罗文干

黎元洪

蔡元培

程度。对于个人意气之争，我们当然要尽可能抑制自己的脾气，让自己冷静再冷静，交一个朋友要花许多工夫，得罪一个人只需一句话。但对于原则性的问题，尤其是故意的权力侵害，我们不妨拿出点脾气来，旗帜鲜明地表明自己的态度。这个时候，脾气不再是一种简单的意见选择，而变成了一种血性、一种勇气、一种面对邪恶的凛然正义，此种脾气只会让人仰视。

当然，一个人的脾气也是不容易发的。我们要取得发脾气的资格，需要走过两座桥梁：一是你得有本事；二是你的意见代表真理。有本事，你发了脾气才有影响力，就算那些得罪你的人不把你当回事，你至少可以争取民心。意见代表真理，你发的脾气才能体现出价值，也才可能在悠悠岁月中留下应有的痕迹。世界上因为某件事发过脾气的人不知凡几，但只有陈寅恪、蔡元培等少数人所发的脾气被历史记录下来，道理就在这个地方。

我们今天的环境与陈寅恪、蔡元培所处的时代自然有很大不同，为社会和谐计，遇事多进行心平气和的沟通，尽可能少发脾气，理应成为一种人生选择。不过，如果有人利用我们的善良肆无忌惮地干污浊事，我们同样应该理直气壮地予以鞭挞。原因很简单：黑暗最害怕阳光，只有阳光才能使黑暗遁形并最终消灭黑暗。

为逝者践诺

看过不少古今中外的名人、伟人们如何历尽艰难履行自己承诺的故事，最使我感动的还是丰子恺当年对弘一法师的一次践诺。

1927年，弘一法师云游到上海，住在其早年的学生丰子恺家，两人朝夕相处两个月，丰子恺再也克制不住自己的向佛之心，决定拜大师为师，正式皈依佛门。这年秋天，这对师生商定了一个宣传仁爱的计划——编绘出版《护生画集》，由丰子恺作画50幅，弘一大师配诗并书写，"以艺术作方便，人道为宗趣"，规劝人们戒杀护生、慈悲为怀。丰子恺特地将《护生画集》第一集安排在1929年2月出版，以庆祝弘一大师来年50岁的生日。10年后，丰子恺为庆贺弘一大师60岁大寿，作《护生画集》续集，绘了60幅画。看了这些画，弘一大师非常高兴，给丰子恺写信说："朽人七十岁时，请仁者作护生画第三集，共70幅；八十岁时，作第四集，共80幅；九十岁

弘一法师

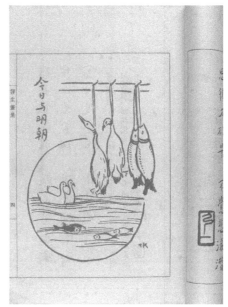

《护生画集》　　　　　　　　　　护生画

时，作第五集，共90幅；百岁时，作第六集，共100幅。"丰子恺当即复信承诺："世寿所许，定当遵嘱。"《护生画集》续集由夏丏尊作序，弘一大师书文写跋出版。1949年是第三个10年，此时弘一大师已在7年前离开人世，丰子恺没有忘记老师的嘱托，用心绘制《护生画集》第三集。为了集中精力，丰子恺停止刊布润例，闭门谢客，在厦门一住三个月。绘稿完成，丰子恺特地到香港，请精通佛学的书法家叶恭绰书写诗文。其时，叶恭绰年迈体弱，只能抄写，不能作诗。丰子恺自己作了一些，还选了些古诗，画集终于如期出版。

　　新中国成立后，丰子恺担任上海中国画院院长，公务虽然繁忙，他却没有忘记绘制《护生画集》第四集。当时国内一些人将佛教视为封建迷信，绘护生画不便公开，画集也不可能在大陆出版，丰子恺随时选材作画，陆续寄到新加坡某友人处。第五集本应在1970年出版，但丰子恺担心中途出现变故，1965年就提前画好了。两册画集都由友人在海外募集资金出版。"文革"时，丰子恺失去了写作和作画的自由，《护生画集》

丰子恺

亦被列为"反动书刊",然而,即使在这样严酷的政治环境中,丰子恺依然牢牢记着自己当年对老师的承诺,他白天在"牛棚"受批挨斗,晚上拉严窗帘偷偷作画,终于在1973年完成了原计划在1980年才完成的《护生画集》第六集。残酷的批斗摧毁了他的健康,丰子恺担心自己看不到画集出版,为了防止画集印制时顺序被搞错,他特地在每一幅画上都标明了页码。从1927年开始到1973年止,为承诺过老师的这套《护生画集》,丰子恺整整画了46年。面对这样的诚信佳话,就是千年顽石也一定会为之动容!

仔细一想,我们对别人的承诺大致可分为两种,一是面对活人的,一是面对死人的。世人要兑现面对活人的承诺不难。被承诺者在世间的存在本身就是对承诺者的一种提醒和催促,你有诺不践,肯定会遭到被承诺者和周围人的鄙夷。再说,一个人履行对活人的承诺不太可能完全没有回报,就算没有得到物质报答,至少你会得到被承诺者精神的嘉许。但兑现面对死人的承诺就不同了。被承诺者既然已经死去,你违诺,不会有人谴责你;你践诺,不会有人表扬你、奖励你,此时,你唯一需要过的坎只是个人的良心和自我的道德评价。而这种个人的良心和自我的道德评价,对一些人也许是非常了不得的事情;对另一些人,则不过是一块随时准备用来丢弃的破抹布。正因为兑现对死人的诺言,我们依凭的只能是内心的力量,其难度自然也比兑现对活人的承诺大得多。

一个人不受利益支配只为内心安宁去兑现承诺的时候,其实也正是我们的生命大放异彩的时候。

世界上最难的学问

每次读到叶企孙先生的事迹，总会产生一种"高山仰止，景行行止"的感觉，这种感觉不因时间流逝而淡化；相反，时间愈长，我的敬重愈是深厚。

作为一个物理学家、物理教育家，叶企孙先生自有一份骄人的成就。他才华横溢，读博士时就以《普朗克（Planck）常数的测定》让世界物理学界刮目相看；他是诺贝尔物理奖获得者杨振宁、李政道的老师，对他们一生影响至大；他培养的学生，相当数量成为"两弹一星"功勋奖章获得者；他创建的清华大学物理系先后走出过50多位两院院士。

然而，叶企孙先生最为人称道的并不是他事业上的成就，而是他作为至性之人的巨大的人格魅力。

真正的知识分子往往充满批判精神，崇尚思想独立，叶企孙正是这样做的。1951年，内地报刊充满"集体主义"、"阶级斗争"这样的说辞，叶企孙却在倡导"高校教学与科研要自由、民主"；对于朝鲜战争，他认为是"美国的一种战略考虑，是针对苏联极权主义阴谋的"。在知识分子思想改造运动中，有的教授批评他"对政治太不热情，在旁观"，有的希望他"以后不应再认为政府是政府，学校是学校，两不相干"，叶企孙却说自己"对狂风暴雨式的批评方式不太习惯，希望对批评者提提改进意见，有所进步就算是能过去了"。一句话，叶企孙判断一个事物是怎样的性质，依据的不是上面的文件，也不是别人的看法，而是自己的独立思考。

叶企孙非常关心自己的学生。李政道刚入西南联大，叶企孙发现其理论水平高过别的同学，自学能力也特别强，便建议他不听物理方面的理论课，但要认真学实验课。李政道当年有一张理论课试卷，卷面只扣了两分，总分却只有83分。原因是李政道当年实验成绩不好，叶企孙把他的两门功课加起来算分，以此提醒他，理论必须建立在实验的基础上。1945年，西南联大物理系吴大猷教授接到国民政府通知，让其挑送两个学生去美国留学。吴大猷挑了物理系助教朱光亚。知道此事后，叶企孙主动找到吴大猷，劝其破格录用大二学生李政道。叶企孙去世后，人们从他的遗物中发现了一张保存了60多年的李政道的考卷。李政道这才知道，离开大陆后，老师一直在牵挂他。

关爱学生，自然不愿意给学生添麻烦。刘宜庆《浪淘尽——百年中国的名师高徒》一书记载："文革"时，钱三强在中关村的马路上碰到叶企孙，钱三强是叶企孙的学生，素来敬重老师，看到叶企孙，立即跑上去打招呼，对老师嘘寒问暖。叶企孙说：你赶快离开我，赶快躲开，以后你见到我，再也不要理我了，躲我远远的。钱三强当时是二机部副部长，负责原子弹工程，叶企孙生怕自己的"政治问题"牵连了钱三强。

叶企孙极其无私。1928年，叶企孙请吴有训到清华大学物理系任教，将吴的工资定得比自己的高，以示尊重。同事一段时间，叶企孙发现吴有训工作能力特别强，堪当重任，1934年推荐吴做物理系主任。1937年，叶企孙又辞去理学院院长职务，推荐吴有训接任。叶企孙的辞职，不是因为年龄偏大（此时他年仅38岁），也不是因为个人能力不够或是遭遇了谁的反对，完全是出于一片公心。由于他的无私举荐，吴有训脱颖而出，后来做了中央大学校长和新中国成立后的中国科学院第一任副院长。

对于知识分子，国人最看重的往往是其专业上的学问，某个人专业成就越高，人们越愿意支付自己的尊敬。知识分子的专业成就当然于社会有益，起码它可以一步步推动人类的文明。不过，我觉得，要让知识分子认真治学并不难。一个人具有高超的专业技能，不仅有利于社会进步，同时也会给他们个人带来种种好处，比如衣食之资，比如精神荣誉。想让知识分子选择高尚的人格则难得多。一个人走向这样的人格，往往意味着任何情况下都要坚守良知、甘心付出。世界上的人多如草芥，有几个愿意长期"亏待"自己呢？从这个意义上说，人格其实是世界上最难修炼和抵达的一种学问。

胡适先生的另类"利息"

　　看过不少有关胡适先生的文章，留下一种印象：此人胸襟非同一般。胡适对年青人特别友善，他在给一位女作家的信里说："青年思想'左'倾，并不足忧虑。青年不'左'倾，谁当'左'倾？只要政府能维持社会秩序，'左'倾的思想文学并不足为害。青年作家的努力也曾产生一些好文学。我们开路，而他们做工，这正可以鼓舞我们中年人奋发向前，他们骂我，我毫不生气。"胡适这样说，也这样做。当年的北大学生千家驹思想"左"倾，是"北大学生捣乱的头儿"（胡适语），作为北大校长的胡适却尽力帮助他，千家驹大学毕业后，胡适介绍他到陶孟和主持的社会调查所工作，推荐他到北大兼课，千家驹结婚时，胡适又当他的证婚人。

　　胡适更可贵的地方在于对自己的宿敌非常宽容。1936年11月，苏雪林写信给胡适，称鲁迅为"刻毒残酷的刀笔吏，阴险无比、人格卑污又无比的小人"，宣布要"向鲁党挑战"，劝胡适出面领导这个工作。胡适与鲁

胡　适

千家驹

迅属于不同的政治阵营，他们早年虽然一起编过《新青年》，共同扛过科学民主的大旗，随着《新青年》的分裂，两人后来分道扬镳。胡适提出"多研究些问题，少谈些主义"、"整理国故"、"好政府主义"等主张，都曾遭到鲁迅的无情抨击。换作旁人，很可能与苏雪林同流合污。胡适却回信严厉批评了苏雪林，说："他已死了，我们尽可以避开一切小节不谈，专讨论他的思想究竟有些什么，究竟经过几度变迁，究竟他信仰的是什么，否定的是些什么，有些什么是有价值的，有些什么是无价值的。""凡论一人，总须持平。爱而知其恶，恶而知其美，方是持平。鲁迅自有他的长处。如他的早年文学作品，如他的小说史研究，皆是上等工作。"

博大的胸襟当然有益于他人，它能给别人一种好心情。但它更有益于自己，首先，它可以改善你的人文环境。一个人睚眦必报，别人说你一句闲话，你一定要找个机会去反击、报复，你的身边就会缺少朋友；相反，一个人对别人的批评大度些，能够不作反应就不作反应，甚至有时还不妨以德报怨，别人迟早会体悟到你的正直和善意，就算你的敌人感觉不到，旁边的人也会感觉到。胡适先生不是得到了我们的好评吗？

人的胸襟越宽广，越有可能走向事业的成功。人是一种极其复杂的动物，你再小心谨慎，说的每句话、做的每件事都与人为善，也难免遭到别人的误解。深圳的爱心人士陈观玉把自己买股票赚得的钱都用来帮助穷人，还有人说她是"傻瓜"呢！一个具有大胸襟的人只会思考自己的所作所为是否合适，不会过多考量做了这件事之后会得到多少人的表扬，更不会对别人的批评耿耿于怀。正因为他没有把太多的心思放在琢磨人上，也就保证了在事业上投入足够的精力与时间，因而有更多的机会抵达人生的高度。

想起胡适的另一个故事。胡适早年资助一个青年学生赴美国留学，这位学生学成归来后，想将资助款还给胡适，胡适不愿接，说要"长留利息在人间"。其实，胡适留在人间的"利息"，又何止是金钱上的慷慨呢？

苏雪林

爱惜自己的羽毛

一个人很容易膜拜别人的华彩，明星的粉丝、官员的吹捧者都是这方面的高手，难的是认识并爱惜自己的羽毛，对他人不依不傍，让我们的生命呈示着内在的独立、性灵。这方面，前辈学人为我们做出了榜样。

汪修荣《民国教授往事》谈到这样一件事。胡适在北大任教时，非常欣赏钱穆，有人向他请教先秦诸子有关问题，胡适便让他们找钱穆，说你们不要找我，钱穆是这方面专家，你们找他。名满天下的胡适这样推崇钱穆，其他人自然也对钱穆刮目相看，这对刚进北大的钱穆帮助是非常大的。有次胡适生病，许多人都争先前

钱 穆

去看望，联络感情，只有钱穆按兵不动。朋友知道后，责备钱穆，觉得他太寡情，对不起胡适。钱穆说："这是两回事，怎能混为一谈？如果他帮助过我，说过我好话我就去看他，那叫我今后怎么做人？"

当年像钱穆这样特立独行的人并不少见，国学大师陈寅恪就是其中之一。陈寅恪跟鲁迅是日本弘文学院的同学，两人很早就认识，后来也

陈寅恪

有交往，在鲁迅的日记中可以看到"赠陈寅恪《域外小说》第一、二集，《炭画》各一册"这样的记载。鲁迅后来在文坛上的声望如日中天，陈寅恪却很少向人道及他们当年的交往。他晚年解释说：正因为鲁迅的名气越来越大，初以"民族魂"覆棺，继而成为"先知先觉"、"全知全觉"的"圣人"，他怕言及此事被国人误以为自己像鲁迅说的"谬托知己"的"无聊之徒"。

与胡适相比，当时的钱穆有功底，缺少声名；与鲁迅相较，当时的陈寅恪在政治上不受信任，按照一般人的行事逻辑，如果钱穆拜一下胡适的码头，陈寅恪透露一下自己跟鲁迅当年的关系也未尝不可，至少不会被人当作是无耻的事情。然而，钱穆和陈寅恪都是非常自尊的人，他们并不鄙薄自己，他们知道自己暂时的受屈，不是因为自己的品德有什么差错，也不是因为个人的能力、学识不足，而是因为环境没有及时接纳自己，他们要爱惜自己的羽毛，不能被正直的人看不起。

一个人要爱惜自己的羽毛，做到不依傍别人，有容易的一面，更有困难的一面。说它容易，选择不依不傍，不会被罚款、拘留，更不需要上刀

山下火海，只要我们拥有一颗独立的心、一种自我奋斗的精神就已经足够。说它困难，是因为依傍他人，可以使自己的利益最大化。比如拍拍领导（提携者）的马屁，领导（提携者）有好事就会想着你，你在事业上就有了一个较高的基座；透露一下自己跟某个"牛人"、"红人"的亲密关系，周围的人会觉得你经历非凡，对你产生羡慕之心。人是一种趋利的动物，依傍他人有这么多好处，要放弃非得下大决心不可。

钱穆与陈寅恪先生已经作古，但他们这种爱惜自己的羽毛、不依傍别人权力、名声的精神，将辉映在中国知识分子的精神天空中，成为一代代学人仰望的对象。

善待带"刺"的真理

原中国社会科学院资深研究员顾颉刚先生是我国著名的历史学家、民俗学家、"古史辨"学派的创始人，提出了"层累地造成的中国古史"学说，在历史研究和古籍整理等方面作出了卓越的贡献，是史学界公认的学术大师。他著作等身，代表作有《古史辨》、《汉代学术史略》等，此外

顾颉刚

谭其骧

还与人合著了《三皇考》、《中国疆域沿革史》等。

顾颉刚先生年轻时曾在北京大学、中山大学、燕京大学、云南大学等多所高校任教。1931年，顾颉刚在燕大和北大同时开了《尚书》研究课程，首先讲《尧典》。当顾颉刚讲到《尧典》的十二州是源于汉武帝的制度时，当即有个学生谭其骧（后来成为中国历史地理学科的主要奠基人）站起来说："老师你讲错了！"顾颉刚丝毫也没有生气，而是嘱咐谭其骧把不同意见写成书面材料让他看。谭其骧为了驳倒顾颉刚，查阅了大量的资料写成材料交给他。顾颉刚看了说你哪几条说服我了，哪几条还没有说服我。谭其骧又写，这样讨论了好几次，顾颉刚就把这些讨论的内容写入讲义，在课堂上说："谭其骧同学对我的帮助很大，帮我纠正了很多错误，但是他的意见也有我不同意的，这些都让我非常感谢。"后来顾颉刚还和谭其骧一起发起了"禹贡学会"，共同出资创办《禹贡》半月刊，给当时的学生提供练习写作的园地。

谭其骧的批判精神值得我们尊敬。世俗社会一向讲究尊卑长幼，谭其骧发现老师的错误之后，不顾忌世俗的看法，敢于实事求是地指出来，这是极不容易的。不过，我更钦佩处于优势地位的顾颉刚先生那种善待有"刺"的真理的态度。

真理总是以两种面目示人，一种是某个人先于他人发现真理，一种是有人宣布自己找到了真理，另外的人却证实真正的真理与他宣布的恰好相反。一个人不难接纳前面一种真理，毕竟这样的接纳不会影响你的切身利益，真正难以做到的是当别人的发现与你的"真理"打架，即真理带"刺"，我们还能超越个人的虚荣和物质利益认同、欣赏它。这种认同和欣赏需要极大地扩充自己的心灵容量。

善待有"刺"的真理，于我们的生活至关重要。人对世界的认识永远是有限的，这种有限性决定了我们寻找真理不可能一次到位。如果一个人在某方面确立了自己的看法，就不允许别人改变，我们的社会一万年也不会进步。善待"有刺"的真理，实际上就是要给人们解开一个心结：真理面前无地位之分，有想法，就应该及时把它说出来，让实践和时间去验证。

遗憾的是，不是所有的人都懂得这个简单的道理。某人提出一种权威见解，你一发出不同声音，他一定千方百计地压制，甚至还要进行人身攻击；某人写出一部作品，你讲了一点不足，他会在自己的"势力范围"里报复你，让你无比难受；某人主持制定了一种新政策，即使再有副作用，你也不能公开批评，否则，你的职位会受到影响……正因为一些人不能善待有"刺"的真理，社会上形成了一种怪现象：遇到问题绕道走。

世界需要多种声音，声音多了，我们才能不被某些强有力的魔手推向万丈深渊。而要营造多种声音，请从善待有"刺"的真理开始。

联大教授的求知欲

西南联大铸造的辉煌是中国教育史上一个永恒的话题，它在短短几年间培养了大批栋梁之材，为国家日后的建设和发展提供了巨大的智力支持。在21世纪的今天，西南联大已成为成功的大学教育的一个代名词。一所地处偏远的大学为什么能取得如此巨大的成就？我认为这一方面与它比较合理的办学体制有关，另一方面也与联大教授非同寻常的求知欲紧紧相连。

江泽涵

最近，央视《老故事》频道正在重播纪录片《西南联大启示录》，片中说的两件事让人久久难忘。其一，联大教授朱自清、闻一多做学问特别谦虚，别人写了论文，不管有没有发表，都要索来学习。其二，江泽涵等教授对新知识非常推崇。当时的驻美大使胡适寄给嫡堂内弟江泽涵一本美国新出版的《维数论》，江泽涵视为至宝，反复研读，联大数学系的教授们则纷纷手抄学习。

西南联大的教授对待知识的态度真是让人肃然起敬！其实，当时能进入西南联大教书的一般都是中国人文和自然科学方面的杰出人士，他们自己在学术上就有非同一般的造诣，然而，碰到新的知识，这些文化科学精英不是故步自封地拒绝、别有用心地贬低，而是如饥似渴地汲取。正因为西南联大的教授们具有这样一种自觉"充电"的精神，西南联大才成为我们今天怀想的对象。

蒋梦麟

西南联大教授强烈的求知欲，首先源于他们知识报国的理想。西南联大在昆明立足之时，中国正遭受外敌侵略，山河破碎、民不聊生，处于大后方的昆明也时常遭到日寇飞机的轰炸，屋毁人亡的事时有发生。中国知识分子素有家国天下的情怀，看到祖国受难，他们怎能不想用自己的方式为国家、民族做点事情？

人是组织的产物，某个人、某个群体愿意为组织的事业付出自己的心血，一定是组织里有一种东西在吸引他们。

抗战后期，需要养活一家八口人的闻一多靠他在联大做教授的微薄薪水已很难度日，清华文科研究所的同事建议他业余治印贴补家用，闻一多同意了。1944年开始，他着手做这件事。得知此消息，包括梅贻琦、蒋梦麟两位校常委（校长）在内的9名（一说11名）教授替闻一多写了一个"润例小启"，挂在他的工作间，后来又将其登在报纸上，以示支持。

还有一则事例更能说明西南联大的领导与普通教授的关系。抗战进入相持阶段后，物价飞涨，西南联大教授的实际生活水准大幅下降。最困难的时候，校常委梅贻琦的夫人也不得不上街卖糕点，赚点生活费。昆明的乞丐只要听到谁是联大教授，立即掉头而去。西南联大的常委们心急如焚，多次向国民政府反映情况，希望政府给教授们涨点薪水。限于财政能力，政府决定给在校内担任行政职务的教授一些生活补贴，其他教授不发。政府的决定下来，校领导和"双肩挑"的教授们一一签名拒绝了。他们的理由是：要提高生活水平，教职员工大家一起提高；要受苦，大家一起受苦。有这样的校领导和管理阶层，西南联大的教授们对知识怎么会不如饥似渴，对工作又安能不尽职尽责？

西南联大创造的教育、学术辉煌值得我们推崇，辉煌背后的东西更值得我们深思。

报人成名

做报纸的人大抵都有成为知名记者的情结，记者虽然是个露脸的职业，但新闻纸的生命毕竟只有一天，要让人记住自己的名字殊非易事。不过，想不想做知名报人是一回事，敢不敢做又是一回事。

李伟的《浪花淘尽》一书记载了著名报人成舍我的两件轶事。1926年8月6日，林白水因在报上发表《官僚的运气》，讽刺潘复（时为国务总理）是军阀张宗昌的"肾囊"，被张宗昌杀害。其时北京报界或装聋作哑，或只发寥寥数字的简讯，唯有成舍我主持的《世界日报》敢于发表这则不幸的消息，并用头号大字标题加上黑边，以示哀悼和抗议。然而，就在《世界日报》发了林白水新闻的当天深夜，张宗昌就派人将成舍我抓到宪兵司令部，幸亏张宗昌忘了像早前抓林白水一样交代"立即送刑场枪决"，承办官员拿不定主意，给营救"提供"了机会，成舍我才死里逃生。

成舍我后来也经历过一次大危险。1934年，《民生报》记者采访到一

张宗昌

条消息，汪精卫的部下彭学沛经手一项基建工程，工程质量惨不忍睹，所花的钱却由最初的六万元预算追加到后来的13万元。碰巧的是彭学沛在南京附近新建了一栋洋房，以彭的财力，根本不可能有钱建洋房。记者觉得彭学沛有贪污之嫌，写了一条新闻。新闻送审时，遭到新闻检察机关的删扣，报纸创办人成舍我觉得删扣无理，坚持按原文发表。新闻登出，等于在静水里放了个炸弹。汪精卫恼羞成怒，以不服从检查的罪名，要求有关部门罚《民生报》停刊三天。复刊后，成舍我亲自写了一篇社论，详细说明停刊经过，批评当局压制言论自由，表示将依法抗争。彭学沛立即反制，他以侵害名誉罪为由向江宁地方法院控告成舍我。成舍我毅然出庭应诉，答辩达到两个小时，把彭学沛驳得无话可说。彭估计讨不到什么便宜，只好灰溜溜地撤诉。见到彭学沛"吃亏"，汪精卫不甘心，不久后找了个"泄露军事机密"的借口将成舍我关了起来，直到国民党元老李世曾出手相救，成舍我才被释放。

在不同的环境中，报人成名的难度大不一样。在民主国家，记者采写新闻非常自由，只要不涉及法律禁止报道的内容，比如特别重要的国家机密，你想怎么写就可以怎么写，谁也不敢打压。假若有人不识趣，利用职权搞记者的路子，轻则可能丢官，重则可能进监狱。新闻记者想出名，只要善于跟别人沟通，笔下功夫出众就行。但在威权国家，"程序"复杂得多。此类地方官员为了更好地操纵言论，一般不太愿意制订保护新闻记

者的法规，记者发稿总是如履薄冰，官员说
你对你就对不对也对，说你不对你就不对对
也不对。何况就算是有一点法规，官员也无
意认真遵守，反而习惯于以违法来炫耀自己
的特权。这些人觉得：法律是叫那些没有权
力、没有背景的人遵守的，自己重权在握、
能量超人，压根儿就不应该受它的约束。于
如此的社会生态中，一个新闻记者想获得名
望，除了需要良好的机遇、丰富的学识、过

成舍我

人的才华之外，还得具备不惧恐吓的勇气、不怕坐牢杀头的血性。

做知名报人之前，得先培养不惧坐牢杀头的血性，这于个人，当然是
一种道德标尺；但于社会，无疑是一种悲哀。

陈寅恪：私信背后的性灵

一直爱读名人的私信。在我看来，一个人真实的心灵未必跳动在公开
发表的文章中，却很容易呈露于写给亲朋的私信里。陈寅恪先生在1936年
4月8日写给好友、表妹夫、中央研究院史语所所长傅斯年的一封旧信，信
中一些内容就使我特别感动。

陈寅恪在信中说："……今决计不南行，特陈其理由如下：清华今年
无春假，若南行必请假两礼拜，在他人，一回来即可上课，弟则必休息或
预备功课数日不能上课，统合计之，非将至三礼拜不可。初意学生或
有罢课之举，则免得多请数日之假，岂知并不然，但此一点犹不甚关重
要。别有一点，则弟存于心中尚未告人者，即前年弟发现清华理工学院
之教员，全年无请假一点钟者，而文法学院则大不然。彼时弟即觉得此虽

小事，无怪乎学生及社会对文法学院印象之劣，故弟去年全年未请假一点钟，今年至今未请一点钟假。其实多上一点钟与少上一点钟毫无关系，不过为当时心中默自誓约（不敢公然言之以示矫激，且开罪他人，此次初以告公也），非有特殊缘故必不请假，故常有带病而上课之时也。弟觉此次南行亦尚有请假之理由，然若请至逾二星期之久，则太多矣，此所以踌躇久之然后决定也。院中所寄来之川资贰百圆，容后交银行或邮局汇还。又弟史语所第一组主任名义，断不可再遥领，致内疚神明，请于此次本所开会时代辞照准，改为通信研究员，不兼受[任]何报酬，一俟遇有机会，再入所担任职务。因史语所既正式南迁，必无以北平侨人遥领主任之理，此点关系全部纲纪精神，否则弟亦不拘拘（泥）于此也。……"

要完全明白这封信的意思，得了解一下相关背景。1928年，陈寅恪先生在做清华大学国学研究院导师时，应傅斯年邀情，出任中央研究院史语所第一组（历史组）研究员兼主任。然而，因为陈寅恪舍不得离开美丽的清华园，并未赴时在广州的史语所上任。1929年春末，史语所由广州迁往北平办公，陈寅恪得以与同仁汇合，在购买和整理清宫内阁档案等方面做了许多工作。然而，好景不长，1931年"九一八事变"后，随着战事蔓延，北平岌岌可危，1933年中央研究院史语所被迫南迁上海，后又由上海迁往南京。陈寅恪没有随所迁移，继续留在清华。 1936年春，傅斯年致信陈寅恪，请其赴南京参加史语所会议，就未来的大政方向和发展方向进行商讨，陈寅恪此信就是对傅斯年来信的回复。

从陈寅恪回傅斯年的信中，我们不难看出其为人处世的风格。第一，他将在大学教书看得非常重要，上课极其认真，讲一次课事先要预备数日，他不愿请假，更不愿请长达两三个礼拜的长假。第二，他特别在乎"纲纪精神"，也就是规则，觉得自己身在北平，却遥领地处南方的史语所历史组主任，没有道理，希望史语所准其辞职。

人的某种行为背后总有心理动因。陈寅恪将在大学教书看得很重，除了当时大学教授待遇较为丰厚等因素之外，还有一个重要原因是陈寅恪觉得国难当头，自己留在大学教书，可以延续一个民族的文化种子，唤醒某些沉睡的国人，这比搞专职的学术研究更具意义。陈寅恪那么在乎"纲纪精神"，则是由于中国一向是人治社会，人们普遍漠视规则，处理公共事务概以人情衡之。作为一个游学西方十多年的自由主义知识分子，他觉得自己应该为人表率，以保持自己在士林中的良好形象。

陈寅恪致傅斯年的私信，放在世风有些沦落的今天，尤显出其灵魂的重量。

陈寅恪的"书生气"

咱们这个社会比较推崇"会来事"、"会做人"的人，"逢人且说三分话，未可全抛一片心"是许多人的人生哲学。看重原则、讲究坚守的"书生气"一向遭贬斥。然而，在我看来，在大是大非面前，我们需要的不是世故、圆滑，恰恰是"书生气"。

陈寅恪

历史上，真正受人尊敬的大文人、大学者普遍都有几分"书生气"，司马迁在李陵假降匈奴后为他辩护，而不是像别人一样迎合皇帝的意志大批特批，是"书生气"；杜甫在李白得罪权贵，被迫离开长安浪迹江湖时，"国人皆欲杀，予意独怜才"，是"书生气"；当年的民国政府参政员张奚若因为看不惯蒋介石的专横，与蒋介石发生争执后，拒绝参加有名无实的"参政会"，是"书生气"……我们不难设想，如果这些人遇事则见风使舵、逢迎权贵，他们还能让今天的我们产生"高山仰止，景行行止"的敬意吗？

陈寅恪先生也有这种"书生气"。1958年，中山大学一些运动积极分子展开了对陈寅恪的批判，他们的大字报使用的语言充满杀气，比如"拳打老顽固，脚踢假权威"，"烈火烧朽骨，神医割毒瘤"等等。除了大字报，还有人在报刊上发表文章称"陈寅恪教授是彻头彻尾的资产阶级权威学者。他在'元白诗证史'这一门课程所宣扬的完全是资产阶级的一套"。又说：陈本人从来不学习马列主义，也不相信马列思想，而是以资产阶级厚古薄今的治学态度，对资产阶级史书古籍作了一些繁琐考证。他对一些鄙琐不屑的小事体和旧社会的达官贵人、王妃妓女特别感兴趣，如杨贵妃身体是胖是瘦、体重几何、入宫以前是不是处女等。他还特别考证出"杨贵妃与安禄山之间究竟发生过关系没有，以及皇帝穿的龙袍是绣着五个爪的龙，大臣穿的蟒袍是四个爪的龙"。讲到白居易《琵琶行》时，居然考证出那个在船头犹抱琵琶半遮面的商人妇，祖籍何处、什么人种、什么年月、什么岁数入的妓院、在长安属第几流妓女、何时退居二线、何时嫁与做何生意的商人、属于二房还是三房、是妇人还是妾身等。更有人揭露陈寅恪猫在家中偷偷研究唐代的杨贵妃入宫前，是处女还是非处女，与唐玄宗的儿子是否发生过性关系等。（后来有学者认为陈寅恪研究这些是要弄清唐代的婚姻制度）。

面对波涛汹涌的讨伐，1958年7月下旬，陈寅恪致书中山大学校长，提出两项要求，大意是：一、坚决不再开课，以免"贻误青年"；二、马上办理退休手续，搬出校园，以不见为净，不闻为安，自躲一处著书立说，了此残生。

在今天看来，陈寅恪不过是想保护读书人的羽毛，不愿无辜遭受别人的诬蔑攻击而已，但在当时，他做的事无疑石破天惊，一般人根本不敢选择。其一，他得有真正的血性。血性是个好词，凡是有点知识、有点社会地位的人都愿意用它装点自己，然而，一旦真正遇事的时候，有的人却以种种借口开溜了，只有品格纯正、看重自己的精神生命超过生理生命的人，才能真正爱我所爱，恨我所恨，在关键时候体现出个体的性情。其二，他要有不惧更大打击的精神。陈寅恪出生于1890年，到1958年的时候已年近七旬，年轻时还曾留学日、德、瑞、法、美，阅历丰富，当时的政治气候又以践踏知识、侮辱知识分子为时尚，他绝对不会无知到认为自己写这种信会获得什么好处。明知河里有鳄鱼，还要游向深处，原因只有一个：在陈寅恪眼里，站着死去比跪着活着更能体现一个知识分子的价值。

后人多称陈寅恪是"国学大师"、"教授的教授"，这当然是不错的，但后人未必知道，即使仅仅在尽情释放自己的"书生气"这一点上，陈寅恪也堪称后世学人的楷模。

大善常常隐身

1919年夏天，当时正在清华学校（清华大学的前身）任教的林语堂准备去美国哈佛大学留学，他在清华只申请到"半个奖学金"，即全额资助的一半——40美元。听说此事后，胡适主动对林语堂说：如果你回国后到北大教书，我们每月可以补助你40美金。不过，这只是胡适口头的承诺，双方并没有签订书面合同。

得到胡适的承诺，林语堂非常高兴，不久，就乘轮船去了美国。然而，林语堂的运气实在有点背，还在船上，他的夫人廖翠凤就患了急性盲肠炎，到达美国，不得不动手术。在美国开刀住院得花许多钱，他们所带的那点盘缠根本对付不了。林语堂只好给胡适拍了一个电报，请求帮助。很快，胡适就寄来了500美金支票。读完哈佛的课程，林语堂夫妇又到法国教华工识字，工作了一年，然后赴德国莱比锡大学攻读语言学博士。当时，清华那半个奖学金停发，林语堂在法国挣的钱也快用完，他再次打电

林语堂

报给胡适，希望北京大学寄点钱来。不久，胡适又寄来了1000美金。

1923年，林语堂通过了莱比锡大学语言学博士学位的考试，回到祖国，他受聘为北大英文系教授。进北大，他所做的第一件事就是寻找胡适，但此时胡适已请假南下养病。于是他找到北大代校长蒋梦麟。林语堂真诚地感谢北大这些年对他的帮助，蒋梦麟大吃一惊，他告诉林语堂北大根本就没有类似的资助计划。林语堂终于明白，胡适是用个人的钱资助自己。

胡适没有在任何场合张扬过这件事，连在日记里都没有写过，晚年的林语堂却执意予以披露。林语堂说，这件事已经深藏在我和我太太的心中40多年，虽然那笔钱我们慢慢地还上了，但是，我们永远记得胡先生对朋友的这份"无声援助"。

胡适是在1917年从美国归来担任北京大学教授的，1919年的时候没有出任行政职务，只是在1918年的3月担任北大英文部教授会主任的虚职，他以普通教授的身份要求林语堂回国后到北大教书，不过是为了放一个烟幕弹，让林语堂相信每月40美金的资助的确出自北大官方，而非他个人。胡适知道，林语堂也是一个心高气傲的人，如果让其接受自己的资助去美国留学，他内心肯定会非常不安；一旦把这种资助说成是官方行为，林语堂就不会再有什么顾虑。

善不分形式，只要不损害施善对象的利益和尊严，就值得我们敬重；但胡适施善时不图任何名利，千方百计让动人的真相隐身，生怕给别人带来心理困扰，这样的善无疑抵达了一种更高的境界，称得上是一种大善。

胡适的豁达

胡适先生有着许多迷人的性情，豁达就是其中之一。

林谷《胡适与梁启超这样论战》一文提到胡适两件轶事，可见胡适先生的精神风采。

胡适一生与梁启超曾发生两次大的学术交锋。一次是梁启超批评胡适著《中国哲学史大纲》（上卷）。1922年3月4日，梁启超赴北大三院讲演，题目就是《评胡适的〈中国哲学史大纲〉》，梁启超虽然也肯定了该书的成绩，批评时却措词犀利，让人很有些难堪。梁启超讲完后留下一段时间让胡适答辩，胡适说："中国哲学史正在草创时期，观点不嫌多"，"我希望多得许多不同的观点，再希望将来的学者多加上考虑的功夫，使中国哲学史不致被一二人的偏见遮蔽了。"还有一次是胡适批评梁启超著《墨经校释》。1921年，梁启超将《墨经校释》四卷送请胡适作序。胡适写了一篇长文，文章中首先赞扬梁氏20年前提倡墨子研究的贡献，说明自己是受梁氏的影响而爱上墨子的，然后直率地提出了一些不同的意见。梁启超有些不快，虽然也称许胡适这种"极纯笃的学者风度于学风大有所裨"，在编排书稿时，却把胡适的序放在末尾，而把自己反驳的文章放在书前。对梁启超这种孩子气的做法，胡适一笑置之。1929年梁启超病逝，次日，胡适与陈寅恪等人一起参加了梁启超的入殓仪式。在日记里，胡适提到过去那两次学术交锋，说："这都表示他的天真烂漫，全无掩饰，不是他的短处，正是可爱之处。"

面对梁启超的挑战，胡适的豁达是显而易见的，这种豁达一方面有对长者的尊重，梁启超比胡适大18岁；另一方面也标示了胡适做人的理念。

说起豁达，我们最容易想到的一个相关词是人品。的确，豁达是与人品紧密相关的，心胸狭窄的人、自私自利的人，是绝然做不到豁达的。不过，在我看来，豁达更多的是一种生命智慧。

梁启超　　　　　　　《墨经校释》

豁达可以使一个人保持心灵的宁静。无数事实告诉我们：一个易被外界主宰的人得不到生命的快乐，只有具备一种超然物外的心境，我们才能发现生活中的那些美好的东西，而豁达是一个人走向超脱的最初之门。豁达能促使我们反省自己。"智者千虑，必有一失"，做学问也好，干别的什么也罢，很难不出纰漏，有人给我们提出批评意见，哪怕一些话不太好听，我们也应首先接受下来，觉得他说得对，就按人家的去做，不对，坚持自己的思路就是了，你也不损失什么。豁达还有利于打造自我形象。一个人要想与别人搞好关系，一个重要的途径是让别人产生安全感。豁达的人比一般人攻击性小些，因而被接受度自然也大，更容易获得良好的口碑。

豁达是一种智慧，真正的智慧是值得我们一生追寻的。

胡适的感恩

这些年，随着知识分子道德的跳水，胡适等前辈学人往往成为我们追慕的对象，朱文楚的《胡适家事与情事》就谈到胡适当年怎样对待他人的问题。

20世纪30年代，胡适的同乡章希吕所在的亚东图书馆很不景气，章希吕的工作眼看不保，为了帮助他，胡适请其协助自己工作。章在胡家的主要工作是：编校《胡适文存》第四集、《藏晖室札记》（40万字）；担任《独立评论》杂志总编助理并进行末校；承担胡适文案的秘书工作、胡府财务管家、迎送等。章希吕在亚东图书馆工资只有月薪30元，胡适却非要开给他80元。其实，胡适当时的经济状况并不好，还欠着一身债，他是看到章希吕家庭负担重才这样做的。章希吕非常感动，只肯收40元，胡适好说歹说，他才收了50元。第一次在胡家做了19个月后，章希吕返乡，胡适设宴饯行，送了他100块钱盘缠，江冬秀送阿胶一斤、酒四瓶。章父60岁大寿，胡适夫妻赠送了一件价值45块大洋的皮衣做礼物。

胡适对熟人如此真诚、慷慨，对初相识的人也同样如此。1959年10月23日，回台湾定居的胡适收到一封信，信是一个卖芝麻饼的小贩写的。这个叫袁瓞的小贩向他请教英美政治制度问题。袁瓞是江苏人，在上海读过高中，但没有毕业。胡适得信非常激动，当即回了一封信，其中有这样一些话："一个卖饼的，每天背着铅皮桶在街上卖芝麻饼，风雨无阻，烈日更不放在心上，但他还肯忙里偷闲，关心国家大计，关心英美的政治制度"，"单只这一件奇事已够使我乐观，使我高兴了"，他邀请袁瓞到南港"中研院"的寓所做客，袁如约来了，两人谈得很投机。当胡适得知袁瓞鼻孔里长了个瘤子，想治又没钱时，当即给台大医院院长高天云写了一封信，信中说："这是我的好朋友，一切治疗费用由我负担。"

胡适善待他人，与其内心深处的感恩意识有关。1907年5月，就读中国公学的胡适因患脚气病回乡养病，正好与长他两辈的族公胡节甫同行。16岁的胡适因为脚肿无法走路，只好以轿代行，68岁的胡节甫居然步行陪伴他，边走边聊天，一天走了60里路。1910年1月底，胡适脱离中国新公学，在租界华童中学教书，经常入不敷出，只好向胡节甫借贷，这位族公总是有求必应。半年后，胡适考取庚款公费留美，胡节甫马上在经济上予

前排居中为章希吕

以帮助，并承诺，在胡适出国之后，垫钱寄给胡适母亲以供家用。1915年末、1916年初，胡家接连举丧（胡适的大姐、大哥和岳母去世），胡节甫两次寄给胡适母亲冯顺弟各50银圆予以资助。胡适的朋友程乐亭对胡适也极其关心。胡适要去北京参加庚款公款留美考试，缺少盘缠，与他订交只有一年的程乐亭说服父亲程松堂借了100块大洋给他。

不过，胡适的感恩与一般人很不相同。一般人感恩，只是想到回报当初的施恩对象，足额报答了施恩者，他们的感恩行为也就自动中止，这种感恩可以叫小感恩；而胡适的感恩不仅回报了当初的施恩对象，比如在胡节甫身后，他为其原配节娘设立养老折子、资助其孙子读书，恩人程松堂逝世时他赠送巨款奠仪等等，还将这种感恩意识扩及其他的人，给他人实实在在解决困难，这是一种大感恩，它在一定程度上抵达了佛的境界。

感恩的品级实际上体现了一个人心灵的宽度。

乐善的底线

国人评价一个人的品质，常以此人是否肯帮忙作为第一号标杆。回答是肯定的，就觉得这个人无私；回答是否定的，便认为他只顾自己。此种观念自然也有一些道理。人的阅历、知识、智慧永远有其局限性，这就决定了世界上没有一个人无所不能，遇到难处的时候，希望别人帮忙原本正常。但我们唯独忘了一个简单的道理：生活中有的忙可以帮，有的忙绝对不能帮。

在这方面，胡适的做法颇能给我们以启示。

1929年，胡适的族叔胡近仁在上海开了一家"程裕新茶号"，销售徽州各地的名茶，生意一直不怎么景气。别人给他出主意说：你的侄儿胡适博士名气那么大，你何不好好利用一下，只要胡博士肯为你做点广告，还愁茶叶销不出去？胡近仁一听，立即乐了：这个点子高啊！实在是高，我怎么没想到这个。他决定将自己所卖的茶叶定名为"博士茶"，并拟好了一则广告寄给胡适过目，里面有胡适早年服用此茶，"沉疴遂得痊愈"，还说"凡崇拜胡博士欲树帜于文学者，当自先饮博士茶为始"等语，希望胡适"友情出演"。出乎胡近仁意料的是，胡适断然拒绝了为其做广告的要求。

胡适拒绝给胡近仁帮忙，不是因为自私。胡适一生秉承"长留利息在人间"的人生哲学，不知救过多少人的急难，有时是送人钱财，有时是在学问上提携他人，有时是认为当局抓人不正义，通过各种方式"捞人"……许多时候做了好事，别人还不知道。正因为胡适如此热心，他在那个时代成了许多人心目中的活菩萨。胡适不给胡近仁帮忙，也不是由于清高。胡适是绩溪明经胡的后代，明经胡一向有儒商兼重的传统，他们的人生哲学是"读书好营商好效好便好，创业难守成难知难不难"，家族中出过许多大商人，红顶商人胡雪岩就是其中之一，胡适从不认为自己做学问就一定比生意人高贵。事实上，胡适后来就为保险商、茶商做过广告。胡

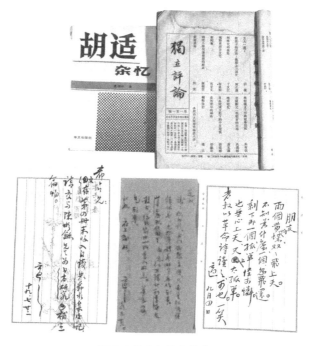

胡适致胡近仁等人信札

适不为胡近仁做广告，更不是关系不亲密。胡近仁长胡适四岁，早年曾引导胡适读书、写作。胡适去美国留学后，家中老母想给儿子写信或寄什么东西，都是胡近仁代劳。胡适回国后任教于北大，两人通信频繁，彼此有心里话都愿意告诉对方。胡适现在这样做，只是因为胡近仁的要求超出了他做人的底线。

这个底线是什么呢？胡适在回信中说得明明白白。第一，所谓"沉疴痊愈"是欺骗人的话；第二，广告"措词甚俗气、小气"，"将来此纸必为人诟病"，到那时自己再出来否认，对"裕新"更加不利；第三，所谓崇拜胡适需饮"博士茶"，喝了"博士茶"就可"树帜于文学界"，这与"喝一斗墨水"有何区别？胡适劝族叔"广告只可说文人学者多饮茶，可助文思，已够了"。换一句话说就是：胡适觉得给族叔帮忙是可以的，但不能以损害他人、整个社会和个人的人格操守为代价。

我敬重热心的胡适，那样的胡适深深表现了他的善良；我也同样尊敬不肯帮忙的胡适，这样的胡适充分体现了他的正直和勇敢。

胡适为何会"保皇"

作为公认的中国自由主义知识分子的精神领袖，胡适一生追求自由民主人权等人类普世价值，矢志不渝。他曾经写过《人权与约法》、《我们什么时候可以有宪法》、《知难，行亦不易》，对国民党的一些做法和孙中山的"知难行易"说提出尖锐批评。离开大陆后，他坚决支持雷震在台湾创办《自由中国》杂志、组建反对党，希望以此推动蒋介石政权走向宪政。1960年9月，雷震因所谓"知匪不报"的罪名被国民党当局逮捕，胡适多方设法营救，充分表现了为民主自由理想殉身不恤的精神。

然而，有一点大家也许想不到，胡适曾经当过铁杆"保皇党"。

范泓《隔代的声音》一书介绍：1924年第二次直奉战争爆发后，冯玉祥宣布与吴佩孚脱离干系，他连夜班师回京，发动"首都革命"。11月15日，冯玉祥部逼清废帝溥仪立即搬出紫禁城，迁居醇亲王府。此事引起轩然大波。当日胡适即致信北洋政府外交总长王正廷，接着，又将此信发表于11月19日的《晨报》，批评冯玉祥的做法。胡适说："我是不赞成清室保存帝号的，但清室的优待乃是一种国际的信义（《清室优待条例》曾规定"民国政府待之以外国君主之礼"，故有此说，作者注），条约的关系。条约可以修正，可以废止，但堂堂

冯玉祥

溥 仪

的民国，欺人之弱，乘人之丧，以强暴行之，这真是民国史上的一件最不名誉的事。"胡适的信发表后，除溥仪的英文老师庄士敦表示赞许外，多数人纷纷指责，这些指责的人里包括胡适的朋友、同事周作人、李书华、李宗侗等人，指责胡适的人一个共同的观点是：在中华民国的国土之内，不应该有一个皇帝与中华民国共同存在。皇帝的名号不取消，就是中华民国没有完全成立。然而，胡适始终坚持自己的看法。

站在今天的角度回望胡适，我们可以看到他的思想中一种非常可贵的东西，那就是现代契约意识。胡适自己也说过，他并不认为建立民国后清室应该保存帝号，但民国政府与清室双方的条约既已签订，而且又经过了南京参议院的批准，理应履行承诺。民国方面如果对这个优待条例不满意，自然可以加以修订，前提是它坐下来与清皇室重新谈判，以达成新的协议，在双方未达成共识之前，必须按原协议执行。

胡适在"保皇"过程中表现的这种契约意识，与他早年接受的西方教育关系甚大。1910年胡适赴美国康乃尔大学留学，1915年转至纽约哥伦比亚大学，1917年6月学成归国，时间长达六年零十个月。胡适曾在一篇文章中讲到自己的心路历程：在美国七年，他细心观察民主宪政实地施行的结论，修过政治理论和制度的课程，在1912年的大选年受过民主宪政方面的专门训练，最后奠定了对民主宪政的"始终信仰拥护"。而对基本规则的呵护是民主宪政的应有之义。

胡适逝世于1962年，离现在已将近半个世纪，因为某种人为的原因，他当年发出的许多声音一直尘封在历史的深处。然而，历史终究是公正的，随着大量有关胡适的书籍的出版，历史上真实的胡适开始展现在我们面前。他在20世纪的中国社会所表现出的现代契约意识和对自由民主理念的坚守，越来越成为我们这个民族思想遗存的一个重要组成部分，烛照着我们今天的前行。

不被"礼遇"收买

文人与政客很难成为真正的朋友，理由很简单，文人往往性格真率，说话毫无顾忌；政客呢，看重权谋，比较注意事物的"影响"。但为了某种更宏大的考虑，政客有时也会对某些文人表示特有的恩宠，比如蒋介石之于胡适。

蒋介石"礼遇"胡适的事数不胜数。蒋介石曾三番五次邀请胡适进政府做官，有一次甚至希望胡适做总统，自己"屈尊"做行政院长；在大陆时，蒋介石经常以私人的名义请胡适吃饭，听取他对国事的意见；1955年逗留美国达六年之久的胡适萌生了回台湾的念头，写信请李济代其在南港傅斯年图书馆附近找一块地，想盖几间小房安心写作，蒋介石得知后，当场表示要在"中央研究院"旁边拨一块地为胡氏建房，所需费用从自己的稿费中开支，此事虽然因为胡适的坚决反对最终没有办成，但胡适不可能感觉不到蒋氏对自己的那份关心……

可贵的是，在蒋介石的"礼遇"面前，胡适保持了自己的清醒。1958年4月10日，"中央研究院"院长就职典礼暨第三次院士会议在南港史语所考古馆召开，为了显示对学术界的尊重，蒋介石专程赶到南港，亲自出席院士会议并致辞。蒋介石认为，"中央研究院"为学术之最高机构，当责无旁贷地担负起复兴民族文化的大任，认为"目前大家共同努力的唯一工作目标，为早日完成'反共抗俄'使命，如果此一工作不能完成，则吾人一切努力终将落空，因此希望今后学术研究，亦能配合此一工作

胡适与蒋介石

蒋经国

来求其发展。"蒋介石在致辞中提出"五四运动"和"打倒孔家店"有功有过,对胡适提倡的"五四价值"、"自由主义"明褒暗贬。蒋介石的致辞惹得胡适非常不快,他在最后的答谢词中,第一句话就是"总统你错了",然后一一批驳蒋介石的话。胡适说:"对于打倒孔家店一事,恐怕总统是误会了我的意思。我所谓的打倒,是打倒孔家店的权威性、神秘性,世界上任何的思想、学说,凡是不允许人家怀疑的、批评的,我都要打倒。"闻得此言,蒋介石怫然变色,站起来便要走,坐在他旁边的随行官僚悄悄伸手拉住其衣角示意其坐下,蒋才勉强坐下,但典礼一结束,蒋立马离开了。

胡适做的另一件事更使蒋介石怒发冲冠。1959年,蒋介石为了连任"总统",准备修改构成其任职障碍的"中华民国宪法",取消连任不得超过两届的规定(蒋介石当时已连任两届,至1960年期满),胡适在沟通无效之后,于1960年2月20日发表声明,公开反对蒋介石违背"宪法"三次连任"总统",并拒绝担任即将召开的"国大"主席团主席之职。蒋介石的恼怒可想而知,其子蒋经国甚至有"收拾"胡适的打算，只是慑于胡适的影响力才没有动手。

不给蒋介石面子，遇到有悖自己学术和政治理念的事情就要出面制止，并非因为胡适不会做人。事实上胡适是民国时代公认的好人，他性情温和、淳朴热情、急公好义，经常为朋友的事两肋插刀，一生不知帮助过多少人，"我的朋友胡适之"曾成为一个时代的口头禅。胡适公开跟老蒋斗法，也绝非为了沽名钓誉。当时的胡适在学术上早已名满天下，政治上也赢得了敢做政府和最高统治者"诤友"的声望，他在某些事情上保持沉默，不一定会损害他的清誉。胡适之所以这样做，是因为他觉得台湾当局一贯自我标榜民主，既然当局认为民主是件好事，就要拿出民主的气量来，像自己一直梦想的那样，在学术上实现真正的自由，在政治上实现民意对权力的监督。换句话说，在上述事件中，胡适反对的并不是蒋介石个人，而是蒋介石对学术的粗暴干预、对权力的过分眷恋。

无论什么样的恩宠都不能收买一颗渴望自由、独立的心灵，无论什么样的荣华富贵都不能让高贵的良知低头，这是晚年胡适大放异彩的地方。

用品行看守规则

我曾经是一个非常坚定的规则论者，我曾经认为一个社会、一个单位只要制订了合理的规则，一些问题就会得到比较好的解决，一个区域的人治色彩会受到消解。现在的我依然强调规则，却已经认识到光有规则是不够的，还得用一些东西去看守它，规则是死的，执行规则的人是活的，我们生活中某些事情之所以变得面目全非，不是因为没有规则，而是因为没有人认真执行规则。

那么，到底用什么去看守规则呢？对大的规则，比如法律条文，自然只能用铁的法律程序保驾护航。比如公款如何使用有法律规定，现在某人贪污了，光对他进行思想教育恐怕没用，还得通过司法审判来解决。但对小的规则，比如单位一般的规章制度，法律显然是管不过来的，这个时候，就需要背负一定民意压力的领导者具备良好的道德素质，用道德来看守规则。

傅斯年与陈寅恪是关系非同一般的好友。傅斯年生性狂狷，从不把同学和一般教授放在眼里，唯独初识陈寅恪就对他佩服至极。当时傅斯年正在北京大学读书，而陈寅恪已在日本、德国、瑞士、法国等地游学数载，学问和见识都出类拔萃。1923年9月，傅斯年从英国伦敦大学来到德国柏林大学，陈寅恪也来此地求学，两人再度重逢，受陈寅恪影响，傅斯年的学术兴趣由心理学转向语言文字比较考据学。傅斯年曾称陈寅恪是"三百年仅此一人"。后来，傅斯年又娶陈寅恪表妹俞大彩为妻，更加深了彼此的感情。珍珠港事件爆发后，日军侵占香港，离开西南联大去香港等待赴英国的陈寅恪一家处境非常危险，傅斯年不顾重病在身，使出全身解数援救。经多人努力，1942年5月5日陈寅恪一家五口突出重围，6月18日抵达桂林。陈寅恪到桂林后，傅斯年去信邀陈寅恪出任搬到四川李庄的中央研究院历史语言研究所专任研究员，陈寅恪以身体状况不允许继续前行为由谢绝了。此时陈寅恪的老友、时任中央研究院总干事的叶企孙出于关心，聘请在桂林的陈寅恪为专任研究员，允许其不到所里工作。不料这个提议却遭到了傅斯年的坚决抵制，傅斯年认为，陈寅恪来史语所任专职，是傅氏本人及全所同人渴望日久的，但由于中央研究院和本所有严格的制度和服务规程，故陈寅恪不能长住在桂林而遥领本所专任研究员之薪水，必须来李庄住在史语所租赁的房中办公，才可以拿专任之薪。叶企孙执意办理此事，傅斯年立即发表声明拒绝承认；同时去信向陈寅恪解释他这样做的原因，得到了陈寅恪的理解。后来此事以傅斯年的胜利告终。

在一般人看来，傅斯年的做法很不聪明。陈寅恪是自己的好友兼姻亲，中央研究院总干事又是自己的上级领导，领导决定对陈寅恪破例，自己何妨做个顺手人情？然而，傅斯年不愿这样做。傅斯年不是不关心陈寅恪，他真正忧虑的是此例一开，过去定下的规矩遭到破坏，以后史语所的正常工作将无法开展。换句话说，傅斯年把坚守规则看成是领导者的一种道德责任。

由此我想到我现在一些规则（制度）。有些领导最初在组织制订这些规则时自然是打算认真执行的，然而，一旦这些规则跟自己或亲友的利益相矛盾，规则立即不起作用了。所谓人治，其实就是在规则面前因人而异。

我欣赏叶企孙对朋友真诚的关心，更钦佩傅斯年看守规则时所表现出来的良好操守！

傅斯年的脉脉温情

看过许多傅斯年的照片，每一张都是紧绷着脸，一副随时准备跟人决斗的模样。在民国知识分子中，傅斯年的爆脾气是出了名的，他先后轰走了孔祥熙、宋子文两任腐败的行政院长，1945年，又"逼迫"自己的老朋友、当时已担任行政院秘书长的蒋梦麟辞掉所兼的北京大学校长一职，理由是蒋的作派不符合《大学组织法》。然而，傅斯年性格中绝不只有刚正不阿，他也有自己的脉脉温情。

傅斯年的母亲体胖，因患高血压，不宜吃肥肉，但这老太太偏好这一口。傅斯年的妻子俞大彩几次没给老太太吃肥肉，老太太勃然大怒。傅斯年长跪不起，听任老太太斥责。他私下里对妻子说："以后你给母亲吃少许肥肉好了。你要知道，对患高血压症的人，控制情绪，比忌饮食更重要，母亲年纪大了，别无嗜好，只爱吃肉，让她吃少许，不比惹她生气好么？我不是责备你，但念及母亲，茹苦含辛，抚育我兄弟二人，我只是想让老人家高兴，尽孝道而已。"

对妻儿，傅斯年同样满腔柔情。1941年，傅斯年患高血压，头昏眩，眼底血管破裂，情况非常严重，不得已，在重庆郊区山中借屋暂住。有一次，几个好朋友远道上山探病，傅斯年嘱妻子留客吃饭。但厨房里除了半缸米之外，只有一把空心菜。俞大彩赶快下楼，向一位熟人借了100块钱，买酒菜待客。隔了一月，账已还清，俞大彩将此事当笑话讲给傅斯年，傅斯年长叹一声，苦笑着说："这真所谓贫贱夫妻百事哀了。等我病

傅斯年

愈，要拼命写文章，多赚些稿费，绝不让你再靦颜向人借钱了。我好惭愧！"某个冬夜，傅斯年指着壁上的书架对妻子说，这些书，还有存在史语所一房间的书，他死后要留给儿子，他想请董作宾先生治方印，刻上"孟真遗子之书"。

徐百柯《民国那些人》载：傅斯年做台湾大学校长时，为了挖掘高才生，举办了一次作文比赛，由他亲自出题阅卷。一日，他回家兴奋地告诉夫人，自己看到一篇好文章，约作者面谈，果然文才非凡。这学生家境贫寒，患深度近视而不戴眼镜。傅斯年托卫生署一个朋友从香港配来眼镜，送给自己的学生。

傅斯年为朋友两肋插刀。1940年暑假，陈寅恪离开西南联大赴香港准备赴英讲学，后来因故延期，陈寅恪不得不滞留香港。1941年12月7日，日军偷袭美国夏威夷海军基地珍珠港，太平洋战事爆发，香港危在旦夕。当时傅斯年的高血压症再度发作，只得大把吃药，整天昏昏沉沉。得此消息，傅斯年心急如焚，他强撑病体，连发三封加急电报，促陈寅恪离港，并请自己的两个朋友提供帮助。

即使是对论敌，傅斯年也有一片悲天悯人之心。据汪修荣在一本书中介绍：有一次，傅斯年反对孔庚有关中医的提案，两人激烈地辩论起来，傅斯年口才好，孔庚讲他不过，便说了许多粗话。傅斯年非常生气，说："你侮辱我，会散之后我和你决斗。"会散后，身材魁梧的傅斯年真的在会场门口挡住了孔庚，但看到孔庚年纪70多岁，身体非常瘦弱，傅斯年立即把双手垂下来说："你这样老，这样瘦，不和你决斗了，让你骂了罢。"

其实，一个人的刚正不阿和他的温情并不矛盾。刚正不阿源于对规则秩序的尊重，对公平正义的热爱，而温情则是对周围人的一种体贴、关心、帮助、宽容，它们的目的都是为了让这个世界变得更加美好。

傅斯年待人接物时能够表现出迷人的温情，与他的身世有很大的关系。傅

孔 庚

斯年九岁时，在山东东平县龙山书院做山长的父亲傅旭安就死了，傅家的亲友馈赠了一些钱，托周祖澜、范玉波两位乡绅代存生息，供其一家维持基本生活。他父亲生前的学生每年旧历年前都要派一人为代表来聊城，给师母送来所需食物用品。傅斯年小时候的日子虽然过得非常艰难，却也确实充分感受到了人间的温热。这种温热对他是一种良好的爱的教育，使他成年后懂得向他人付出自己的爱心和善意。

刚正不阿的傅斯年是可敬的，充满脉脉温情的傅斯年则是可亲的。

激流深处的担当

1937年7月7日卢沟桥事变爆发后，日军开始大规模侵略平津，7月29日，日军炮轰南开大学，该校图书馆、秀山堂、芝琴楼女生宿舍、单身教师宿舍均被击中，几十万册宝贵图书和珍稀资料化为灰烬。在一些知名学人的敦促下，国民政府作出决定，国立北京大学、清华大学、私立南开大学组成长沙临时大学。当时北京大学校长蒋梦麟、清华大学梅贻琦、南开大学校长张伯苓因为参加蒋介石主持的庐山牯岭国防座谈会，并不在校，组织师生撤退的工作也就顺理成章地落到了其他一些担任行政职务的学人身上。

早在宋哲元、张自忠辈想以与日本人"和谈"的方式解决平津问题时，南开大学秘书长黄珏生、理学院院长杨石先已感到事态的严重，他们组织部分留守师生向校外转移图书设备，动员教授眷属尽可能撤出校园，转往安全的地方。日军轰炸南开之后，黄珏生、杨石先、郭屏藩等教授冒着被枪弹击中的危险，查看详情。因为忙着处理学校的事情，黄珏生、杨石先无暇顾及家庭财产，撤离校园时，黄珏生只从自家的废墟中扒出未烧着的被褥和一件衬衣，而杨石先则只有身上的一套单衣和一架相机，他们就带着这样的家当踏上了南下之路。

就在北平沦陷的7月29日下午，日军窜入北京西北郊的清华园进行骚扰。后来又以参观为名，数次窃取清华大学大批珍贵图书、仪器设备，并用卡车运出校园。见此情形，代理校务的叶企孙心急如焚，他与陈岱孙等几个教授会商决定，尽快组织师生及家属撤退，同时决定由秘书处毕正宣与汪健君、施廷镛、陈传绪、傅任敢等五人留守，组成"清华大学保管委员会"，保护校园和校产。日军见此情形，派部队公开侵入学校，强占校舍，抢劫校产，并将"校产保管委员会"人员驱逐出校。叶企孙等人不得已才离开学校。

与南开、清华的留守学人相比，北大秘书长兼历史系教授郑天挺在时局激流深处的表现一点也不逊色。北京大学位于北京城的中心地带，北平沦陷后，某些没有民族气节的文人纷纷下水，他们与日寇狼狈为奸，企图阻止师生南下。郑天挺不顾夫人新丧、子女年幼的困难，天天坚持到校办公，将全部身心投入到保护校产和组织师生转移上。他先是决定向经济困难的滞校学生每人发款20元，促其迅速离校，尔后又精心安排一些北大教授和家属安全转移。1937年9月3日，大批日军进入北大第一院和灰楼新宿舍，于门口挂上了各分队、小队的日文牌号。在如此危境中，郑天挺依然每天到校料理校产与未能脱身的教授们的生活，10月18日，地方维持会将保管北京大学的布告挂到北大二院门口，郑天挺再也无法工作，才一步三顾地离开自己的岗位。

人都是血肉之躯，南开、清华、北大担负主要行政职务的学人不是不知道穿行于炮火硝烟的危险，不是不明白自己一旦落入日寇之手将遭到怎样的处置，然而，为了保护民族的文化教育火种，为了让屡弱的民族有昂首挺立的一天，他们不惧牺牲、恪尽职守、勇于担当。正是因为有了这样的学人，即使在抗战最艰难的岁月，中国的教育依然保持着高水准。也正是因为有了这样的学人，我们才取得了抗战的最后胜利，赢得了全世界爱好和平的人们的尊重。

激流深处的担当，最能显出一个人、一个群体、一个民族真正的精神海拔。

美丽的"服软"

蒋梦麟做过15年的北京大学校长，威望很高，他的硬气远近闻名。有人问过香港著名人士曹聚仁平生最敬佩的人是谁？曹答：蒋梦麟。问者曰：何也？曹聚仁再答：有种。所谓"有种"，无非是富胆量、有担当，其实就是硬气。

关于蒋梦麟的硬气有两个故事。1935年11月，冀东有人阴谋搞所谓的"华北自治会"，企图把华北五省变成第二个满洲国，蒋梦麟召集北平教育界诸多名流发表联合宣言，痛斥此种行径是"脱离中央，乃卖国的阴谋"。日本人对蒋梦麟极其恼怒，11月29日，他们请蒋梦麟到日军司令部"谈话"。蒋梦麟将此事告知家人和几个朋友，然后单枪匹马来到日军司令部。日本人对他进行威胁利诱，蒋梦麟置之不理，后来日本人又要求他去大连，他坚决拒绝。

赴台后，蒋梦麟极力推动人口节育，遭到许多守旧派的反对，他们诬蔑他"基于极端个人快乐主义之邪念"，为"主张性交自由，而以人为的方式或性交技术以遂其快乐"有人甚至扬言要"杀蒋梦麟以谢国人"。面对别人的攻击，蒋梦麟没有半点畏惧。1959年4月13日，他在记者招待会上公开表示："我现在要积极地提倡节育运动，我已要求政府不要干涉我。如果一旦因我提倡节育而闯下乱子，我宁愿政府来杀我的头，那样太多的人口中，至少可以减少我这一个人。"历史最终证明了蒋梦麟的眼光。

蒋梦麟能硬、敢硬，有时却也会服软。1958年，蒋梦麟第二任夫人陶曾谷因病去世，他们夫妻感情很深，很长一段时间，蒋梦麟都非常悲痛。1960年，在圆山饭店一次宴会中，蒋梦麟认识了杨杰将军的前夫人徐贤乐，两人一见钟情。徐贤乐这个人贪图钱财，品行不佳，周围的人比如陈诚、张群、宋美龄等都极力反对蒋梦麟与徐亲近。生性憨厚的胡适甚至冒着两人可能断交的危险，给蒋梦麟写了一些长信进行劝阻，态度非常鲜明。但被爱情冲昏头脑的蒋梦麟听不进去，1961年7月18日，蒋梦麟与徐贤乐结婚。一年多后，蒋梦麟不慎摔断足骨，此时的徐贤乐充分显示出了爱财的本性，也许是担心蒋梦麟出不了医院吧，她在蒋梦麟开刀前夕迁出户口，转移财产，连蒋梦麟女儿蒋燕华、继女陶燕锦的存款和股票都一

新婚燕尔的蒋梦麟（右一）与徐贤乐（右二）

锅端了。蒋梦麟对此非常气愤，出院后，他就提出与徐贤乐分居，徐贤乐不干，与之发生激烈争吵。1963年4月10日，蒋梦麟向法院诉请离婚。同日，他对记者发表谈话："我鼓起勇气与徐贤乐女士结婚，希望再有一个幸福的家，来帮助我的事业。到现在一年多我失望了，我受到人所不能忍的痛苦，家是我痛苦的深渊，我深深地后悔没有接受故友胡适之先生的忠告，才犯下错误。我愧对故友，也应该有向故友认错的勇气，更要拿出勇气纠正错误。"接着，蒋梦麟将胡适写给他的长信发表在《中央日报》上，作为向故友的道歉。

　　蒋梦麟的服软不仅体现在对朋友真挚感情的"追认"，也表现在工作中的"改过"精神。1945年6月，担任北京大学校长达15年之久的蒋梦麟出任国民政府行政院秘书长，因为事先未与北大教授们通气，引起北大教授的普遍不满。不满的原因是蒋梦麟违反了他亲自制定的《大学组织法》关于"大学校长不得兼为官吏"的规定。蒋梦麟最初确实是有兼职的打算的，后在傅斯年等人的劝说下，决定辞去北大校长职务，"他讲话的态度很好，得着大家的同情"，其谢幕未失其一贯的风度。

蒋梦麟的硬与软表面看来似乎很矛盾，其实它们的内里恰恰是统一的。在关系到一个人的民族气节、一个人对真理的认知时，蒋梦麟是硬的，丝毫没有通融的余地；在改正个人犯下的错误、避免某种规则的破坏时，他是软的，即使自扫颜面也在所不惜。正是这种该硬就硬、该软就软的精神造就了蒋梦麟人格的伟岸。

他们为何拒绝荣誉

荣誉是一种非常容易使人激动的东西，普天之下那么多人想在事业上出人头地，除了希望改善自己的生存境遇之外，还有一个目的就是为了在社会上获得良好的声誉。然而，荣誉有真的，有假的；有让人骄傲的，有为人不齿的，因此引出了一个问题——一个人该如何选择荣誉。

1913年春天，袁世凯给创办《大汉报》的著名报人胡石庵颁发一等嘉禾章，不料遭到胡石庵的坚决拒绝。胡石庵为什么这样做呢？他在复电中说得很明白，就是不愿与袁所加赏的"马贼"、"流寇"、"奸商"、"贪吏"、"反对共和之巨奸"、"痛杀民军之凶徒"、"焚烧汉口之元凶"为伍。退回勋章时，胡石庵同时附诗一首："三户亡秦愿已空，战场荒草渍残红。郑蛇内外成虚斗，冀马奔腾起大风。一雁横飞秋色里，万花齐落鼓声中。乾坤正气消磨尽，狗尾羊头亦巨公。"

1923年4月初，北洋政府又公布一批勋位，北京大学教授胡适榜上有名，4月8日，胡适在自己办的《努力周报》头条发表《胡适启事》："4月5日的《益世报》上登出新发表的一大批勋章，内有'胡适给予三等嘉禾章'的一项，我是根本反对勋章勋位的；如果这个胡适真是我，还是请政府收了回去罢。"

从胡石庵的复电可以看出，他并不完全反对荣誉，胡石庵拒绝袁世凯颁发的"一等嘉禾章"，只是因为袁奖赏的另外一些人品行不端，胡觉得跟这些人搅到一块有损自己的人格。如果袁世凯奖赏的对象都是辛亥革命的有功之臣，胡石庵是否会接受勋章还真的很难说。胡适拒绝三等嘉禾章，也并不意味着他不在乎荣誉，否则，我们就无法理解胡适头上那几十个荣誉博士帽子了，胡适之所以那样做，主要缘于他曾经反对勋章勋位，自己必须言行一致。换句话说就是，这两人拒绝荣誉，不是因为荣誉本身，而是因为所得到的荣誉与他们内心的坚守相悖。

可能得到某种荣誉时，一定要掰开荣誉的内核瞧一瞧，看它是否符合自己内心的坚守，体现了一种内心的纯净。真正杰出的人自然希望名实相符，万一名实不符，他们宁可选择名弱于实，而决不会走向名过其实。原因很简单，实（事业上的成就）是杰出人才在这个世界立足的树干，名（社会声誉）只是树干上开出的花朵。没有树干，树本身就不存在；缺少花朵，虽然有遗憾，但树依然不失为树。胡石庵和胡适拒绝了嘉禾章之后，他们得到的社会评价不但没有降低，反而提高，就说明实比名重要。

突然想起所谓"中国管理科学院院士"的评审闹剧。诈骗犯关制钧夫妇从网上搜集企业老总、高校领导、高管人才的地址，再发邀请函，评审虚构的"中国管理科学院院士"，收费少则三四万元，多则十几万元，关制钧夫妇因此骗得280多万元。所谓"中国管理科学院院士"明明是一个不靠谱的东西，为什么一些"管理人才"趋之若鹜？根本原因在于这些人对荣誉有投机取巧之心，只看荣誉的外表，不管其内核。

荣誉就像金钱，在关键时刻最能考验一个人的灵魂。

《良友》们的操守

一个社会永远需要两种规则，一是外在的规则，一是内在的规则，法律制度是外在的规则，道德操守则是内在的规则。操守不仅仅对个人而言，作为舆论代表的报刊同样存在这个问题。人的操守表现在一个人对社会、对他人的态度，报刊的操守则体现于它如何面对权力的威压和金钱的诱惑。

20世纪20年代，上海滩上一本叫做《良友》的大型综合性画报家喻户晓，即使在最偏远的云南省也不乏它的热心读者，手头拮据的读者寄来头发编成的表链，希望可作为订阅的费用，信里说，如果这不行，他将改寄火腿或大头菜（都是云南著名土产）。《良友》还发行到了世界各地的华侨社会，是当时"国内唯一能赚大量外汇的出版物"，《良友》对这一点也颇自豪，它曾在画报上印有一张世界地图，密密麻麻地标注着《良友》的销地，并在地图上写着"良友遍天下"。著名作家李辉认为，《良友》不仅有新闻的敏感性，而且有文化的丰富性，"它尝试过努力过的许多创意，在我看来仍然具有借鉴的价值。"《良友》的影响这样大，想在上面登广告的企业自然如过江之鲫，然而，这本杂志做广告却非常慎重，看起来不可靠的广告不登，涉及色情、性病的不登。

当年的《生活周刊》也有这种面对不该得的金钱岿然不动的操守。《生活周刊》创办于1925年10月11日，1926年起由邹韬奋任主编，徐伯昕负责刊物的经营。由于刊物内容轻松生动简洁雅致，发行量达到15万份，广告一天比一天多。这在战乱年代是非常了不起的。据知情者回忆：徐伯昕对所刊广告限制极严，"略有迹近妨碍道德的广告不登，略有迹近招摇的广告不登，花柳病药的广告不登，迹近滑头医生的广告不登，有国货代用品的外国货广告不登。"

办刊物总是想赚钱的，赚不到钱，刊物就开不了编辑、记者工资，买不到必要的设备，编辑好的稿子也进不了印刷厂。然而，刊物的利益有两种，一是短期的，一是长期的。一个报刊毫无顾忌地做广告，可以在短期内获取大量资金，却可能因为引起读者反感，导致发行量下降，损害长期利益。《良友》、《生活周刊》坚持不做不良广告，自然有对自己长远利益的考量。

邹韬奋

《良友》、《生活周刊》不乱登广告，坚守刊物的品位，更与主事者的文化眼光有关。刊物永远是由人来操作的，刊物的操守，说到底就是在这本刊物说话算数的那几个人的操守。在《良友》和《生活周刊》的主事者看来，自己的刊物登载广告，等于向读者推荐某种商品，刊物对读者负有一份道义和法律上的责任。何况，任何刊物都要向读者传达自己的价值观，这种价值观的输出，既表现在刊物发表的文字中，也表现在刊物的其他行为里。这两个方面都做好了，刊物才有可能真正深入人心。

《良友》

于是又想起时下流行的一个词：名报刊。在有些人看来，名报刊就是有人写文章捧场，政府评奖的时候有一席之地，其实，真正的名报刊永远是靠自己创造的，它必须有操守有品位有足够的发行量。而操守又是报刊的重点之重。

"老师"二字重千钧

徐绍桢

刘师培

民国是一个杰出学人辈出的时代，同时也是一个老师享有较高精神地位的时代，恭恭敬敬事师的学人比比皆是。

民国学人事师之恭，首先表现在拜师的郑重其事上。国学大师刘师培一家五世治《春秋》，但对历法问题没有弄懂，《春秋长律》不能定稿。1910年，刘师培请当时担任军职的徐绍桢校勘《春秋长律》："闻先生历算精深，请校阅疑误，则小子无遗憾，先人当罗拜矣。"见刘师培一脸恭谦，徐绍桢摆起谱来："你诚心诚意请我校正，明天应当准备好衣冠，捧书来，我看看书稿，我能修改，你再穿好衣冠，行完跪拜大礼之后，我秉笔校正"。第二天，刘师培果然具衣冠捧书来，徐绍桢认真阅读了两三个小时，对刘师培说："错误甚多，不仅条签疑难也。当尽半月之力，为君改正。"刘师培果然跪地行礼，顶书谨奉。十天后，徐绍桢为刘师培《春秋长律》校订错误百余条。刘师培国学功底比武人徐绍桢深厚得多，为了弄懂历法之学，却甘于拜学问不如自己的人为师，一时传为佳话。

黄侃拜刘师培为师也是当时的美谈。黄侃只比刘师培小两岁，本来可算同辈学人，而且黄侃在小学、文辞方面明显强于刘师培，但在经学方面，刘师培功底深于黄侃。1919年春天，刘师培病重，自知不久于人世，有次与黄侃闲谈，说到自己的事业，颇有后继无人之慨。黄侃知道刘师培膝下无子，安慰他说："你在北大授业，还用担心你的学问没有传人吗？"刘师培叹了一口气说："北大诸生恐怕难以担当此任。"黄侃说："你觉得谁能继承你的学问？"刘师培答道："像你这样足矣！"黄侃听后，立即站起来认认真真对刘师培说："只要你不认为我有辱门墙，我就执弟子礼。"第二天，黄侃果然用红纸封了十块大洋，磕头拜刘师培为师，就这样成了刘师培的关门弟子。

民国学人事师之恭不只是体现在最初的拜师上，更体现在一生对为师者的尊敬上。有一年，章太炎去北京大学作学术讲座，在各个大学执教的弟子马幼渔、吴检斋、钱玄同、刘半农等随身服侍。章太炎演讲时声音小，只会说一口苏州土话，不能操国语。钱玄同负责向听众翻译，刘半农则负责写黑板。虽然辛苦异常，这些旧学生却以有为老师服务的机会为荣。训诂学家陆宗达藏有其老师黄侃手写的一张纸条，这张纸条夹在黄侃批点的《尔雅义疏》中，纸条上所书为某字之注释，最后两句为"忆昔申叔师亦未明此义，以之问侃，侃未能解。今此字义虽明，而师殁已数年，不觉泫然。"老师去世多年，弟子仍然念念不忘师恩，其对师道的恪守可见一斑。

郑重其事拜师也好，长久尊敬自己的老师也罢，都是因为民国学人对学问有一种内在的热爱，对世俗的欲望不那么看重。正因为在乎学问本身，他们才对掌握知识的人有一份出自内心的追慕和敬重，他们才会不去计较为师者是否在整体学问上超越自己，拜他们为师，会不会有损面子。这种事师方式恰恰最符合以能者为师的传统师道。

不禁想起现在一些学界中人的事师。如今某些年轻学人报考谁的研究生，先要搞清楚对方的头衔，比如是不是校长、副校长、某某基金评审专家、某个学术刊物的主编，若是，立即趋之若鹜；若否，马上掉头而去。原因很简单，老师有头衔有面子，才可以帮助学生毕业后拉课题、评奖、升职称。而一些研究生导师呢，招生时也不在乎学生是否具备治学的兴趣和能力，只看其职位和资产，以图自己今后办事方便。

每个人都有自己的想法、性情、趣味，学人如何事师原本不必大惊小怪，不过，如果某种事师方式成为普遍的社会潮流，一定有些深层的东西值得我们认真探究。

那些遥远的真性情

假设我问你：有人借了你100块钱，说好一个月归还，如今一个月过去很久了，他依然没有还你的意思，见到你就像无事人一般，让你很不高兴，你准备去讨吗？估计你会回答：没准备。也不只是你如此，换了游某，一样会作出相同的选择。在一些国人看来，欠债不还似乎不算一个怎样的道德污点，讨债反而让人觉得不地道。

当年的吴宓绝对不是这样。某次，中文系一位教师借了吴宓五块钱，说明一周内归还。一周过去了，此人并没有还钱，吴宓走到他家里，向其讨还了欠款。那位教师很愤怒，在外面说吴宓小气，吴宓向别人解释说："我不是为了五元钱，我是在帮助他提高道德修养。"

吴宓有个习惯，每月发工资那天都要上邮局汇钱，收款有他的亲友，也有他的学生，有时不够还向邻居借钱。某学生考取美国留学，但家里没有这么多钱，吴宓一次就给了他300大洋，使这个学生终于如愿以偿，而且再三声明：这笔钱是送给他的，不用偿还。"文革"后期，西南师范学院一位女教师看到吴宓孤苦伶仃，顿生同情，给他编了一双毛线袜子，吴宓回报那位女教师1001元钱。在那个时候，1000多元钱是一笔巨款，可以买许多贵重的东西，旁人觉得吴宓给得太多了，吴宓回答："多乎哉？不多也。我是把袜子的成本费、劳务费，还有无价的感情都算在里面的，我给她的不算多。"

我们的时代在向前发展，各种吃的住的玩的都比以前丰富得多，但人的性情似乎越来越萎缩，吴宓式的人物早已成为一种绝响。一个人说自己想说的话，做自己想做的事，尽情展露自己内心的意志，非但得不到旁边的人和整个社会的鼓励，反而感到步履维艰。在政坛上，领导会认为你不成熟，你很难得到提拔；在专业领

吴 宓

域，别人会觉得你太固执、缺少变通，因而，评奖、评职称方面往往会吃亏。所谓"会来事"、"会做人"，从正面的意义上说，是做事讲究方法、不轻易得罪人；从反面的意义说，其实就是掩盖自己的内心，按照社会的一些潜规则去运作，是城府、世故的代名词。

我欣赏吴宓式的真性情，但我深知，要让真性情在社会上生存下去，就必须去掉我们的文化中那种急功近利的因子，必须消除我们灵魂中的虚伪和庸俗。

那一代知识分子的心性

对于知识分子如何为人处事，中国的传统文化其实并不缺乏规范，"士可杀，不可辱"，"士大夫之耻，乃为国耻"，"天下兴亡，匹夫有责"等等，这种种说法都有道德训诫的成分在里面。不过，在不同历史时期，知识分子所起的作用并不相同，比如他们在战争年代就比在和平时期更能表现出高贵的心性，也更敢于作出让人肃然起敬的取舍。

在中国现代史上，1937年绝非寻常，这一年的7月7日，日本侵略者悍

然发动卢沟桥事变，中华民族开始全面抗战。然而，由于中国长期贫弱，在最初的战争中，中国军队连连败北，11月11日，上海沦陷；12月13日，南京失守，长沙成为后防重镇，北大、清华、南开合组的长沙临时大学（西南联大前身）只好再度迁徙。1938年2月20日，长沙临时大学200多名师生组成湘黔滇旅行团，由湖南省主席张治中委派的黄岳中将担任团长，闻一多、许骏斋、李嘉言、李继桐等11名教师组成辅导团，徒步向1600多公里外的云南省昆明市（其中步行1300公里）进发。那是一次怎样悲壮的文人长征啊！旅行团师生每天早晨六点钟就得起床洗漱，洗漱完毕就吃早餐，早餐是稀饭，吃完早饭马上赶路，晚上七点以前再无饭吃，一天就吃这样两顿饭。宿营的地方五花八门，教室、马店、客栈、柴木棚、榨油房、仓库、茶馆、礼堂、戏园子都被用来摊铺盖，师生们不得不经常与恐怖的棺材、臭烘烘的猪以及臭虫、跳蚤、虱子等等为伍。而行走的任务又非常艰巨，少则一天走60里路，多则要走八九十里，甚至100里。然而，再苦再难也吓不倒这些意志如铁的知识分子，经过68天的风雨兼程，200多名师生终于顺利抵达昆明。

1938年秋天至1943年秋天，日军经常空袭昆明，其中1940至1941年特别频繁。空袭警报一来，师生们必须丢下手头的一切赶快离开，否则就有性命之虞。林徽因曾在一封信中描述了金岳霖先生跑警报的情况："可怜的老金，每天早晨在城中有课，常常要在早上五点半就从这个村子（龙头村）出发，而还没来得及上课空袭就开始了，然后，就得跟着一群人奔向另一个方向的一座城门、另一座小山，直到下午五点半，再绕许多路走回这个村子，一天没吃、没喝、没工作、没休息，什么都没有！"然而，就是在这样的处境中，金岳霖写出了力作《论道》和一生的代表作《知识论》。当时像金岳霖这样的学者还很多，比如机械工程学家刘仙洲跑警报之余写出了著名的《热工学》；社会学家陶云逵则冒着被敌人炸死的危险跑遍云南全省，调查少数民族的社会经济、语言分布、宗教信仰、地理环

张治中

刘仙洲

境，创办边疆人文研究室和《边疆人文》杂志。

战时师生的3000多里长征、跑警报期间教授们利用时间的边角余料开展科学研究，当然首先与学人们安身立命的想法有关。学人是以学问作为生存的基础的，一个学人不能用自己的知识服务于社会，社会就没有理由养活他。但最根本的还在于那一代知识分子内心有一种心性支撑着。这种心性就是：国难当头，每一个人都要有一分热发一分光，把国家从危难中尽快地拯救出来，不能再让这个民族遭受别人的欺凌。如果仅仅是因为个人的谋生问题，沦陷区大学教师的待遇普遍比西南联大要好，他们大可不必为了一个普通的教职吃那么多苦头。

那一代知识分子的心性，永远是我们的民族记忆中最温热的一部分。

那种眼光让我们动容

在民国那个大师如林的时期，胡适先生的学问并不是最突出的，无论是文学、史学、哲学，超过他的都大有人在，然而，胡适先生的为人处世却有口皆碑。正因为如此，他也就顺理成章地成了民国学人的精神领袖。

说到胡适先生的为人处世，不能不提他与陈独秀的关系。胡适与陈独秀早年是新文化运动的战友，他们一个写了《文学改良刍议》，一个写了《文学革命论》，共同向旧文学、旧文化、旧道德开火。后来，由于政治主张南辕北辙，两人渐行渐远。就是在这样一种情况下，胡适也依然关注着陈独秀。

赵映林《胡适四次营救陈独秀》一文介绍：1919年6月11日，陈独秀因散发反对北洋军阀政府的《北京市民宣言》遭到逮捕。胡适心急如焚，他利用在京安徽名人与时任警察厅长的安徽人吴炳湘的同乡关系打通关节，同时又在《时事新报》上发表文章，披露陈独秀在狱中受到的非人待遇；在《每周评论》刊登《威权》一诗，抨击北洋政府无视人权的行为。在强大的舆论压力下，北洋政府只好释放陈独秀。

1921年10月4日，身为中共总书记的陈独秀在上海法租界被租界当局逮捕，胡适知道此事后请蔡元培向法国驻华使馆交涉。随后，胡适、蔡元培与众多知名学者、教授联名给上海法国领事馆发电报，要求马上释放陈独秀。经多方努力，陈独秀得以再次走出牢门。

1922年8月9日，陈独秀又在上海法租界被巡捕房逮捕，胡适是在陈独秀被捕后第二天晚上得到消息的，他当即找李大钊商量营救办法，又找在外交部任职的顾维钧，请他无论如何帮助陈独秀。胡适声明："我不是为独秀一个人的事乞援，他曾三次入狱，不是怕坐监的人。不过一来为言论自由计，二来为中法两国国民间的感情计，不得不请他（指法国公使）出点力。"暗示法国公使不要惹出思想界的"排法"情绪。顾维钧不敢怠慢，当即派刘秘书赴法国公使馆疏通，8月

顾维钧

19日，上海法租界巡捕房罚陈独秀400银圆了结此案。

由于长期坚持反国民党政府的立场，国民党当局悬赏重金缉拿陈独秀。1932年10月15日，陈独秀在上海公共租界被工部局逮捕，移交给国民党政府，当时官方的宣传机器都鼓吹"迅予处决"。胡适顶着巨大的政治压力，一方面联合翁文灏、丁文江、傅斯年、任鸿隽等好友请求国民党当局将陈独秀一案由军事法庭移交给民政司法审判了；另一方面，他请时任外交部长的朋友罗文干与国民党上层人士沟通，并与蔡元培、段锡朋（国民党中央执委，胡、陈在北大的学生）等人磋商聘请名律师为陈出庭辩护。为了扩大陈案在社会上的影响，引起公众关注，向国民党施压，胡适利用讲学的机会，到处宣传陈独秀对"五四"新文化运动的贡献，宣传民主与法治，提醒国人监督政府，保障人权。胡适在中国民权保障同盟北平分会成立大会上还大声疾呼，这次当局要杀陈独秀，我们一定要营救他。1937年，胡适赴美前夕，给当时的行政院长汪精卫写信，请汪出面与蒋介石商谈，释放陈独秀，汪精卫答应了。四天后，陈独秀果然获释。

陈独秀每次被捕，胡适都拼尽全力相救，原因很多。胡适是个重感情的人，对学术晚辈都有一种菩萨心肠，他当年对周汝昌在红学研究上的帮助，对陈之藩出国留学的资助充分说明了这一点，对老朋友自然更不能弃之不顾。胡适也是一个特别宽容的人，他曾给陈独秀写信说："我们两个老朋友，政治主张上尽管不同，事业上尽管不同，所以仍不失其为老朋友者，正因为你我脑子背后多少总还有容忍异己的态度。"但最主要的还在于胡适先生具有一种"人饥己饥，人溺己溺"的现代民主情怀。北洋军阀政府、租界当局、国民党政府之所以要逮捕陈独秀，无非是因为他宣传过自己的政治主张。而按照现代民主理念，宣传政治主张本身就是言论自由的一部分，不应该受到压制。一个社会如果放任当局对公民政治权利的肆意剥夺，那么，发生在某个公民身上的悲剧，马上可能在其他人身上发生。美国波士顿犹太人屠杀纪念碑上刻着一个叫马丁·尼莫拉的新教徒写的短诗："起初他们追杀共产主义者，我没有说话，因为我不是共产主义者；接着他们追杀犹太人，我没有说话，因为我不是犹太人；后来他们追杀工会成员，我没有说话，因为我不是工会成员；此后，他们追杀天主教徒，我没有说话，因为我是新教教徒；最后他们奔我而来，却再也没有人站起来为我说话了。"这首短诗充分诠释了在邪恶的政治面前保持沉默的可怕。作为一个在民主国家留学多年的知识分子，胡适是深深地明白这个道理的。

胡适那种超越个人恩怨，着眼于公民共同命运的现代政治眼光，在犬儒哲学大行其道的今天，足以让我们动容。

那些勇敢者的声音

20世纪五六十年代，台湾自由主义知识分子最有影响的是三个人，他们都是从民国时代过来的，一个是长期住在美国的胡适，另外两个是始终坚守在小岛上的雷震和殷海光。他们表达自己意见的方式各不相同，与蒋介石的关系也有亲有疏，但在坚持民主自由理念、力图推动国民党政权走向宪政这一方面却完全一致。

范泓《隔代的声音》一书介绍：雷震早年对蒋介石抱有幻想。1949年1月，蒋介石宣布引退时，雷震曾不断劝说友人拥蒋。作为"国策顾问"，雷震最初办《自由中国》杂志，主观上是想帮助国民党从败退的阴影中早日站起。然而，蒋家王朝很快让雷震失望了，它任人唯亲，政治专制，听不进不同意见，《自由中国》对当局的批判因此越来越激烈，它在1957年8月至1958年2月发表的《今日的问题》系列社论，从政治、军事、经济、立法、教育、出版等许多方面极力抨击国民党政权存在的问题。8月12日，在一次会议上，国民党中央党部秘书长张厉生认为《今日的问

题》系列社论对于社会及民众影响颇大，
应予以"停刊处分，必要时还可捉人"。
11月15日，"立法委员"许孝炎约谈雷
震，国民党高层下达四点指示，即让《自
由中国》"不评蒋介石，不评既定国策，
不评宪法，不评国民党"。雷震坚持不
改办刊宗旨，后来他又反对蒋介石连任总
统，批评国民党的地方选举，参与组织反
对党。1960年9月4日，国民党政权以雷震
等人"涉嫌叛乱"为由将其逮捕，并判处
雷震十年有期徒刑。

《自由中国》

　　殷海光也是积极干政的知识分子的典型，他自称"五四之子"，在他
看来，一个学者如果不关心民族的前途，不关心人民疾苦，即使受过最好
的教育，也不够格称知识分子。曾辉《最后的声音》记述了殷海光晚年的
生活。殷海光虽然做过国民党《中央日报》主笔，内心深处却始终坚持民
主自由理念，他以《自由中国》和香港的《祖国》杂志为阵地，撰写了
《反共不是黑暗政治的护身符》、《近年的政论心理与作风》、《大江东
流挡不住》等文章，极力揭露台湾的黑暗政治，抨击蒋氏父子的不法行
为。蒋介石对殷海光恨之入骨，派国民党特务在他家门口"站岗"，找殷
海光的麻烦。1964年当局取消殷海光享受的"国家长期发展科学补助金"
每月60美元的补助，这笔补助是其最低生活费用的一半；接着查禁他交给
文星书店出版的著作《中国文化的展望》，版税收入被强迫中断；1966年
7月，当局又指示台湾大学不再续聘殷海光。殷海光的生活顿时陷入极度
贫困，甚至连吃早点都要向邻居借钱。1967年哈佛大学邀殷海光前往研究
中国近代思想，当局不允许其出境，实际上是将其软禁起来。1969年，殷
海光终于在贫病交加中去世。

在犬儒们看来，雷震、殷海光的做法很不理智。雷、殷两人都曾是国民党高官，只要不那么执拗地坚持自己的政治理念，完全可以过上锦衣玉食、平平安安的生活。然而，这些人不明白一个简单的道理：任何黑暗的时代，都需要有一些勇敢的人站出来，高声告诉大家这个社会黑暗在哪里、为什么会黑暗，并指示一条光明的道路。只有这样，那些执意搞愚民哲学的人才会生出几分畏惧之心，我们的生活才有走向花红柳绿的希望。雷震和殷海光就是这样的勇敢者。

什么是英雄什么是庸人，答案固然多种各样，其中一个就是：以怎样的态度面对社会的黑暗。

新闻人的血性

有强权的地方，就有对强权的反抗，以媒体为代表的舆论监督就是反抗的方式之一。不过，在专制时代，相对于有权有势的军阀和官僚，新闻记者其实非常弱势。在中国现代新闻史上，就不乏以生命殉真理的媒体从业者。

出生于1886年的邵飘萍是中国现代早期的报人，1912年，他与杭辛斋在杭州合办《汉民日报》，揭露官僚和恶霸的丑行，抨击袁世凯复辟帝制的倒行逆施。1914年，袁世凯下令封闭《汉民日报》，邵飘萍被捕，后经过营救出狱，被迫逃亡日本。1918年10月，他创办了著名的《京报》，在1919年的五四运动中，他坚定地站在爱国学生和民众一边，无情揭露曹汝霖、陆宗舆、章宗祥的卖国罪行，报馆因而被段祺瑞政府查封，邵飘萍被迫再次流亡日本。1920年下半年，段祺瑞政府垮台，邵飘萍欣喜若狂，他马上恢复《京报》。1926年，北京发生"三一八"惨案，刘和珍等爱国学生惨遭军阀当局杀害，邵飘萍又站到了正义力量一边。此外，邵飘萍还支持冯玉祥和郭松林等人反对奉系军阀的行动，奉系军阀对他恨之入骨，1926年4月，张作霖率领奉军闯入北京，立即逮捕邵飘萍，4月26日，张作霖以"宣传赤化"的罪名残酷地杀害了他。

邵飘萍

林白水与邵飘萍处在同一时代。这位《社会日报》的社长因为坚持"报馆要替百姓说话，不去献媚军阀"，"新闻记者应该说人话，不说鬼话，应该说真话，不说假话"，毅然发表时评《官僚之运气》，并且不愿满足军阀"更正请罪"的指令，而被"狗肉将军"张宗昌枪杀，终年52岁。林白水办报30年，三陷囹圄，五被查封，但始终如一地坚守着舆论监督的责任。

在中国百年新闻史上，还有一位报人的名字绝对不可忘记，他就是《申报》的主办者史量才。《申报》本是一份英国人1872年在上海租界创办的老报纸，史量才1912年接手后，将其发展为当时中国发行量最大的报

林白水

纸之一。史量才认为"报纸是民众的喉舌，除了特别势力的压迫以外，总要为人民说些话，才站得住脚"。在蒋介石时代，《申报》发表了《"剿匪"与"造匪"》、《学生爱国运动平议》等让蒋介石大为震怒的文章。据徐铸成回忆：蒋介石曾找史量才谈话："把我搞火了，我手下有100万兵！"史量才不卑不亢地回答："我手下也有100万读者！"追求言论自由的正义最终没有斗过无耻的权力，1934年11月13日，史量才被国民党特务暗杀于沪杭公路上。

史量才

在民主社会，新闻记者对执政当局或政治、军事领导人有什么意见，在媒体上发表就是，正确的，政客们不敢不听；不正确的，领导者也顶多一笑置之，不要说随便杀人，就是利用自己的权力或影响动用一下行政、司法资源，比如对记者罚款、将其拘留几天等等，都会引起舆论大哗，最直接的后果是丢掉公职，甚至可能遭到"滥用公权"之类的起诉。然而，在专制社会，军阀、官僚"和尚打伞，无法无天"，他们抓人也好，杀人也罢，都不必付出什么代价。此种环境下，新闻记者还能坚守舆论监督的天职，自然显得特别可贵。

言论自由需要热爱自由的人去争取。即使是在以言论自由著称的一些民主国家，领导者向往的也不是权力得到有效监督，而是"没有新闻的自由"（美国前总统乔治·布什语）。媒体的舆论监督与权力的关系永远此消彼长，舆论强有力地监督了权力，权力就相对老实；舆论不敢监督权力，权力就可能胡作非为。一个社会要让舆论体现自己的担当，当然首先需要确立一个"言者无罪"的言论环境，不过，言论者的血性也是必不可少的。研究中国百年言论史的人都有一种感觉，在中国二三十年代，报人的独立立场有一定的生存空间，这种生存空间绝对不是军阀发慈心赐予的，而是无数优秀的报人用自己的鲜血乃至生命换来的。专制者玩的永远是以少数人控制、统治多数人的游戏，当多数人从专制者的迷魂汤和权力恫吓中觉醒，专制者对"出头鸟"的打击也会有所忌讳。

新闻记者的手里没有刀枪，与不法的权力作战，总有以卵击石的味道，但一个真正的文人不会怯懦，他至少可以做到"你打我一枪托，我吐你一脸唾沫"。许多时候，这种"唾沫"恰恰是一个民族觉醒的先声。

让自己看得起自己

红尘中人一般都在乎别人能否看得起自己，他们觉得只有得到他人的认可，生活才有滋味，人生才有价值，然而，在这个世界上也有另外一些人，他们不怎么介意别人是否看得起自己，却非常在乎自己看不看得起自己。

中山大学教授刘节说话做事一向遵循内心的准则。1958年"大跃进"时出现许多豪言壮语，比如"人有多大胆，地有多高产"，"苦战一年进入共产主义"，别人称这些讲大话的人意气风发，刘节却说："这能说是意气风发？恐怕是有点意气发疯吧？"1967年底，红卫兵要抬重病的陈寅恪去大礼堂批斗，陈寅恪夫人唐筼知道此去凶多吉少，拼命阻止，造反派不听，将其推倒在地。此时，陈寅恪早年的学生、中山大学历史系前主任刘节站出来自愿代替老师挨斗。批斗会上，红卫兵对刘节拳打脚踢，侮辱完后问他有何感想，刘节高昂着头回答："我能代替老师挨批斗，感到很光荣。"

著名历史学家赵俪生也做过一件让人为他捏一把汗的事。1948年底，北平即将解放。有一次，在华北大学讨论到北平接管大专院校和文化部门，要求北平的教师都要到文管会报到。有人提议像陈寅恪这样的眼睛看不清楚、身体也很衰弱的，由家属或朋友代替报到就行了。这时成副校长用洪亮的湖南话发话了："资产阶级知识分子到无产阶级领导的革命机关来报到，来办理登记，一定要亲自来，本人来，不得有别人代替，因为……"他特别提高了声音说："这是个态度问题。"会场鸦雀无声，只有赵俪生毫无畏惧地反驳："十月革命后，俄国知识分子可比中国知识分子凶得多，嚣张得多，像巴甫洛夫，开口闭口骂布尔什维克是'匪帮'，可列宁怎么样呢？他隔几天就拿着黑面包和黑鱼子酱去看望巴甫洛夫。他

刘 节　　　　　　　赵俪生

骂，列宁并不把他抓起来，也不同他吵，而是耐心地等他回心转意，替苏维埃共和国工作。这一切值得我们大家学习，特别是值得成校长学习。"赵俪生说的这几句话后果非常严重，三天后他接到调离华北大学的通知。然而，赵俪生始终无怨无悔。

　　看到这两个故事，我内心不仅充满敬意，而且涌动着一种温润的感动。刘节也好，赵俪生也罢，在当时那个特定的政治环境中，他们要让别人看得起自己很容易，"大跃进"时权势人物说过那么多过头话，"左"倾路线横行时侮辱知识分子的事那么多，有几个人能够敢于直抒胸臆，又有几个人能做到主持正义甚至以自取其辱的方式保护别人？既然大家都当犬儒，你去当犬儒，自然谁也不敢鄙视你。然而，刘节、赵俪生更看重的却是自己对自己的评价。他们知道一个人随波逐流，固然可以轻而易举地保住现有的地位、享受，但它必须以扭曲自己的人格、践踏自己的良知为代价。而对于一个有着极高的道德自许的知识分子，这无疑是一种深重的内心灾难。为了避免坠入这种灾难，他们只能激流勇进，逆众人之道而行。

　　仔细一想，在一个威权和大家都乐于做缩头乌龟的社会，知识分子光是拥有让别人看得起自己的想法是远远不够的。如果说，在看重规则的社会，我们追求让别人看得起自己，可能走向善良、高尚的话，那么，在威权、犬儒哲学盛行的社会，只在乎让别人看得起，很可能使我们沦为邪恶现场的冷漠看客。从这个意义上说，追求让自己看得起自己，其实是一种更高的道德标尺，更值得我们付出追寻的汗水。

细节里的学人操守

曾昭燏女士是中国杰出的博物馆学家和考古学家，她一生挚爱博物馆和考古事业，为此终生未婚。1949年后，曾做过南京博物院院长。1939年3月至1940年9月，她与吴金鼎、王介枕一起发掘了马龙遗址、佛顶甲乙二遗址、龙泉遗址等，取得了大量的实物资料，这是中国考古学家第一次运用外国先进技术和科学方法进行的考古活动。此外，她还与吴金鼎一起主持了四川彭山县东汉崖墓的发掘工作，著有《云南苍洱考古报告》、《博物馆》（与人合著）等著作。

曾昭燏于1935年留学英国，学成后立即回到战火纷飞的祖国，留学之前曾就读于中央大学，起初是住在哥哥曾昭抡家里。曾昭抡因故赴北京大学化学系任教后，曾昭燏失去依靠，便移居到老师胡小石家吃住。对于这段生活，曾昭燏后来回忆说："师所居在城北将军巷，为自筑小楼一所，号为愿夏庐。师自居二楼北室中，称北楼。一榻倚壁，前列几案，皆堆典籍，室中置大案，为师挥毫作书之所。亦于此教余书法，初学即命写钟鼎文，不令习法帖，恐开头便落圆熟陈套也。余每习书，师自后观之。耳提面命，如诲蒙童。"又说："愿夏楼之三楼，为藏书楼，牙签万卷，师甚珍之，外人罕得窥，余常读书其中，竟日不下。"三年之间师生朝夕相处，曾昭燏就在这段寄居的日子，学到了有关金石、书法、艺术、音韵学的精深学问。

在国人习惯的观念里，一个青春少女是不宜与亲人之外的成年男性

胡小石

曾昭燏

长期相处在一起的，否则，极有可能发生某种为人不能接受的事情。然而，这对异性师生居然能长年共同生活却风平浪静，彼此只以师生的身份相处，一点也没擦出情感火花，这是一种怎样的理性，又是一种如何的坚守。

我不禁产生一种联想，假若在现在，这样的事是否还会发生呢？且不说目前这个社会家长对他人永远睁着一只警惕的眼睛，很难将自己正当妙龄的女儿交给非亲非故的成年男性，就算是父母放得下心，女生自己也没有这个胆量啊！我们只要看看这些年媒体的报道，就不难得出一个结论：这个物质时代，人的欲望真是太泛滥了，领导"潜规则"女下属、导演"潜规则"女演员、老总"潜规则"女秘书、教授"潜规则"女学生，早已不是什么新闻。就算有那么一些冰清玉洁的男领导、男教授、男导演、男老总，人们也很难将他从被揭露的那些声名不好的同类中挑出来，毫不犹豫地付出自己的一份信任。

一个女学生有三年时间寄居在异性男老师家，对于一个时代，无疑是激流中的一朵小浪花、森林中的一片小树叶，然而，即使是从这样的细节里，我们也不难窥见那个时代一些学人的操守。

想起一种论争

有人说，现在的文艺批评往往嘻嘻哈哈、一团和气，即使要提到缺点，也像搔痒痒。这话当然有几分道理。不过，我觉得关键恐怕不在于批评者不敢说真话，而是某些作者不愿意接受别人批评，一遇批评就暴跳如雷，结果使正常的文艺论争完全变了味道。这样的事最近不是上演过一次吗？

徐悲鸿和徐志摩当年的论争与当今某些人大不相同。郭存孝、周文杰《历史的履痕》一书介绍：1929年，美术界人士筹办第一届全国美术展览会，徐志摩、徐悲鸿、刘海粟、林风眠、王一亭等都是全国美展组委会常委。组委会决定展览会4月10日在上海开幕。然而，突然有一天，组委会得到消息：徐悲鸿拒绝参展。徐悲鸿是何等人物，他不参展还得了？组委会负责人徐志摩非常着急，立即面见徐悲鸿，希望他改变主意。4月22日，徐悲鸿复了志摩一函，谈到自己不参展的理由，他认为此次展览被形式主义画派所操纵，虽未点名，却把怨气发在徐志摩身上。接着，徐悲鸿在《美展》杂志上发表《惑——致志摩公开信》，指出形式主义绘画在资本主义社会的商品性质，认为这种艺术是倒退的，明显有耻以为伍的意思。同日，徐志摩发表了《我也"惑"——与徐悲鸿先生书》，与徐悲鸿进行论争。过了几天，徐悲鸿又发表《惑之不解》（一）、《惑之不解》（二），对美展提出批评，徐志摩也忍不住向刊物发了长文，可惜因为篇幅过长未能问世，论争的结果仍是以徐悲鸿不愿参展且多微词不欢而散。然而，1931年，徐悲鸿利用暑假去上海，特意专程拜访徐志摩时，徐志摩却一如既往地笑脸相迎。徐悲鸿是性情中人，立即给徐志摩的夫人陆小曼画了张素描半身像，以表达自己的欢欣之情。志摩去世三个月后，徐悲鸿在北平下榻胡适家中，恰好住在徐志摩住过的房间，触景生情，深感悲痛，特地画了徐志摩和江冬秀都喜欢的一只狮子猫作为纪念。

自己操办的美展，好朋友却不愿参加，还要跟自己打笔战，若说徐志

徐悲鸿 　　　　　　　　徐志摩

摩内心一点想法也没有，恐怕也不真实。然而，徐志摩终究是个非同一般的人，论争归论争，朋友来拜访自己，他还是显出了一份宽容。而徐悲鸿呢，也具有君子之风。与徐志摩争论了，不惜冒着自讨没趣的风险去看徐志摩。徐志摩不幸去世，还要以自己特有的方式表示怀念。用"君子之争"形容他们对于美术的那场笔战一点也不过分。

我们需要真正的"君子之争"。创作时，文艺家往往容易被激情和直觉的东西左右，这种激情和直觉一方面可以帮助我们走入世界的深处，另一方面也可能带来某些偏颇和不足。批评家对文艺作品作出评价，好处说好，不好处提出建议，有利于文艺家创作水平的提高。如果文艺家一见批评就认为人家有恶意，动不动恶语相向，批评家说话就会多些顾虑。反过来，批评家遇上正常的反批评，也应该冷静。我们的文坛艺苑民主风气越来越浓，没有人是口含天宪的，你说了话，也得允许别人说话。大家都心平气和，彼此都能感受到他人对自己批评的善意，"君子之争"才有成长的土壤。

徐悲鸿和徐志摩先生都已作古，但他们身体力行的文艺论争原则却没有过时。

遗世独立的背后

1925年3月12日，国民革命第一人孙中山先生在北京逝世，消息传出，大江南北一片悲声。孙中山先生的灵柩最初存放在北京西郊碧云寺，丧礼庄严肃穆，寺前牌楼横额为"天下为公"，两旁对联是："赤手创共和，生死不渝三主义；大名乘宇宙，英灵长耀两香山。"金刚宝塔前也有一联高度评价了孙中山的伟绩："功高华盛顿，识过马克思，行易知难，并有名言传海内；骨瘗紫金山，灵栖碧云寺，地维天柱，永留浩气在人间。"然而，就是在这样一种哀痛的气氛中，国学大师章太炎却写了两副极其另类的挽联，一曰："孙郎使天下三分，当魏德萌芽，江表岂忘曾袭许；南国本吾家旧物，怨灵修浩荡，武关无故入盟秦。"一曰："举国尽苏联，赤化不如陈独秀；满朝皆义子，碧云应继魏忠贤。"挽联虽未贴出，但四处流传，让人大跌眼镜。

章太炎的两副挽联是什么意思呢？有人考证说，第一副挽联上联是将孙中山比作三国时和魏、蜀鼎足而裂国分疆的孙权。说孙权不应分裂中国，念念不忘袭许（许昌，曹魏都城），暗喻孙中山天天只想着北伐。孙中山逝世前，中国有三大势力：一是以段祺瑞为代表的北洋军阀势力，一是东北张作霖奉系军事势力，一是南方孙中山先生的革命势力。在章太炎看来，这跟三国时期差不多。下联责备孙中山将广东看成私物，影射孙把香山县改名为中山县，在广州设立军政府，"盟秦"则指与苏联结盟。第二副挽联上联是批评孙中山的革命政府事事以苏联为师，没有独立性；下联是讽刺国

孙中山

民党对孙中山盲目崇拜，国民党员如同领袖的干儿子。两副挽联内容各异，其不恭之态则如出一辙，体现了章太炎一贯遗世独立的作派。

章太炎与孙中山的关系非常复杂。思公《晚清尽头是民国》一书介绍：两人结识于1899年，章太炎第一次应梁启超之约去日本，与孙见过一面。1902年，章太炎又受唐才常自立军一案牵连，再度流亡日本。孙中山特意叫了兴中会的人在中和堂举行欢迎会，并与章太炎订交。三个月后章太炎回国，积极参与革命活动，1903年，章太炎在《苏报》上发表轰动一时的《驳康有为论革命书》，并为邹容的《革命军》作序。章太炎的文章大骂皇帝和清政府，极力鼓动革命，要求建立资产阶级"中华共和国"。为此清政府照会上海租界当局，以"劝动天下造反"、"大逆不道"罪名将章太炎等逮捕。1906年，章太炎坐满三年牢后抵达日本东京，孙中山组织了2000人来欢迎他。章太炎激动之下立即加入同盟会，孙中山也马上委任他为同盟会机关报《民报》的主编。不过，担任《民报》主编，也恰恰是章太炎与孙中山结怨的开始。革命党常常经费短缺，一缺钱，《民报》首先成为冲击对象。1907年，清廷要挟日本驱逐孙中山，但私下又给孙中山大笔钱，叫他离开日本。孙中山留了2000块钱给章太炎的《民报》，其余的充作起义经费，章太炎觉得太少，两人大闹一场。章太炎在报上公开发表文章，指责孙中山是贪污犯，把《民报》馆孙中山的画像也撕了，虽经黄兴等人劝和也无济于事。后来，章太炎离开了《民报》和同盟会，与人一起组织光复会，并任会长。二次革命时，孙中山在南方设立政府，章太炎却始终认为民国的正统在袁世凯开创的北方，因此不赞成孙中山的做法。如此种种，促使他对孙中山的怨气越来越大。

不过，我觉得章太炎之所以会在孙中山逝世后写出那样另类的挽联，主要与他的个性有关。章太炎才华横溢，写时评，名满天下，追随者众；做学问，出尖拔萃，被尊为大师。在这样的环境中生活，章太炎说话做事全凭性情也就毫不为怪了。别说死去的孙中山，就是活着的袁世凯、蒋介

《民报》及其发刊词

石，他当年不也一样骂吗？在章太炎心目中，只有他自己认定的是非曲直，绝无不可指责、批评的偶像、权威。当时对孙中山的一些做法不满的不乏其人，但写出这种另类挽联的，只有章太炎一人，就是一种旁证。

章太炎对孙中山的批评到底有多少真理的成分，我们今天可以不论，但他那种遗世独立背后的怀疑精神、批判意识，则是我们这个时代所必需的。

有一种表情呈示于内心

在民国杰出学人群体中，有一位女学者见识超拔、才华横溢，为了事业舍得吃苦，深受以男人为主的儒林敬重，这个人就是杰出的女博物馆家、考古学家、原南京博物院院长曾昭燏。

曾昭燏毕业于中央大学，曾留学英国，她最大的特点是来自显赫的家族（其曾祖父是曾国藩的大弟曾国潢），却没有贵族子弟常有的那种傲慢，相反，许多时候，她都表现了一个女性对他人的那份特别细致的关心。

1948年，中央博物馆筹备处工作人员高仁俊奉命押古物赴台，当时身为中博筹备处总干事的曾昭燏给他写了一封介绍信，将他介绍给自己在台湾的哥哥曾昭承。信中说：万一高仁俊在台湾不能久留，须购机票、船票时，请兄长"特为帮忙"。当时高仁俊正与一位女同事谈恋爱，曾昭燏注意到了，一方面积极安排他的女友来台，另一方面又未雨绸缪地想到万一其女友不能成行，高仁俊可能在台不能滞留，阮囊羞涩的他很可能陷于困境，所以写了这封信。后来高仁俊的女友去了台湾，这封信并没有发挥作用，但高仁俊一辈子都记住了这份真情。

1964年，在各种政治运动中承受了巨大压力的曾昭燏决意告别人世。当时患了忧郁症的曾昭燏正在南京丁山疗养院治病，12月24日，身为南京博物院（即以前的中央博物院）院长的她主动提出要用单位的小轿车送为她治疗的医生回家。送回医生后，曾昭燏要求司机将车子开到灵谷寺，她说自己要散散心。到了灵谷寺，曾昭燏将一包苹果送到司机怀中，轻轻地说："请你吃着，等我一会。"说完打开车门，匆匆向灵谷寺走去。在塔下茶室，曾昭燏逗留了一会，拿出笔在一个小纸条写着什么，写完将纸条装进大衣口袋。在外面等候的司机觉得有些奇怪，急忙下车走进茶室，曾昭燏将大衣脱下交给司机，让其在此稍候，自己要去塔上散散心。大约十几分钟后，听到外面游客大喊，此时司机才知道曾昭燏已跳塔身亡。后来，有关部门在曾昭燏交给司机的上衣口袋里发现一张小字条，上写"我的死与司机无关"，司机因此没有受到牵连。

曾昭燏做事总想着别人，与其家族熏陶有关。当年的曾国藩虽然身居高位，对待他人却非常友好。最典型的例子是他与左宗棠政见不同，左在写给皇帝的奏折里老是说曾

曾国藩

国藩的不是，而曾在奏折中却总是称赞左的才华，希望朝廷提拔左宗棠。这一点连心高气傲的左宗棠后来也是认可的，曾国藩死后，他满怀悲痛地写了一幅挽联："知人之明，谋国之忠，自愧不如元辅；同心若金，攻错若石，相期无负平生。"曾国藩是荷叶塘曾氏家族的灵魂，曾氏后代个个熟读其家书，他们自然会无意识地学习祖先的一些行为。曾昭燏愿意不求回报地付出对他人的关爱，也与她后来独特的个人经历相连。曾昭燏早年曾在堂姐曾宝荪所办学校读书，姐妹感情非常好，而曾宝荪是从教会学校出来的，宽恕、无条件博爱的基督教文化无疑会深深影响两人的思想。成年后，曾昭燏曾赴英国留学，而英国恰恰是现代民主理念的发源地之一，社会思潮倾向自由、平等、博爱，加上曾昭燏极其尊敬的胡适、傅斯年等人也是自由主义知识分子，无形中会使她一步步走向人类普世价值。

人有两种表情，一种是体现于脸上的，比如喜怒哀乐；一种是呈示于内心的，比如体贴、关爱、善良、宽厚、真诚，等等。良好的外在表情让人愉悦，美丽的内心表情使人温暖。在这方面，一代女儒曾昭燏堪为楷模。

朱自清的吃与不吃

在民国学人中，朱自清先生是非常重视吃的，不时出现因为进食过量而胃痛的情况。

"在乔治家吃晚饭，食物好消化，但我吃得太多，以致胃又难受。"（1939年12月1日）

"天冷，贪食致胃病复发。"（1939年12月10日）

"吃得太多，肠胃消化不良。"（1939年12月31日）

"戴太太午饭时给我们吃了馒头，因为一共吃了七个，致胃病发作。"（1940年2月22日）

"午餐、茶会上均食过量。午餐系大学里的人请客。在茶馆吃面食后，胃部立即抽搐。"（1941年11月23日）

朱自清为什么这样在乎吃呢？这恐怕与他的生活经历有关。1936年以前，中国大学教授的待遇非常好，月薪普遍在300到400银圆之间，张作霖主政的东北甚至高达360到600银圆，而当时请一个保姆一月只需三块银圆，一个大学教授可以轻而易举养活一大家子人，但抗战之后物价飞涨，

朱自清

教授家庭普遍吃不饱肚子，一个月的工资往往只够维持半个月。朱自清身体不好，子女又特别多（朱自清的前妻、后妻给他生了九个孩子，成活八个），生活之艰难可想而知。朱自清曾在日记里记载过自己挨饿的情景："本来诸事顺遂的，然而，因为饥饿影响了效率。过去从来没有感到饿过，并常夸耀不知饥饿为何物。但是现在一到12点腿也软了，手也颤了，眼睛发花，吃一点东西就行。这恐怕是吃两顿饭的原因。也是过多地使用储存的精力的缘故。"饥饿是如此难受，有机会吃一顿饱饭时，贪食也就成了符合人性的一种选择。

然而，朱自清先生绝不是不分原则地"贪吃"的。1948年6月18日，为了抗议美国扶持日本，朱自清冒着每月损失600万法币、让全家再次挨饿的风险，毅然在拒绝美援面粉的声明上签字。8月10日，朱自清已进入弥留状态，还断断续续地对妻子陈竹隐说："我……已……拒绝……美援，不要……去……买……配售……的……美国……面粉。"此话成为他最后的遗言。

自省是大度的母亲

读有关民国学人的著作越多，一个感觉越是强烈：某些真正的学人不仅学问渊博，而且为人处世也堪称后世楷模。不说别的，光是他们表现出来的那份面对他人批评时的雍容大度就足以让人动容。

金岳霖先生是著名哲学家和逻辑学家，著有《逻辑》、《论道》、《知识论》等杰出的学术著作，将西方哲学与中国哲学融为一炉，创立了自己的哲学体系。名气这样大，金岳霖却将自己的身段放得很低。某次在一个逻辑讨论会上，有人提到哥德尔的一本书如何如何好，金岳霖很感兴趣，表示要买来看看。他的大弟子沈有鼎马上对他说道："老实说，你看不懂的。"听到这样的话，金岳霖一点也没有恼怒，只是说："那就算了。"

胡适先生学问做得好，思想也很敏锐，是公认的民国学人的领袖，当时许多人都以认识他为荣，"我的朋友胡适之"成为一个流行语。声名如此显赫，胡适却没有表现出一丝一毫的学阀作风。北大学生千家驹在《北大新闻》上发表一篇未署名的短评，断定"法西斯"就是"独裁"，胡适看到后，在《独立评论》发表了一篇文章，详细考证了"法西斯"起源于意大利的"棒喝团"，结论是"法西斯"与"独裁"不是一回事。千家驹对此耿耿于怀，但胡适不以为忤，照样给他介绍工作、做他的证婚人、开他的玩笑。

抗战前的北京大学文科研究所经常举行研究报告会，由研究生提出研究报告，所主任及导师加以评点。有次一位姓韩的研究生，提出一篇有关隋唐之际佛学的研究报告，宣读完毕，身为研究所主任的胡适第一个作批评。胡适滔滔不绝说了一通话，讲到中途，韩姓研究生立即打断胡适的话头："胡先生，你别再说下去了，你越说越外行了。"随即将胡适批错了的地方一一指点出来，胡适的脸顿时红得像经霜的枫叶一般。换了如今某些学人，绝对会恼羞成怒，将学生大训一通，甚至在记成绩时做些手脚，但胡适不是这样，他立刻停止批评，请韩姓学生的导师、佛学权威汤用彤对报告继续加以检讨。当报告结束时，胡适说："以后举行报告，最好事先让我们知道题目，以便略作准备，免得像我这次对韩君的报告作错误批评啊！"胡适并未因此怀恨这个学生，反而对他刮目相看，后来在学习、就业等方面多次帮助他。

金岳霖

千家驹

一般人说到大度，总是马上联想到一个人的胸襟。的确，宽阔的胸襟是大度的基石之一。没有博大的胸襟，别人讲的话只要不合他的口味，就一点一滴记在心里，你哪怕送给他一块飞机坪，他也很难拥有大度的情怀。但我觉得真正的大度绝对不只是胸襟的博大，它更与我们内心对自我的认知有关。目空一切、自我感觉良好的人是容不得他人批评自己的，一个人不认为自己有缺点，自然也就会视别人的批评为挑衅。只有永不满足、真诚地觉得自己也有不足的人，面对别人的批评才会表现出谦逊、友好甚至真诚的认同。换句话说，对于优秀的学人，大度不仅是一种包容，更意味着内心的一种自省。如果我们把胸襟比作大度的父亲，那么自省就是大度的母亲。

默默的壮烈

叶企孙是一个做出过惊天动地事业却甘于悄无声息的人，他的心中只有大义而无私利。

身为学者，叶企孙其实也想坐在温馨的书房和现代化的实验室里以自己的专业能力报效祖国，他花那么时间、精力创建清华大学物理系，筹资购买重要的试验设备，延揽第一流的人才，目的无非是想让清华大学物理系成为中国乃至世界物理教学和研究的重镇，为国家的强大出一份力。然而，叶企孙更懂得：在国难当头的时候，学者很难静静地坐在书斋里守望国家的明天，因此，他一边坚持在大学教书，坚持学术研究，一边利用自己的声望和影响力服务于实际的抗战工作。

叶企孙对抗战的第一个贡献是为八路军冀中军区推荐各种武器研制人才。从他最欣赏的学生熊大缜走上抗日前线开始，叶企孙就千方百计组织优秀的科技人员去冀中抗战。1938年5月，叶企孙专程从天津到北平找他的学生汪德熙，希望他去冀中协助当时的冀中八路军供给部长熊大缜（后被冤杀）研制烈性炸药。为了对付日本人的盘查，叶企孙还教给他一句日语"瓦踏枯希哇克里斯特得斯卡"（我是基督徒），教他留下一些寄给北京的家信，自己按月给汪德熙的双亲寄生活费。得知冀中部队作战缺少子弹，叶企孙又介绍一位制造子弹的人员去冀中工作，并将制造子弹的图纸偷运给八路军。1938年秋天，叶企孙派自己最信得过的部下阎裕昌去找葛庭燧，希望他利用燕京大学的掩护，给抗日游击队做些事：一是搞一些关键器材，如雷管和无线电元件；二是查阅一些资料，提供部分科技书刊；三是介绍科技人员去游击区工作。这支由叶企孙亲自组织、直接参加抗日活动的"叶家军"的主要成员有：熊大缜、阎裕昌、汪德熙、林风、葛庭

熊大缜

阎裕昌

燧、胡大佛、李广信、钱伟长、张瑞清、张方等。叶企孙一度甚至想自己去冀中，后听学生说八路军是敌占区活动，天天要转移，他年纪这么大，很可能会成为别人的负担，才打消此念。

为了最大限度地支持冀中抗战，叶企孙不仅热心推荐有关科技人才，而且为购买相关器材、筹措制造武器资金东奔西走。据钱伟长先生回忆：某天，叶企孙和熊大缜忽然来到他家，要求在他家存放一批干电池和电阻电容。他们告诉他：这是冀中区急需的后勤用品，没过几天，叶、熊又在钱家商量如何购买西什库大街一家干电池厂的全部器材的事情，后来发现该厂仅有的两个工人是任丘人，正想回家，好容易花了两千多元买下来，运到西四北大街，存在一家古玩店里，想办法偷运到了冀中。叶企孙还利用天津租界的特殊条件组织在做炸药，运到冀中游击区。购买原料、器材也好，制造炸药也罢，都需要大量的金钱支撑。叶企孙一生单身，当时的大学教授待遇又比较好，他每月的工资都有部分节余，这些钱全部贴进了抗战事业。后来经费出现极大困难，再也没有办法弄到资金，他不得不挪用清华留守账户上用来筹建子弟小学成府学校的款项，刚开始几千元是校长梅贻琦同意的。以后因为战争两人断了联系，叶企孙一咬牙就将全部建校资金投了进去，前后竟花了三万余元。这笔钱在20世纪30年代绝对是一个天文数字，它极大地提升了冀中区的武器装备水平，狠狠打击了日寇的嚣张气焰。

书生报国可以平淡，也可以壮烈；而壮烈有两种，一是声名赫赫，一是沉默无声。叶企孙选择的是后者，使人聊以安慰的是历史终究没有忘记他。

"无视"他人的标签

一直喜欢看丰子恺先生的漫画与散文，丰子恺的画文虽然谈不上特别深刻，却非常温暖明亮。丰子恺画文中的温暖明亮，是由其人格的温暖明亮折射的。

马来西亚作家温梓川《文人的另一面》披露了丰子恺的一则轶事。

温梓川在上海暨南大学读书时，上海世界文艺出版社准备出版他的诗集《梦呓》，当时丰子恺设计的封面非常流行，出版社希望温梓川也请丰先生设计一张。一个周六，温梓川特地找了一位认识丰先生的同学陪同访问，没想到丰子恺恰好外出了。温梓川只好惆怅地留下一张纸条，简略地写了自己的来意，并且委托他的那位同学再将自己的来意面达一番。第三天，温梓川的同学来信了，说丰先生一口答应给他画封面，画好了立即寄来，叫他不必为了一幅画长途跋涉；如果有空闲，丰先生欢迎他去玩。过了几天就是周日，温梓川又与那个同学一起去访问丰子恺，丰子恺听了他的来意，立即从抽屉里取出刚画好的封面交给温梓川。画面上画了一个大红心，中间有四根弦线，在红心背后有一男一女分站左右，用手拨弄心弦，还有几只蝴蝶在心弦上面飞舞，意味非常丰富。画面下右角署了TK两个英文字母。书名是另用一张白纸写的。丰子恺问温梓川喜不喜欢，如果不喜欢，可以重画。丰子恺告诉温梓川将封面套色印比较好，并且详细指

丰子恺画作

点他哪些地方应该套什么色,哪些地方不应该套色,如果认为那两个字写得不好,也可以改用铅字印。

诗集出来后,温梓川才知道书名被出版社改掉了,丰子恺先生的封面画也没有用上。温梓川一气之下,立即跑到出版社将那幅封面画讨了回来,他给丰子恺去信,说了一些抱歉的话,表示自己将保留那幅封面画,希望出第二本诗集时能够用上。丰子恺很快回信了,希望他不要为这样的小事挂怀。

读了这个故事,我真的无比感动。某些国人的为人常有一种矛盾:一方面,许多人言必称"仁义礼智信",好像他们待人接物真的做到了"英雄不问出处";另一方面,在具体操作中,他们又习惯于给那些与自己交往的人贴上"官员"、"老百姓"、"名流"、"普通人"、"富人"、"穷人"之类的标签，根据标签决定自己的态度。丰子恺不是这样。他压根儿就没有给别人贴标签的习惯。假如他像某些人一样世俗、势利，他与温梓川之间就不可能产生任何交情，因为两人地位悬殊：一个是名满天下的画家和散文家，一个是普通大学生；一个是生活优裕的中产阶级，一个是要靠课余打工才能维持生计和学业的穷青年。

丰子恺

平易近人永远有两种：一种是处于优势地位的人内心明白彼此的差异，也非常乐意享受这种差异，但为了社会观感、个人利益的需要，刻意装出一副容易接近的模样；一种是如丰子恺一般，心灵深处将所有的人都看成一个平等的个体，觉得自己比别人优越不过是因缘际会的产物，不值得骄傲和炫耀。前者的"低调"是暂时的，换了场合，他们说不定变得比谁都趾高气扬；后者的"低调"是持久的，不会随环境的改变而改变，对于他们，"低调"不是一种面具，而是一种内心的真性情。

丰子恺先生早已作古，但他"无视"别人的标签，对路遇的每个人都付出同等尊重的高尚品行，无论时间怎么冲刷都会显出圣洁的光芒。

严怪愚：大写的新闻人

在20世纪六七十年代的湖南师范学院（即现在的湖南师范大学）校园里，人们经常可以见到一个面容清瘦、浓眉如剑、不苟言笑的老者来去匆匆，他就是时任学院图书馆资料员的严怪愚。很少有人知道这个外表平平常常的老人前半生有过怎样的壮怀激烈，又是如何名满天下。

严怪愚（1911—1984）是民国八大名记者之一，他只做了短短十几年记者，却留下了500多万字的新闻、文学作品，这在没有电脑的时代绝对是一种奇迹。严怪愚出生于湖南邵东，原名严正，进入新闻圈才取了个严怪愚的笔名，后来人们只是记住了严怪愚，而不太记得严正，就像现在许多人知道有个大文豪叫鲁迅，却未必知道鲁迅原先叫周树人一样。1930年严怪愚考上湖南大学中文系，做校医的父亲极力反对他学中文，逼着他学热门的经济，开学不久，他即转入经济系。然而，严怪愚人在经济系，心却始终在文学上。他阅读广博、才华横溢，在校期间就出版了《百感交集》一书。

严怪愚性情旷达，不拘小节。他嗓子好，会唱歌，一般的乐器都会弄几下。大学期间经常抱一把旧琵琶，在校园里边走边弹边唱，全不顾别人异样的眼神。严怪愚不善理财，钱在手中经常留不住，没有钱就四处赊欠，校园四周的小摊小贩，他都欠过钱，不过，他从不赖账，稿费一到，想到的第一件事就是还款。只是由于习惯性的豪放，往往旧账尚未还清，

严怪愚

新债又欠上了。在毕业前的纪念照上，他幽默地写道："一缕青烟归去也，麓山处处有麻纱。"麻纱，是湘方言，即"麻烦"的意思。具体到严怪愚，当然是指所欠的账。

然而，作为新闻人，严怪愚绝对是第一流的。他不但新闻嗅觉敏锐，而且刚正不阿，敢于坚守自己的新闻良知。他当年办过《力报》、《正中日报》、《中国晨报》、《实践晚报》，报名虽异，理念则一：抨击时弊，同情弱者，呼唤正义。

大学毕业后，严怪愚即踏足新闻界。做记者的第一年，他前往沪宁采访，随即拜访了鲁迅先生，对鲁迅极为敬重。1936年10月19日，鲁迅逝世，严怪愚在他与朋友合办的《力报》上发表文章说："高尔基逝世，西方落了一个太阳；鲁迅去世，中国殒了一个月亮。"当时国民党的地方御用报纸《国民日报》主编罗心冰大肆攻击鲁迅，严怪愚在《力报》上连续组织特刊予以抨击，让罗心冰不得不求饶。

1939年，广西军阀大肆吹嘘广西是全国的"模范省"，有"国防强大"、"建设繁荣"、"道德高尚"三大成就。严怪愚抱着一探究竟的心态去广西采访，结果发现事实与军阀的宣传相隔天壤，于是写了篇《草色遥看近却无》的通讯，揭露了广西军阀的谎言。文中说："广西的国防确实很强大，省城桂林有一架进口的暂时还不能起飞的军用飞机足以证明；广西的建设确实很繁荣，不睁开眼睛就看不到衣衫褴褛的难民流入湖南；说到道德，那就更高尚了，要在离城三五里的偏僻处才可以看到暗娼和抽大烟的，如此'模范省'，怪不得闻名遐迩了。"把白崇禧等人气得头发顶着天花板。

严怪愚最为人称道的壮举是在国内第一个揭露了汪精卫的卖国投敌。1938年12月29日，汪精卫在越南河内发表臭名昭著的"艳电"，建议重庆国民政府走所谓"和平"之路，与日本政府的近卫声明一唱一和，实际上等于公开投降日本。当时的重庆各报虽然也知晓其中一些内幕，但因为政府禁止媒体报道，只好沉默；中共的《新华日报》要照顾与国民党的关系，也不方便披露。时任《力报》采访部主任的严怪愚从重庆国际新闻社负责人范长江那里得知汪精卫投敌的消息，义愤填膺，当即写成《汪精卫叛国投敌前后》一文，指出："汪兆铭先生倡导的和平运动，是公开投敌的可耻勾当，也是片面抗战路线的必然趋势。日寇在华进行政治诱降，看来已初见成效，国内切不可等闲视之。"文章在《力报》头条刊出后，在国内外产生了极大影响，公众通过各种方式向当局施压，要求严惩卖国

白崇禧

范长江

贼。当时的湖南省政府主席薛岳对严怪愚极其恼火，因为其时严怪愚在重庆，薛对他无可奈何，只得在报上登出"严怪愚造谣惑众，诬陷党国，已在重庆捉拿归案，枪毙了"这类的文字欺骗公众。真相比石头更坚硬，在民意压力下，重庆国民政府不得不改变最初的暧昧态度，允许中央社和各报报道汪精卫叛国丑闻，并且宣布将汪精卫开除出国民党，严怪愚及《力报》才因此幸免于难。

岁月总在流逝，许多记忆已湮灭，但我相信，不向黑暗低头的老新闻人严怪愚已成为一座高耸入云的摩天大楼，永远留存在一个民族的史册中。

文学之外的巴金

巴金是个有些传奇色彩的人物。他成名很早，1933年就出版了中国现代文学史上的杰作《家》，那时他只有29岁，以后又陆续出版《春》、《秋》、《憩园》、《第四病室》、《寒夜》等优秀的中长篇小说，成为民国时代最具影响力的小说家之一。74岁又在香港《大公报》开设"随想录"专栏，直到82岁，后来以同名结集出版。这本被誉为"说真话的大书"的杂文集给巴金赢来了空前的声誉。文学之内的巴金使你着迷。

巴 金

同时使我们着迷的还有文学之外的巴金。巴金一生靠稿费生活，从未拿过国家的工资。在中国，比巴金钱多的人有的是，但到底有多少人能抵达巴金这种境界？巴金长期担任中国作协的负责人，又是《收获》的主编，算是标准的公职人员，上班拿钱天经地义，就算自己不需要，捐出工资，设立个巴金助学基金会之类，是多么露脸的事。然而，巴金就是巴金，他为国家着想就实心实意，绝不以此谋利。

一首歌唱道"富了不怕富，越穷越怕穷"，对名誉，一些人的心态也是如此。看看文艺圈的炒作，我们就知道一些人崇名到了什么程度。然而，巴老行事却极其低调。20世纪80年代初回四川老家，他嘱咐亲友不要惊动地方领导，声明不接受采访。地方领导尊重巴老的意思，只派了四川电视台记者随行拍摄，不报道，只作资料。四川作协几次提议设立巴金文学奖，省里有关部门提出修整巴金故居，省委省政府也几次准备操作，都因为巴金强烈反对不得不放弃。巴金的作风感染了他的家人。他百岁寿辰时，他最爱的大哥李尧枚的家人出了一本名为《老巴金》的图文集，却是自费的，没有向政府申请资金，也没有拉商业赞助；巴金去世后，上海作协准备设立"巴金文学奖"，他的女儿李小林坚决反对……

尤其值得称道的是巴金心灵中那种浓厚的忏悔意识。《小狗包弟》记述："文革"中，为了保命，老人把全家人喜欢的一条狗送给医院做实

巴　金

验，接着老人笔锋一转说"我就这样可耻地开始了十年动乱中逆来顺受的苦难生活"。《十年一梦》写自己由一个奴在身者变成一个奴在心者的过程，别人大喊"打倒巴金"，自己"也高举右手响应"，这"并不是作假"，而是"真心表示自己改造的决心"。在《怀念胡风》里，他特别提到写此文之前，翻阅了自己以前被迫写的批判胡风的文章，"感到恶心，感到羞耻。今天翻看30年前写的那些话，我还是不能原谅自己，也不想要后人原谅我。"对于胡风的病逝，他难过得讲不出话，只是感到"终于失去了向他偿还欠债的机会"。"文革"是一场全民族的悲剧，国人有告朋友的密的，有说虚假的话的，有侮辱过别人甚至杀过人的，像巴金一样彻底"清算"自己的人却寥寥无几。正是这种"清算"，使我们看到一个文学大师洁白无瑕的灵魂。

巴金早已驾鹤西去，但消失的只是他的肉体，他的九百多万字的作品，他的伟大人格将长留人间。巴老以一生证明了一个真理：真正杰出的作家不仅属于他的家庭，更属于读者和整个人类。

"大"在何处

2005年6月30日，93岁的启功先生在北京逝世。7月1日晚，1000名师生在北京师范大学广场用烛光悼念他，那些日子，河北、辽宁、陕西、江苏等地的书画家纷纷发表谈话，追怀老人生前的一言一行。

启功大师的大，当然离不开学问。他是中国少有的国学通才之一，一

启　功　　　　　　　　　　　启功书法

生在古代文学研究、书画创作、文物鉴定、诗词写作上卓有成就。他的书画名气极大，却只是副业，主业是文史，著有《古代字体论稿》、《诗文声律论稿》、《启功丛稿》、《启功韵语》、《论书绝句》等重要学术专著。

启功大师的大，更大在他的为人。启功一生虽未担任过有实权的职务，职位却也堪称显赫，他曾任中央文史馆馆长、全国政协常委，属于正宗的部级高官，然而，启老永远那么低调。没有丝毫的盛气凌人，连对自己专业上的成就也是那么谦虚，他总是说自己是个教师，勉强算个画家，至于书法家，根本谈不上。有人来访，他总是热情接待、幽默谈笑，没有半点名人架子。

仁爱之心，是启功先生为人的灵魂。1985年，北京师范大学教师董健写了一本《陈白尘创作历程论》，听说启功书法很好，就请他写一下书名，启功痛快地答应了，一写就是三幅，嘱董健从中选一幅好的。谈起这事，现为南京大学教授的董健依然感动不已。一次，中华书局一位老先生病重住院要动手术，手术前家人感谢医生，需要启功的两幅字作为赠礼。

启先生听了，当即写就，由人拿去。手术前一天，又换成另外两位医生，家人有些不知所措。启功得知后，立马连书四幅，亲自送去。老先生见到启功后，握着启功的手，说不出话来，就是哭。为了帮助更多的人，1989年，启功先生将义卖书画所得163万元全部捐给北京师范大学，设立以恩师陈垣的书房命名的"励耘奖学助学基金"。

许多人讲过同一件事。一天，几位友人把启功叫到潘家园。门口的店铺，到处都挂有启功写的字，其实没有一件是他亲手所写。启功先是惊愕，继而笑起来。有人打趣地问他感觉如何，启功先生笑答："写的都比我好。"有人又问："既是假的，你为何不写状子告他们？"启功又笑了："这些假字都是些穷困之人因生活所迫，寻找到的一种谋生手段，我一打假，也把他们的饭碗打碎啦！我为什么要这样做？"周围的人听了哈哈大笑。社会上一些人认出启功来了，也劝他打假，启功坦然地说："人家用我的名字是看得起我，他学的这手字一定花了不少工夫，再者，他是缺钱用，才干了这种事，他要是向我伸手借钱，我不是也得借给他吗？"启功先生的做法当然不是没有缺点，它与现代人的知识产权观念不合，但从另一个角度理解，他的放人一马，不也是一种仁厚吗？

由此想到人品和事业关系。一个人心中只有自己，别人会千方百计给你制造麻烦，你的事业会受到拖累。一个人像启功先生一样时刻善待别人，别人对你的帮助就多，我们的事业也就拥有了上行的基础。真正的大师并不是孤独地前行的。

第二辑

最灿烂的性情

赵元任的"好玩儿"

　　如果你问现在一些学人：做学问快乐吗？他们一定会告诉你：不快乐。科研机构我不熟悉，不敢妄加评论，就说我赖以栖身的大学吧！如今许多高校对教师每年完成多少篇论文，文章发表在何种档次的学术期刊都有具体规定，论文的数量直接与工资奖金、职称评定挂钩。想发表论文的学人多，学术刊物相对稀少，发文章出版面费早已成为潜规则，一篇论文倒掏两三千块钱司空见惯。在这样的学术氛围下，做学问的乐趣从何而来？

　　被称为"中国语言学之父"的赵元任当年做学问没有这种苦恼。赵元任会说33种汉语方言，精通英、德、法三国语言，粗通日本、古希腊、拉丁、俄罗斯文，到世界许多地方，当地人都把他看成"老乡"。他曾得意地告诉女儿，自己研究语言学是为了"好玩儿"。

赵元任

抱着一种"好玩儿"的心态做学问，这学问才能做得真。世上有两种学问，一种是真实的，确实对社会有益，比如汉语拼音方案、王国维的《人间词话》，它们都明显推进了某一个领域的研究水平；一种是虚假的，对国家、民族毫无意义，比如用从西方引进的概念把别人说过的意思重说一遍的"论文"，用剪刀加糨糊写成的专著。一个人对某种学问的研究完全出于兴趣，而不是作为某种现实利益的敲门砖，他肯定会用心研究事物背后的规律，努力创造新的知识，即自觉地做真学问。

在外在的压力下，一个人做的学问容易变得浅薄，用"好玩儿"的态度做学问，可以把学问做得很深。因为"好玩"，他不需要急于做成什么；因为"好玩"，他想彻底弄清事物深处的、不为一般人所知的东西。赵元任研究语言学时能迅速穿透一种语言的声韵调系统，总结出一种方言乃至一种外语的规律，就是明证。

这里有必要稍稍讲一下人的心态、行为与环境的关系。赵元任先生早年毕业于哈佛大学，曾长期在内地的大学工作。1925年6月被清华国学院聘为导师，指导范围为"现代方言学"、"中国音韵学"、"普通语言学"等。1929年6月底，赵元任担任中央研究院历史语言研究所研究员兼语言组主任，同时兼任清华中国文学系讲师，讲授"音韵学"等课程，直到30年代末离开祖国。20世纪二三十年代，中国大学普遍坚持"教授治校"的原则，教授选用、学校的大政方针一般都由教授会、评议会等说了算。对政府教育行政部门，大学也有一定的独立性。据徐百柯一篇文章介绍：1939年前后，陈立夫以国民政府教育部长身份三度训令西南联大必须遵守教育部新规定，包括教育部核定应设课程，统一全国院校教

材，举行统一考试等，联大教务会议却致函
抗辩，坚持要自己作主，教育部最后不得不
听其自便。一方面教授会、评议会对学校事
务有决策权（至少是相当意义的发言权），
另一方面教育行政当局不能随意命令高校干
什么不干什么，教授的性情自然有一定的发
展空间，凭"好玩儿"做学问也就"玩"得
下去。

我不是复古主义者，也从来没觉得"今
不如古"，但认真研究一下历史，把历史上

陈立夫

有用的东西借鉴过来总是好的。从某种意义上说，什么时候学人可以凭
"好玩儿"做学问，我们的学术也就走上了正途。

陈寅恪的"政治觉悟"

中国是一个意识形态色彩比较浓的国家，领导批评一个人，可以说他
"经验不足"、"欠缺方法"、"努力不够"、"没有魄力"，但不能说
他"政治觉悟不高"。一说"政治觉悟不高"，这个人马上会联想到组织
上不信任自己，自己在政治上没有发展的空间。

与一般人的心态不同，陈寅恪先生似乎从来不怕别人说他"政治觉悟
不高"。 1953年，中央有关部门决定任命陈寅恪为中国科学院中古史研
究所所长，派陈的学生、北京大学副教授汪籛送信给当时在广州中山大学
任教的陈寅恪，陈口述了《对科学院的答复》，其中提出两条要求：一是
允许中国史研究所不宗奉马列主义，并不学习政治。二是请毛公或刘公给
一允许证书，以作挡箭牌。陈寅恪的意思是学术研究应该充分自由，不能

陈寅恪一家

有任何桎梏。陈寅恪说："我从来不谈政治，与政治决无连涉，和任何党派没有关系。真要调查，也只是这样。"

但是，如果我们因此得出一个结论，认为陈寅恪是一个只会做学问、不懂得大是大非的书呆子，那绝对是错误的。

1940年暑假，听说欧洲方面战况稍有好转，陈寅恪由昆明西南联大去香港等候赴英国讲学的机会，刚到香港不久，中国驻英大使郭复初发来电报

云：因为时局关系，赴英之事需延期一年。陈寅恪想再次返回西南联大，不料，日军先是切断了越南至广西的国际交通线，接着又大举进攻香港，使之变成一座死城。日伪极想利用陈寅恪的声望为自己服务。开始是陈璧君与伪"中山大学"校长前往陈宅，请陈寅恪出山，利诱、威胁并重；接着，伪"北京大学"校长兼文学院、农学院院长钱稻孙出面邀请陈寅恪去该校任教，并以千元月薪相诱；后来日本军方派的香港总督及汉奸以20万军票（港币40万）为条件，请陈寅恪开办东亚文化会及审查教科书……面对种种诱惑，陈寅恪坚决予以拒绝。

是陈寅恪先生不缺钱吗？非也。当时，香港的学校关门，粮库封锁，钱粮来源皆已断绝，陈家只靠一点存粮维持生命。孩子们吃到红薯根、皮，竟然觉得味美无比。最困难的时候，他们一家几个月都吃不到肉，得一个鸭蛋五人分食，视为奇珍。是陈寅恪先生不怕死吗？也不是。困居香港的时候，他一封接一封地给朋友写信，希望他们想法为自己筹措路费，

早日离开被日军占领的香港，以保全一家人的生命。他做出上述选择只有一种解释：希望坚守一个知识分子的民族气节。

"政治觉悟"其实是个很复杂的问题。一个人要做到积极参加政治学习，该表决心的场合发些豪言壮语，写文章、做演讲多用点时髦的政治词汇，上级作出的决策第一时间予以响应，即在平时体现出所谓的"政治觉悟"并不是太难的事。事实上，我们周围许多人都做到了这一点。真正难能可贵的是像陈寅恪先生一样，在自己的生命受到极大威胁的前提下，还能以国家、民族的利益为重，体现出自己作为民族赤子的骨气。如果要说"政治觉悟"，这应该是最根本的。

能否宽容和理解陈寅恪先生式的知识分子，是一个时代政治是否清明的标志之一。

一段史实的几种猜想

闲来读书，翻到一段史事。

1940年3月初，民国政府中央研究院首任院长蔡元培先生在香港病逝，补选继任院长也就成了中研院的一件大事。中国社科院近代史研究员雷颐先生一篇文章介绍：中央研究院院长的选举规则是先由学者组成的中央研究院评议会投票推荐三名候选人，再由民国政府从中遴选任用。学者有院长候选人的推荐权，但无任命权；政府有院长的任命权，却只能在学者推选出的候选人中作出选择，两者彼此制约，目的是为了保持学术与政治的平衡。当时，

朱家骅

顾孟余

胡适、翁文灏、朱家骅三人在学界呼声最高，这些人既是著名学者，又与政治关系密切。正在大家左右为难的时候，蒋介石突然下一条子，明确要大家"举顾孟余出来"。顾孟余曾是汪精卫反对蒋介石的"改组派"骨干，1938年底汪精卫投敌叛变，顾孟余力劝无效，即坚决脱离汪精卫阵营。蒋介石想让他出任中研院院长，一方面因其曾任北京大学德语系、经济系主任、教务长和中山大学校长，算是学界中人；二则要表示自己对"政敌"的宽宏大量，树立个人名望。然而，老蒋这种无视既有的游戏规则的行为，引起了学者们的强烈反感，在1940年3月23日中研院院长的正式选举中，翁文灏和朱家骅各24票，胡适20票，李四光6票，王世杰4票，顾孟余仅得1票。评议会将得票最多的前3人呈报给国民政府，由于此事牵涉到各方矛盾，蒋介石一直犹豫不决，直到那年9月才圈定朱家骅。

我对中央研究院的学者们深怀敬意！老蒋是军阀出身，其强人意味非常浓，他经常打骂部下，许多时候得依赖相对理性的宋美龄做"灭火器"，然而这些学者却敢于对抗蒋介石的无理"指示"，把他相中的人赶出学术权力圈，这是很不容易的。

一件事出现某种意外的结果必有许多原因，我没有更多的这方面的材料，只能展开猜想。猜想一：中央研究院评议会的学者中一定有相当数量的刺儿头。原因很简单：如果大家都喜欢做顺民，领导下了指示，顾孟余的选票一定会像喷泉一样嘟嘟往上冒，只有刺儿头比较多，这些人又齐心协力，才有可能出现上述那种结果。猜想二：中央研究院的副院长有可能不由上级直接指派。如果副院长是上面直接指派的，上级的喜怒哀乐立马关系到他的乌纱帽，他必然会与一般的学者发生巨大冲突，并且会以种种或明或暗的手段阻止有损于上级权威的方案通过。猜想三：中央研究院评议会的那些学者学术成就肯定非常杰出。对于一个学者来说，学术就是他的底气，是其精神的骨骼，如果一个人只是依傍权势阶层获得现有地位，他会潜意识地充当权势阶层的奴才，而不太可能在关键场面与越位的权势人物针尖对麦芒。

知识分子的骨气一向是一个话题，中国有以吏和士大夫为师的传统，先人有言：士大夫之耻，乃为国耻。然而，古往今来，在非正义面前，知识分子既有表现出凛然气节的，也有奴颜婢膝的。要让知识分子保持骨气，知识分子自身的道德修养固不可少，社会给骨气一片最低限度的成长土壤也同样重要。

你不知道的蔡元培

蔡元培先生是晚清和民国时代首屈一指的大教育家，他确立的"兼容并包"、"教授治校"的大学办学原则至今依然具有不可忽视的意义，这是国人熟悉的蔡元培，还有一个蔡元培是一般人非常陌生的，那就是他曾经是一个立场无比坚定的暗杀者。

1904年，蔡元培发起成立了秘密暗杀团——光复会，专门从事暗杀清朝专权高官的工作。蔡元培后来回忆说："乃集同志六人，学制造炸药法于某日人，立互相监察之例，甚严。……同志数人至，投子民。子民为赁屋。"光复会新会员加盟，要写一

蔡元培

纸"黄帝神位"的横幅，供在上方，杀鸡取血，滴于酒中，跪而宣誓，并饮鸡血酒。暗杀成员之间的通讯多用暗语，成员各有代号。经过一段时间的实践，蔡元培认为：暗杀需要自制方便、秘密、快速、隐蔽的武器，决心自制化学毒药。因此，他积极吸收懂化学的人入团，爱国女校的化学教员俞子夷就是其中之一。他们先是配制了一种液体毒药，用猫作试验，效果非常好。后来又觉得改成固体粉末更好，于是又开展这方面的研究。不久，蔡元培觉得还是用炸药痛快一些，随即转向研究炸药。蔡元培带领研制小组日夜攻关，终于自制了一种威力大、体积小的炸药。

研制了暗杀的武器，自然得寻找适当做杀手的人。陈独秀就曾经参加过上海暗杀团，在上海学习暗杀手段一个多月，几乎天天跟蔡元培一起在实验室里学习制造炸药。暗杀团成员吴樾两次谋刺军部尚书铁良未遂。1905年9月，清廷宣布预备立宪，派载泽、端方、徐世昌等五大臣出洋考察宪政，他们在前门前站上车，吴樾身藏炸弹尾随登车，因车身震动，其炸弹未及投掷即爆炸，五大臣中只有两人受轻伤，吴樾不幸以身殉国。蔡元培觉得女子从事暗杀比男子更隐蔽些，因此他在爱国女校特别重视化学课的教学，以便培养更多的"杀手"。后来，各地革命形势高涨，蔡元培将光复会并入同盟会，光复会在上海的活动停止。1907年7月，蔡元培赴德国留学，努力探究现代科学技术，从革命家转型成为一代学贯中西的文化大师。

跟落第秀才洪秀全不一样，蔡元培属于体制中人。他少年时曾在绍兴古越藏书楼校书，得以博览群书。光绪十五年（1889）中举人，十六年会试贡士，未殿试。十八年补殿试，考中进士，授翰林院庶吉士，二十年补翰林院编修。甲午战争后，蔡元培有感国事危机，开始广泛接触西学，同情维新运动。他曾对清政府寄予厚望，1900年春还曾上书光绪帝，希望其下决心改良政治。然而，腐败的清廷不会有向自己开刀的动力，失望的蔡元培辞官转向教育，执教于南洋公学，发起成立中国教育会，创办爱国学社和爱国女校。后来，他又与一批进步知识分子一起在《苏报》上发表文章，大力宣扬爱国、民主思想。1903年6月29日《苏报》案爆发，章太炎、邹容等人被捕，蔡元培事先得到风声，逃到时为德国租借地的青岛。《苏报》案的爆发粉碎了蔡元培对清廷的最后一丝幻想，自此，他由一个思想进步、希望变革的传统知识分子一变而为主张通过暗杀、暴动等革命手段推翻清廷的革命家。

我并不主张暗杀，但对蔡元培的举动充满理解。蔡元培的人生经历告诉我们：一个把温和的知识分子逼迫成暗杀者的社会，迟早会被滚滚向前的历史抛弃。

别样的苏雪林

对于苏雪林，读者多半没有好感。苏雪林在20世纪30年代非常激烈地攻击鲁迅，骂鲁迅是"刻毒残酷的刀笔吏，阴险无比、人格卑污又无比的小人"，而大陆从官方到民间都崇鲁。源于此，很长一段时间，大陆有关方面对苏雪林都是"冷处理"的。

撇开苏鲁之间的是非曲直不谈，苏雪林其实是一个非常值得尊敬的作家。

大陆有关苏雪林的资料不多，这里简单介绍一下她的生平。苏雪林（1897—1999年），原名苏小梅，字雪林，笔名绿漪、天婴等，原籍安徽省太平县，生于浙江瑞安。曾留学法国，后在东吴大学、沪江大学、安徽大学、武汉大学等校担任教

苏雪林

111

授。1949年到香港，次年又赴法国，1952年去台湾做教授，1973年退休。苏雪林一生著作甚丰，共有散文随笔集17本。20世纪30年代初，即被阿英称为"女性作家中最优秀的散文作者"，其散文文字优美，思想深刻，代表作有散文《绿天》、《归途》等。

张昌华《曾经风雅》一书详细介绍了苏雪林的为人。20世纪90年代，江苏文艺出版社推出一批"名人自传"丛书，张昌华致函苏雪林，恳请她加盟。苏雪林以自己并非名人为由谢绝了，提议该社为冰心、庐隐出自传。后来，张昌华不得不请苏雪林喜欢的学生唐亦男做工作，此事才得以办成。1995年，台湾当局为苏雪林举行百岁庆典，李登辉亲赠名为"文坛望重"的寿屏，梵蒂冈教皇圣保罗二世特意委托台南天主教主教郑再发赠送降福状，显宦名流数百人前往庆祝。然而，这其实是违背苏雪林的意志的。苏雪林曾供职的成功大学告诉她准备搞祝寿活动时，她就坚决反对，她说自己"只图清静，无荣无辱，超然物外"。最后，有关方面还是为她举行了百岁庆典，苏雪林说自己"甚恶之"。苏雪林对声名的淡泊于此可见一斑。

苏雪林特别尊敬自己的老师。她是胡适的学生，特别钦佩胡适的学问和为人。胡适逝世后，台湾有人诽谤他，说胡适1927年获得的哥伦比亚大学的博士学位是假的。苏雪林非常气愤，专门写了《犹太之吻》一书，以翔实的史料论证胡适是真博士，替恩师申冤。

对朋友，苏雪林始终怀有一种真挚的友情。在她写给大陆朋友的信中，对卧病的冰心、钱锺书非常牵挂，不时询问他们的病情。她欣赏叶圣陶的敬业与淳厚、老舍的亲切与幽默。得知张昌华在编夫妻散文合集"双叶丛书"，提醒他别忘了选录庐隐和李惟建的《云鸥情书集》，并遗憾袁昌英的丈夫学经济，使得袁昌英的优秀作品无法入选。

苏雪林非常自尊。她从成功大学退休后，每月只有3500元新台币，为了补贴生活，她90多岁还在写作。一位粉丝见到她客厅里的家具破旧、饭菜简陋，替她募捐。此事经媒体披露后，舆论大哗，各种捐款纷至沓来。苏雪林立即撰文声明，成功大学对她多方照顾，她已非常感激，写作"无非聊以消遣，并非煮字疗饥"，她退还所有捐款，并逐一鸣谢。台湾"文建会"看到她生活比较困难，曾打算以"顾问"名义，每月补助她3000元新台币，也被其谢绝。

鲁迅当然是一个品行高洁的好人，对他的品质说三道四的人无非两种：一是本身为坏人，他们见不得别人的好，因为别人的好会反衬出他们自己的坏；一是批评者也是好人，他们攻击鲁迅并非源于内心里"使坏"的欲望，而是由于对攻击对象抱有某种偏见，苏雪林显然属于后者。

对文坛曾经有过的意气之争，我们实在需要一些平常心。

恩断义绝两伤情

国学大师陈寅恪先生是民国时期的"部聘教授"，学术声望极高，一向与学生相处甚睦，但有三个学生他一直不能原谅：一个是受上峰之命劝他出任中科院历史二所所长的汪篯，另外两个是在20世纪50年代写文章批判过他的周一良和金应熙。汪篯与老师说话时语气不好，导致陈寅恪大怒，此事大家都知道，这里不多说，下面专门谈谈周一良、金应熙对陈寅恪的批判。

出生于1913年的周一良与陈寅恪同为名门之后，其家族与陈寅恪家族关系非常密切。1935年，周一良就读燕京大学研究院，成为陈寅恪的学生，他对陈寅恪的学问与见识佩服得五体投地。1936年秋，周一良离开北平，曾委托考入清华中国文学研究所的女朋友邓懿代他去听课记笔记，因为陈寅恪每年都讲他新的研究成果，不相重复。1946年周一良从哈佛大学留学归来，每隔三五日，就会登门拜访陈寅恪，对陈的态度极其恭谦。陈

周一良　　　　　　　　　　　金应熙

寅恪也非常欣赏周一良，抗战期间，陈寅恪滞留桂林，在《魏书司马睿传江东民族条释证及推论》开端写道："噫，当与周君往复商讨之时，犹能从容闲暇，析疑论学，此日回思，可谓太平盛世，今则巨浸稽天，莫知所届。周君又远适北美，书邮阻隔，商榷无从，搁管和墨，不禁涕泗之泫然也。"新中国成立后，周一良像变了个人似的，非常热衷政治，他参加"土改工作团"，参与对胡适的批判。1958年，又将批判的矛头对准自己的老师陈寅恪。周一良当年如何批判陈寅恪，我查了不少资料，都没找到相关记载，那一定是非常过火的。1963年，陈寅恪编订《丛稿》时，将《魏书司马睿传江东民族条释证及推论》文前记录师生深情的序删掉，就是一种证明。

与远在北京的周一良相比，近在身边的金应熙的背叛更使陈寅恪伤心。1940年秋至1941年底，陈寅恪曾在香港大学任教，金应熙是其入门弟子。1953年以后，金应熙任中山大学教授，与其师陈寅恪同在历史系任教。陈寅恪在1958年以前得到官方的礼遇，1958年，郭沫若公开发表文章批评陈寅恪，陈的境遇立即急转直下。中山大学更是将陈寅恪视为白旗，组织学者对他进行批判。某次，金应熙等三位中青年教师被权威人士叫去面授机宜，让他们"批陈"。三人表示为难，但在"组织"的压力下只好答应。金应熙随即写了《批判陈寅恪先生的唯心主义和形而上学的史学方法》，发表在1958年第10期《理论与实践》上，文章中有一处居然用了"反动"一词。后来金应熙又贴陈寅恪的大字报，陈寅恪一怒之下对妻子唐篔说："永远不让金应熙进家门。"

周一良、金应熙对恩师的批判，当然有特定的时代背景，假若没有组织的授意甚至威逼，以陈寅恪当时的声望，周金两人只会以拥有这样的老师为荣，而绝不至于主动攻击老师。不过，在批陈运动中，周金两人的个人责任也非常明显。如果他们的是非观念强一点，对所谓上级不那么俯首帖耳；如果他们的意志坚定些，能够听从内心的命令；如果他们拨亮自己的良知，让它引领自己的一言一行，上述这一切都不会发生。

周一良后来忏悔了。陈寅恪诞辰110周年时，中山大学曾举办"纪念陈寅恪教授国际学术研讨会"，会上，胡守为教授代周一良宣读了《向陈先生请罪》的发言："我相信我这个迷途知返的弟子，将来一旦见陈先生于地下，陈先生一定不会再以破门之罚来待我，而是像从前一样……就如同在清华新西院、纽约布鲁克林26号码头轮船上、岭南大学东南区1号楼上那样的和谐而温馨。"金应熙后来对自己的背师之举如何认识，我不知道，但我猜想以他的谦卑随和、真诚善良（一些朋友对他的回忆），他的内心里同样会充满懊恼和自责。

胡适的"苦心"

在不合理的体制下，上下级关系有时会变得非常微妙。1935年，胡适在汉口见到蒋介石，临行前送了他一本《淮南王书》。《淮南子》是部杂家著作，其实以道家思想为主，糅合了儒、法、阴阳五行等家思想，其主导思想是老子的无为主义。胡适为什么要送蒋介石这本书呢？因为他觉得

蒋介石

对蒋介石的执政方式有话要说。1935年7月26日，胡适在给罗隆基的信中写道：据他的观察，蒋介石管得太多，"微嫌近于细碎，终不能'小事糊涂'"。胡适还曾在给蔡元培的信中谈到，蒋介石出游常州、无锡，拿办三县县长，都是违反法制之举。他认为，像这样的事情，应由监察机关去办。然而，蒋介石似乎并没有明白胡适的"苦心"，依然想干什么就干什么。

胡适的行为很有几分让人费解。在我们看来，下级对上级的工作有意见，直率提出来就是，何必这样拐弯抹角？你送书给人家，就算人家认真去看，也未必真正明白你想表达的意思，毕竟送书的意图可以从多方面解释。胡适这种做法，让我联想到汉代一些辞赋的"进谏而近谀"。

这其实正是专制政治下上下级关系的一种独特的"风景"。从内心说，专制者根本不喜欢、不尊重下级提意见的权利。这一方面是因为任何专制者都有自己的特权利益，他们不希望别人对自己的所作所为说三道四。另一方面是因为权力使人狂妄。一个人在一种专制的环境中做了官，很容易产生自己比别人高明的幻觉，你要向他提意见，等于间接告诉他，你做的一些事并不明智，这如何能让人接受？

人都有一种爱听好话的天性，被人提意见心情不痛快，原本也正常。问题是在民主社会里，别人提了意见，只要是正确的，做领导的不想听也得听，否则，你会为自己的偏执付出代价，领导者不可能横行无忌。但在专制政治下，领导者的权力不受制衡，"君要臣死，臣不得不死，父要子亡，子不得不亡"，你向上级公开提意见，上级开明的还可能听一听，表扬你几句；不开明的，随便一个小动作就可以弄得你倾家荡产甚至家破人亡。人是一种会总结经验的动物，前面的人直言进谏吃了亏，后面的人想进谏也不敢直言。他们或者对上级所做的不合理的事保持彻底的沉默，或者像胡适一样通过委婉的方式进谏。这种委婉的进谏，上级明白了，按照进谏者的希望改进了工作，自然皆大欢喜；没听，进谏者也不会有太大的危险，毕竟他们发出的声音没有直言进谏的人那样刺耳，上级不会觉得自己的"尊严"受损。

胡适当时是国民党政府财经委员会委员，蒋介石是这个委员会的主任，而且两人私交一直不错，胡适提意见，尚且要通过这种方式进行，其他的人向老蒋提意见是怎样一种情形也就可想而知。

胡适身上的家族烙印

一个人呈现出什么样的性格，体现出何种人生价值取向，表面上只跟他自己的世界观、心理状态、所受教育等东西相连，实际上往往会不自觉地受到长辈的深刻影响，这种影响，我们可以称之为家族的文化烙印。

在民国学人中，胡适的为人处世最被人称道。他留美归来后本来决心不从政，只做学术研究，但在抗战最艰苦的岁月，为了国家民族的利益，却毅然出任国民政府驻美大使。在任期间，胡适废寝忘食地工作，他利用自己在美国的人脉，两次促成美国对中国的战时贷款。美国总统罗斯福非常欣赏胡适，日本希望跟美国做交易，在太平洋上停战三个月，这本是绝顶机密，罗斯福居然将此事通报给他，征求他和蒋介石的意见，最后又决定按中国的建议行事。除了上层外交，胡适深入美国各地，做了几百场演讲，为唤醒美国民众对中国抗战的同情支持作出了巨大贡献。

有人当官是为了谋取不义之财，胡适不是。按国民政府当时的规定，大使有一笔特支费，不需要报销。胡适出任驻美大使时，一分一文也没有动用过，原封不动缴还国库，他说："旅行演讲有出差交通费可领，站在台上说话不需要钱，特支何为？"其实，胡适使美期间经济上相当困难，患心脏病住院，医疗费都是朋友垫付的。

胡适待人也非常宽容。他与鲁迅本是新文化运动中的朋友，后来因为政治理念不同，两人分道扬镳，鲁迅在自己的文章中多次讽刺他，胡适从不还击，当苏雪林等人攻击鲁迅时，他还替鲁迅辩护。胡适早年的朋友陈独秀因为创建共产党与主张改良的他渐行渐远，然而，陈独秀先后四次被租界当局和国民党当局逮捕，胡适都不遗余力地出手相救。胡适在北京大学做文学院长时已经名满天下，但对太太江冬秀却始终抱着忍让之心。碰到江冬秀发脾气，他一般不会针尖对麦芒地回应，而是躲进卫生间漱口，故意把牙刷搅漱口杯的声音弄得很响来"掩耳"。有一次，江冬秀把水果刀掷了过去，差一点击中胡适的面颊，胡适也只是嘀咕了几句。

胡适上面的一些行为就打上了鲜明的家族烙印，具体一点说，就是与其父母的"精神遗传"密切相关。

1892年4月17日，清政府与日本签订丧权辱国的《马关条约》，将我国的台湾岛及澎湖列岛割让给日本，随即，清廷不顾台湾民众的强烈反对，电令台湾巡抚唐景崧"交割台湾限两月，余限二十日，百姓愿内渡者，听。两年内无内渡者，作日本人，改衣冠"。胡传当时正做台湾直隶州知府，他与工部主事丘逢甲、台南新军统领刘永福等人不甘心将国土拱手送人，坚持留岛抵抗。后来由于脚气病攻心，双腿水肿、上吐下泻，胡传只好回到厦门。与刘永福诀别前，胡传将自己在台三年踏勘、建言、施政实录写成的

胡适之父胡传

《禀启存稿》交给刘永福，希望报效国家，这部书稿实际上是第一部台湾
兵备志。

　　胡传曾任台湾提调盐务总局兼办安嘉总管，管理厘捐、盐务，这本是
个肥差，只要动点歪心，立即可以大发横财。然而，胡传"薪水之外，一
尘不染"，半年后，竟"托疾而去"。

　　如果说，胡适的爱国心和为官清廉是受
其父亲胡传的熏陶的话，他的宽容则得益于
其母亲冯顺弟的身教。胡传去世后，冯顺弟
经常受到胡适的大嫂、二嫂等人欺侮，受了
委屈，冯顺弟一般都默不作声。有时实在忍
无可忍了，她才早晨不起床，哭她早丧的丈
夫，她不开罪她的媳妇，也不提开罪她的那
件事，让儿媳们自我反省。在胡适的大哥、
三哥去世之后，她又精心照顾失去丈夫的大
媳、三媳和丧父的几个幼孙，一点也不计较
从前的事。

胡适之母冯顺弟

　　母亲冯顺弟在胡适成年之后才去世，我们说她对胡适的人格有"精神
遗传"没有疑问，胡适的父亲胡传在其不满四岁就死了，为什么还要说他
的高尚人格影响了胡适呢？这个其实并不奇怪，冯顺弟一生非常崇拜丈夫
的道德才华，她经常给胡适讲胡传的事情，加上胡适读过胡传留下的一些
自述心迹的著作，对父亲非常钦佩。由敬仰父母到为人处世有意识地模仿
父母，胡适也就成就了自己的人格魅力。

胡适早年的"知"与"行"

《新青年》

邵建《瞧，这人》真的是本好书，它的好处之一是勾勒了一个胡适早期思想的图谱。

1911年3月8日，胡适读了杰斐逊起草的北美13州独立宣言，第二天，他又读到美国前总统林肯的葛底斯堡演说，于是在日记中写道："昨日读美国独立檄文，细细读之，觉一字一句皆扪之有棱，且处处为民请命，义正词严，真千古之至文。吾国陈、骆何足语此！读林肯Gettysburg演说，此亦至文也。"这段话有两个地方值得我们注意：第一，胡适对北美宣言和林肯葛底斯堡演说是完全肯定的，换句话说就是他高度认同这两篇文章的观念；第二，他觉得陈琳、骆宾王的讨伐性文字与之相比，差得很远。陈琳、骆宾王的讨伐性文字缺失在什么地方？胡适没有明说，但联系日记的上下文，我们可以得出结论：胡适觉得陈琳、骆宾王的文字是为少数人服务的，缺少"为民请命"的成分。

1912年美国大选期间，康奈尔大学的教授举行了一次政治辩论。胡适的老师克雷敦教授代表民主党，法学院院长亥斯教授代表进步党，双方展开激烈的驳辩。这件事深深地感动了胡适，使他觉得政治不只是政治家的政治，更是每个人的政治，知识分子应该具备一种公共关怀的精神。

为了积累更多的民主政治知识，胡适还曾两次旁听美国绮色佳城公民议会的政事讨论。他的日记中对每次旁听的内容都作了详细记载，比如讨论什么问题、问题如何展示、最后的表决结果。

胡适（左）与雷震（右）

有了自由民主的"知"（知识、理念）后，胡适随即"行"（实践）了起来。1912年10月30日，身为世界学生会康奈尔大学分会主席的胡适组织各国学生模拟选举美国总统，候选人有四个：代表民主党的威尔逊，代表共和党的塔夫脱，代表进步党的老罗斯福，代表社会党的德卜。各国学生有53人投票，其中中国学生15人。结果威尔逊得票最多。同年11月7日，胡适计划成立"政治研究会"，"使吾国学生得研究世界政治"，11月11日，与同学谈及此计划，获得支持；11月16日，政治研究会召开第一次会议，决定每两周组织一次活动，讨论一个问题。这里特别值得一提的是胡适1913年10月8日在康奈尔主持的一次国际学生会议，这次经历使他懂得了民主社会的议事程序。胡适日记载："是夜世界会有议事会，余主席，此为生平第一次主议事席，始觉议会法之不易。余虽尝研究此道，然终不如实地练习之有效，此一夜之阅历，胜读议院法三月矣。"

胡适早年留美期间在民主政治上的"知"与"行"，对其一生的政治思想与行为影响甚巨。胡适回国不久即参与《新青年》的编辑工作，《新青年》的办刊宗旨就是宣传民主与科学。1924年，冯玉祥的部将违反民国政府与清廷签订的《清室优待条例》，逼清废帝溥仪搬出紫禁城，胡适仗义执言，指责民国某些领导人不讲信义（这个问题的深处关系到契约政治）；1919年至1932年，胡适的老友陈独秀先后四次因政治思想方面的罪名被捕，胡适多方营救，指出以思想入罪是一个政权的耻辱。国民党政权退台后，胡适尽管在政治上追随蒋介石，但却始终不忘推动国民党政权的民主化，他支持雷震创办《自由中国》，利用蒋介石过生日或请他吃饭的机会，力谏蒋介石开放言论，实行自由选举。

生活中有两种政治人物，有的人晚年思想与早年区别甚大，有的则一脉相承。陈独秀属于前者，他早年激进晚年理性；胡适属于后者，无论多大年纪都对民主政治充满热情。

君子好名，取之有道

李 敖

李敖是海峡两岸公认的狂人，许多人都记得他曾经说过的一句名言：500年内，白话文第一名是李敖，第二名是李敖，第三名还是李敖。然而，就像再强悍的动物也有天敌，狂傲至极的李敖亦有自己佩服的人，这就是胡适。李敖佩服胡适有两个原因，一是他父亲是胡适当年在北大的学生，算是爱屋及乌；二是李敖小学时开始读胡适的文章，在台湾读中学时，更是系统地阅读了《胡适文选》、《胡适文存》、《中国哲学史大纲》等，被胡适另类的思想牢牢吸引。

李敖与胡适后来多有交往，了解渐深，他在《文星》杂志发表了长文《播种者胡适》，对胡适的思想作了比较全面的整理，充分肯定了胡适对国家、民族的贡献。胡适读了，觉得文章有些问题，特地给李敖写了一封信。信中云："李敖先生：我知道这一个月以来，有不少人称赞你做的《播种者胡适》那篇文字，所以我要写这封信，给你浇几滴冷水。我觉得那篇文字有不少的毛病，应该有人替你指点出来。很可能的，在台湾就没有人给你指点出来。所以我不能不自己担任这种不受欢迎的工作了。第一，我要指出此文有不少不够正确的事实。如说我在纽约'以望七之年，亲自买菜做饭煮茶叶蛋吃'，其实我就不会'买菜做饭'。如说我'退回政府送的六万美金宣传费'，其实政府就从来没有送我六万美金宣传费的事。又如说'他怀念周作人，不止一次到监狱看他'，我曾帮过他的家用的小忙，但不曾到监狱去看过他。"

李敖的文章发表于1962年1月1日，胡适信中说"这一个月以来"，证明他的信是在2月份写的，信中只谈了第一个问题，剩下的问题尚未来得及谈，胡适便于当月逝世了，李敖也是多年之后才从胡适一本藏书中看到此信残稿，信中不难见出胡适的为人。

胡适敢说真话，不因为李敖是表扬自己而有所隐讳，他开篇就说李敖的《播种者胡适》有不少毛病，别人不会指出来，但自己愿意做这个"不受欢迎的工作"。胡适一生活得认真，不要说是对李敖这样的小字辈，就是对位高权重的当政者，他也是有什么说什么。比如他在大陆时曾批评蒋介石将经济弄得一塌糊涂，指挥的军队军纪败坏；到了台湾，他批评老蒋频频干预司法，使台湾没有言论自由，"一切尽在不言中"。这种真性情是人情等级文化下的许多学人不具备的。

胡适对虚名不屑一顾，有时甚至到了"虚名向左我向右"的程度。胡适不是一个不在乎名誉的人，相反，他一生好名，特别爱面子，他给别人写的信都要誊抄一份留下来；其日记也明显可以看出是为了日后发表，故意略去男欢女爱的内容；对名誉博士来者不拒，一共得过三十几个名誉博士学位。但公道地说，胡适所好之名都是来路正当、不会受到非议的，对于那些来历不明、言过其实的虚名，他一直非常拒斥。就拿上文提到的胡适更正李敖文章的错误来说吧，这些错误事实其实无一不是给胡适贴金的，无非是说明这个人廉洁、俭朴、关心别人。如果说，"退回政府六万美金宣传费"这种事在台湾尚有知情人，胡适怕人误会不得不更正，那么，在纽约"以望七之年，亲自买菜做饭煮茶叶蛋吃"、不止一次去监狱看周作人这样的事知道真相的人非常少，假若胡适对虚名不那么排斥，完全可以蒙混过关。然而，胡适毫不含糊，见假必纠，见虚名必掷。

"君子好名，取之有道"，这是胡适先生对待名誉的态度，也应该成为今天熙熙于名攘攘于利者的人生指南。

有本钱的狂才是性情

民国时代，许多学人比较狂，无论是做学问还是当官，都敢毫不掩饰地表现自己。

辜鸿铭喜欢显示自己的才学，在英国生活时坐公共汽车故意倒拿报纸。一次，身边的英国人放肆地嘲笑他："喂，看这个乡巴佬，根本不懂英文，把报纸倒着拿还装得挺像。"等他们嘲弄够了，辜鸿铭用流利的英语回击："英文这玩意儿太简单了，不倒过来，实在没意思。"那些嘲笑他的英国人一个个羞得面红耳赤。

刘文典对自己的学问也非常自信。他曾在不同场合说过同样一句话："古今真懂《庄子》者，两个半人而已。第一个是庄子本人，第二个是我刘文典，其余半个……"另外半个一直有各种说法，有说是冯友兰的，也有说是马叙伦的，因为他们仅能从哲学角度讲庄子，只能算半个。

英文教授叶公超颇受蒋介石看重，蒋曾让他担任"外交部长"，但叶公超从不把老蒋放在眼里。一次听老蒋的报告时，他气愤地对同事说："啰啰嗦嗦，又浪费我半天时间。"还用英语补了一句："他敢拿枪枪毙

叶公超

辜鸿铭

我！"在讨论外蒙加入联合国的问题上，两人发生争执，叶公超公然骂蒋："他懂什么外交，连问题都搞不清楚。"

抗战期间，张奚若以无党无派知名人士身份被聘为国民参政员。一次，国民参政会开会，张奚若当着蒋介石的面极力抨击国民党的腐败、独裁，蒋介石非常恼怒，打断他的发言说："欢迎提意见，但别太刻薄！"张奚若拂袖而去，回到西南联大。后来参政会又开会了，给张奚若寄来路费和通知，张奚若当即回电一封："无政可参，路费退回。"

辜鸿铭、刘文典、叶公超、张奚若确实比较狂，但这种狂是有原因的。辜鸿铭少居马来半岛槟榔屿，曾祖和祖父都是英人委任的当地政府官员，父亲辜紫云在英国人布朗的橡胶园担任总管，11岁时又随义父布朗赴英国生活，21岁时获爱丁堡大学文学硕士学位，有着深厚的英国语言、文学修养，谈点儿英文，实在太小儿科了。刘文典早年以优异成绩考入芜湖安徽公学，1909年又进入日本久负盛名的早稻田大学，古典文学修养极其深厚。陈寅恪被称为"教授之教授"，一向不肯轻易夸人，他读到刘文典的《庄子补正》，评价说："然则先生此书之刊布，盖将一匡当世之学风，而示人以准则，岂仅供治《庄子》者之所必读而已哉！"叶公超1920年赴美国留学，获麻省赫斯特大学学士学位。后赴英国，1924年获剑桥大学文学硕士学位。离英后又赴法国巴黎大学研究院研究，对西方文化深有研究。回国后，在北大、清华、西南联大等一流高校执教。张奚若早年参加同盟会。辛亥革命后，赴美国哥伦比亚大学学习，获政治学硕士学位，是声名显赫的现代政治学家。

世界上有两种狂，一种是没有什么真学问、真见识，但因为其坐井观天，总认为自己非常了不起，这种没有本钱的狂应该叫狂妄；一种是有真本事、真思想，不屑于掩饰，而喜欢向他人展示，此类有本钱的狂是狂傲、狂狷。狂妄完全是一种愚蠢，狂傲、狂狷才是一种性情。

两种"谢本师"

传统中国人比较尊敬老师。宋时，杨时与朋友游酢有次去见程颐，碰到程颐闭目养神，他与游酢侍立不去。程颐发现他们时，门外的雪已下了一尺深。这就是著名的程门立雪的故事。然而，老师与学生毕竟是两种生命个体，有时难免发生思想上的冲突。当矛盾无可调和，也就会出现"谢本师"现象。

"谢本师"中的"谢"，不是"感谢"，而是"谢绝"、"辞谢"的意思，实际上就是要跟老师决裂，不再承认自己是某人的门生，只是语言较为委婉而已。

历史上最著名的一次"谢本师"事件发生在章太炎与俞樾之间。1890年，时年21岁的章太炎到杭州诂经精舍受业，章太炎的业师是诂经精舍山长俞樾，俞樾是清代著名朴学大师，学问极其渊博，他非常欣赏章太炎的学识和才华，曾将章太炎在诂经精舍所作的几十篇"课艺"收入《诂经精舍课艺》。然而，俞樾毕竟是一个深受正统意识形态影响的老先生，他对章太炎出校之后结交维新人物、倡言革命、剪掉辫子等举动极为不

章太炎

俞樾

满。1901年，章太炎去苏州东吴大学任教，拜访住在苏州曲园的俞樾，俞樾声色俱厉，对章的行为大加指责。这一点，章太炎在《谢本师》一文中有详细记载："复谒先生，先生遂曰：'闻尔游台湾。尔好隐，不事科举。好隐，则为梁鸿韩康可也。今入异域，背父母陵墓，不孝；讼言索虏之祸毒敷诸夏，与人书指斥乘舆，不忠。不忠不孝，非人类也，小子鸣鼓而攻之，可也！'"章太炎说："盖先生与人交，辞气凌厉，未有如此甚者。"对俞樾的指责，章太炎很不服气，当即反驳说："弟子以治经侍先生，而今之经学，渊源在顾炎武，顾公为此，不正是要使人们推寻国性，明白汉、虏分别的吗？"意思是，他的政治立场符合经学精神。口头反驳还觉得不过瘾，章太炎又写下《谢本师》一文，自动离开师门。不过，此事发生后，两人并未真的断绝师生关系。俞樾还是把章太炎看作门生，1901年8月，以《秋怀》四首索和，章太炎也"如命和之"，表示要将以前的不快"相忘于江湖"。1907年俞樾去世，章太炎作《俞先生传》，虽然文章中不乏微词，整个基调却充满敬意。章太炎寓居上海期间，有次专程赴苏州凭吊俞樾故居。看到大厅中一幅写着"春在堂"的横额，认出是先师俞樾的遗墨，立即命同行的陈存仁点起香烛，行三跪九叩之礼。走到左厢房，章太炎辨认出这是他旧时的读书处，请房主拿出纸笔留字，房主

被押上法庭受审的周作人　　　　　　　沈启无

只有笔墨而无纸张，章太炎在墙上留了两首诗，黯然而别。

　　20世纪40年代，沈启无也有过一次"谢本师"的举动。沈启无是周作人的学生，曾与俞平伯、废名、江绍原并称"周门四大弟子"，此人最初对周作人亦步亦趋，周作人出任伪教育总署督办一职，沈启无担任伪北大文学院国文系主任兼图书馆主任，但沈启无觉得这个官太小，对周作人深怀不满。1943年8月，日本作家片冈铁兵在"大东亚文学者大会"上发言，称周作人是"反动的老作家"，只会"玩玩无聊的小品，不与时代合拍"，应该对他作"无保留的激烈斗争"，沈启无以"华北代表"的身份也参加了这次在日本举行的会议，回国后，他以"童陀"的笔名，在《文笔》周刊创刊号上发表文章，观点与片冈铁兵一模一样。片冈铁兵对中国文学并不了解，周作人觉得他的观点很奇怪，现在看了沈启无的文章，终于明白了其中的奥秘。周作人一怒之下发表《破门声明》，将沈启无逐出门下。沈启无也不甘示弱，在《中国文学》（1944年5月20日）发表诗歌《你也须要安静》："你说我改变了，是的/我不能做你的梦，正如/你不能懂得别人的伤痛一样/是的，我是改变了/我不能因为你一个人的重负/我就封闭我自己所应走的道路。"这实际上也是一种"谢本师"的举动，只是没有使用"谢本师"的名义而已。此后沈周两人怨仇越结越深，各自在文章中讥讽、攻击对方。

认真观察一下上述两次"谢本师"事件，我们不难看出它们的本质区别。章太炎的"谢本师"为公不为私，所以，他不得已的"辞谢"里有对师恩的念念不忘和对老师出自内心的敬重。这样的"谢"虽然也是悲剧，但沉痛中自有一份温暖，能够得到后人充分的理解和尊敬。而沈启无的"谢本师"却完全源于个人的私欲，而且这私欲还与他们师徒在民族大义上的失节联系在一起，因此，其"谢师"也就"谢"得鬼鬼祟祟、有气无力，师徒都被后人看不起。

"谢本师"本身无所谓对错，因什么而谢却标示着一种品位。

"体制内"的鲁迅一样可爱

近年来，由于众多新材料的"出土"，人们对鲁迅的认识发生了一些变化，我们开始把鲁迅当成一个活生生的人，而非一个单纯的"斗士"来对待。然而，因为习惯的影响，我们对作为普通人的鲁迅的研究很不够，即使偶然谈起，也有点"犹抱琵琶半遮面"的味道。真实的鲁迅终究是掩藏不住的，他不时会从自己或别人的文字中闯出来。

2008年第4期《世纪》登了顾农《鲁迅打官司》一文，里面有许多我们不曾看到的材料。1925年3月，北京女子师范大学一些学生希

鲁 迅

望参加悼念孙中山的活动，校长杨荫榆不准，原本就风生水起的学潮这一下更加波澜壮阔。稍后，北洋政府教育部下令停办北京女子师范大学，在原址另建女子大学，并派出军警、雇用流氓多次闯入女师大殴打学生，将她们押出学校。在女师大兼课的鲁迅非常同情学生运动，他与一批进步教授发表宣言支持学生，并两次代学生草拟呈文进行合法斗争。教育总长章

章士钊

士钊对鲁迅的这一举动非常恼火，1925年8月12日，章士钊具文呈请临时执政段祺瑞免去鲁迅在教育部的佥事一职。第二天段祺瑞明令照准，8月14日免职令发表。鲁迅觉得自己没有什么错误，8月22日，他向专管行政诉讼的平政院递交了诉状，状告章士钊。鲁迅这样做有自己的理由。根据当时的《文官惩戒条例》、《文官保障法》草案，鲁迅所任的佥事一职，属于"荐任官"，如果要惩戒，须由主管上级备文申述事由，经高等

文官惩戒委员会核议审查后始得实行。章士钊急于打击鲁迅，想于事后再补办这一手续，实际上已经构成违法。章士钊和鲁迅在有关答辩书和互辩书中针锋相对地争论。1926年1月16日，新任教育总长易培基以此案乃前任章总长办理为由，取消了教育部对鲁迅的免职处分，派鲁迅暂署佥事，在秘书处办事。1月18日，鲁迅重新回教育部上班。2月23日，平政院开会作出裁决，判决鲁迅胜诉。3月31日，国务总理贾德耀签署了给教育部的训令，转述平政院"依法裁决教育部处分应予取消"的结论，命令教育部"查照执行"，于是教育部正式恢复了鲁迅的职务。

1929年8月，鲁迅又打了一次官司，这次是状告北新书局老板李小峰，事由是北新积欠鲁迅大批版税不付，出版鲁迅作品之印数也大有猫腻，严重侵害了作者的利益。鲁迅写信去谈，李老板往往不理，问题拖了

很长时间不得解决。加上鲁迅为北新编《奔流》月刊，北新也总是不给作者付稿费，作者向编者鲁迅索取，弄得鲁迅非常尴尬，只得停止编辑该刊。鲁迅的要求只有两条："还我版税和此后书上要贴印花。"也就是一要索还旧欠，二要在今后印行之书的版权页上贴一张由鲁迅本人提供的印鉴，以便监督印数。北新书局老板自知理亏，官司不可能胜诉，于是央人调解。协商的结果是北新积欠鲁迅的一万八千余元，分十个月付清，基本上满足了鲁迅的要求。

鲁迅先生对北洋军阀和国民党设立的专制体制有过诸多批判，他的《记念刘和珍君》、《黑暗中国之文艺界的现状》、《"友邦惊诧"论》等文章就是明证，鲁迅的批判文字犀利、无情而又深刻，在一般人的印象中，他与当时那个社会、当时的法律应该是水火不容、"老死不相往来"。然而生活的真实却是：鲁迅一方面在激烈地批判着那个社会的黑暗，另一方面又在认真寻找着在整体的黑暗中那一缕可能对自己有利的公正的阳光，希望当时的法律还自己一个公正。这其实正是鲁迅的可爱之处：他对当时的社会没有太多的幻想，极力主张社会改造、文化重建；同时他又深知社会的变革是一个长久的过程，不可能一蹴而就，在解决最紧迫的问题时，应该尽量利用现有条件，为韧性"战斗"积蓄足够的力量。

在相当一段时期，由于资料的匮乏，也由于意识形态的干扰，我们不自觉地神化了鲁迅，夸大了他性格中的某些侧面。在这种夸大中，鲁迅似乎变成了一个对现实彻底绝望的愤世嫉俗者、一个孤独的战士、一个不食人间烟火的人。其实，真实的鲁迅是多姿多态的，我们承认鲁迅有普通人的欲望，有时也有凡俗的思维，并不意味着否定他眼光的犀利、思想的深邃、品德的高尚。

在"体制内"打官司的鲁迅给予我们的绝不只是法律方面的启示。

性情鲁迅

在日常生活中，我们总是习惯于根据一时需要，给人贴上种种泛政治化的标签，好像一个人的所作所为完全是由其所处的社会位置和所持的政治立场思想决定的。我们很少想到，许多时候，决定一个人行为的，更多的是超越制度、党派主张和阶层特性的人性，即人由生物和长期的人类共同文明所孕育的本性。

鲁迅与许广平

鲁迅与许广平非常相爱，历来被人作为崇高爱情的典范加以歌颂，然而，至少在许广平眼里，他们的爱情不是完全没有变数。据蒋锡金先生回忆，与鲁迅结合后，许广平始终把鲁迅的收入和她曾经有的一笔收入严格地分开，这是她在广州教书时积蓄下来的，有300元大洋，放在她自己的存折上。她说：当然，她不会与她的周先生分开，但也要设想，万一发生不得不离开的情况，她就可以不依赖别人的资助，用这300元维持自己几个月甚至半年的生活。作为配偶，鲁迅有许多优点，但他性格急躁，快人快语，好发脾气，待人不够宽容。从许广平攒私房钱的细节，我们不难看出鲁许爱情的另类韵味。

当然，生活中的鲁迅更多的是个可爱的人。鲁迅非常不喜欢历史学家顾颉刚，顾颉刚是酒糟鼻子，鲁迅平日就叫他"鼻公"。鲁迅给朋友写信都用毛笔，有时不免提到顾颉刚，干脆改用红墨水，在信纸上点个点儿。鲁迅的调皮还表现在另一件事上。沈尹默回忆，早年，他去绍兴会馆见鲁迅，正逢有人不讲文明，在墙边小便，鲁迅用一弹弓聚精会神地瞄射此人的生殖器官。这样的时候，鲁迅还是我们平时所称的横眉冷对的"战士"吗？非也，一老顽童而已。

因为社会和人生理念之相异，鲁迅与许多朋友关系不好，这是事实，让人遗憾，但鲁迅一旦觉得某个朋友跟他意气相投，也对朋友情深义重。

陶元庆　　　　　　《苦闷的象征》　　　　　　《彷徨》

1924年，著名书籍装帧画家陶元庆来到北京游历，住在鲁迅曾经住过的绍兴会馆，当时鲁迅在北京的高校兼课，翻译了日本文艺理论家厨川白村的《苦闷的象征》，正准备出版，需要设计一个封面，于是请陶的好友许钦文联系，希望陶元庆帮忙，陶二话没说就答应了。陶元庆给此书设计的封面极具特色，画面中一个贴着膏药的裸女舔着钢叉，周围是一些对比强烈的红色动物，表现力极其强烈，与书里插图波特莱尔自画像遥相呼应。鲁迅非常喜欢。请许钦文带话给陶元庆，让他有空来串门聊天。陶元庆性格内向，没有主动去拜会鲁迅。鲁迅偶尔从许钦文妹妹的口中得知陶元庆已来京多日，再次托许钦文邀陶元庆来做客，鲁陶得以第一次见面。不久，鲁迅出版小说集《彷徨》，还是请陶元庆设计封面，陶元庆在橘红色的衬底上，画了三人并坐，面对一轮落日，让人感觉他们似乎无所适从。书出版后，鲁迅给陶元庆写信说："《彷徨》的书面实在非常有力，看了使人感动。"后来陶元庆又给鲁迅著译编的《中国小说史略》、《坟》、《朝花夕拾》、《出了象牙之塔》、《工人绥惠略夫》、《唐宋传奇集》等书设计书衣，一样得到鲁迅的赞扬。自此，鲁迅与陶元庆一直保持密切的关系。1929年，陶元庆因病早逝，鲁迅在日记里悲痛地记下了亡友的逝世时间，还拿出300元钱（这在20世纪20年代绝对是笔巨款），托许钦文在陶元庆生前喜欢的西湖旁买了三分多地造墓，并为其题名"元庆园"，种上花卉和柏树，以示怀念。

人性是人的本性的无意识袒露，是人在文明重压下为自己所开的一个性灵的窗口，它渗透着生命原始的欲望、最初的是非、不被藻饰的真实。人性总是站在公开的言辞和表面化的事实的背后，正是这种原初和隐匿的意味，使它呈示了一种永恒的魅力。

杨振声的"得意之作"

现代著名教育家杨振声是一个敢于开风气的人物，引荐只有小学文化的沈从文来西南联大任教，就充分体现了他的眼光。

杨振声（1890—1956），字今甫，亦作金甫，笔名希声，山东蓬莱水城村人。1919年积极参与五四运动，同年赴美留学。学成归国后，参与创办清华大学、青岛大学、西南联大三所知名高校，曾任清华大学中文系教

授、文学院长，后来又兼任该校秘书长，1930
年任青岛大学首任校长。1937年，国民政府教
育部决定由清华大学、北京大学、南开大学合
组长沙临时大学（即后来的西南联大），杨振
声又作为教育部的代表出任筹备委员会秘书主
任，后来又担任西南联大常委、秘书主任。杨
振声本身是新文学作家，存世的有中短篇小说
20余篇，诗歌、散文、杂文50余篇（首），对
新文学有非同一般的感情，引荐沈从文来西南
联大执教，既有私谊的因素，也是为了加强新
文学作家在西南联大的力量。

杨振声

1939年6月6日，杨振声和朱自清参加西南
联大师范学院教师节聚餐会和游艺会，杨建议
朱聘请沈从文到联大师范学院教书，朱自清觉
得"甚困难"，6月12日晨，朱自清找罗常培商
量此事，结果非常理想。1937年6月27日，联大
常委会召开第111次会议，内容之一就是聘请沈
从文为联大师范学院国文系副教授。

罗常培

在聘请沈从文来校任教这个问题上，联大一些教授是有看法的。一年
暑假，在联大读书的杨振声的儿子杨起到昆明东南部的阳宗海游泳，休息
时，在汤池边上的一个茶馆喝茶，桌上的查良铮（即诗人穆旦）说："沈
从文这样的人到联大来教书，就是杨振声这样没有眼光的人引荐的。"庄
子专家刘文典也瞧不起沈从文。1939年到1940年，日本飞机不时轰炸昆
明，联大师生只要看到五华山上升红旗，就会立即跑警报。某次，刘文典
看到沈从文也在匆匆忙忙跑警报，颇为不屑地说："我跑是为了保存国
粹，学生跑是为保留下一代的希望，可是该死的，你干什么跑啊！"1943

年7月，听说西南联大拟聘沈从文为教授，刘文典勃然大怒，说："陈寅恪才是真正的教授，他该拿400块钱，我该拿40块钱，朱自清该拿4块钱，可我不给沈从文4毛钱。"

然而，事实证明了杨振声的识人之明。沈从文在西南联大教学非常敬业，很受学生欢迎。他讲《中国小说史》，有些资料不易找到，他就用夺金标毛笔抄在云南竹纸上，用筷子大的行书，上课发给学生。他上各体文习作、创作实习，总是非常认真地批阅学生的作文，在后面附上大段的读后感，许多时候他写的读后感比学生的原作还长。发现学生的好文章，沈从文会在第一时间推荐给报刊发表，觉得修改后可以发表的，就替学生润色。因为沈从文毫无老师的架子，又用一颗真心对待学生，向他请教的学生非常多，后来那批学生里出了不少作家，最著名的就是汪曾祺。

一个大学领导者按照常规去识人用人，这是很容易做到的，但超越常规，使用那些别人看不出什么好却又确实优秀的人，这就需要眼光了。这种眼光既包括对人才潜质的判断，也包括对自己判断的自信。中国有点地位的人都希望别人叫自己伯乐，其实真正的伯乐绝不是体现在领导者提拔了某个人，而是体现在领导者能识英雄于草芥之中，并敢于承受种种非议，斩钉截铁地给自己心中的千里马以应有的位置，让千里马显示出自己的非凡。

杨振声给自封的伯乐们上了很好的一课。

名人的第二张招牌

名人都有自己的招牌，名人的第一张招牌当然是他（她）建立在杰出成就上的名气，此外，名人还有第二张招牌，那就是他们说话往往非常幽默。

赵元任是语言学大师，他会说33种汉语方言，精通英、德、法、日、俄、希腊、拉丁等多门外语，被人称为"赵八哥"。赵元任号宣重，他到美国留学后嫌此名啰嗦一直没再用。归国任教于清华大学时，有人请客，送来请柬，上面写的是"赵宣重先生"，赵便当着送信人的面在自己的名字下面写上"已故"二字。自此以后，再没有人称呼他"宣重"了。

大学者胡适也是一个非常幽默的人。赵元任与杨步伟婚后赴美，途经上海，恰好当时胡适也在上海，胡适便每天都去看望他们夫妻。当时大家都问杨步伟是否要买些中国的东西带到美国。杨当时已经怀孕，一坐下就不想动，多数人以为她是脱离医院的工作不开心。只有胡适说："韵卿，我想你有特别的原因了，喝点汽水什么的，也许胃口爽快一点。"胡适的话说到了杨步伟的心坎上，她不禁埋怨丈夫的木讷："你如何没想到？"胡适大笑说："他不内行，我是有经验的，他若这个是内行就靠不住了！"

哲学家冯友兰在西南联大教书时，留长须穿长袍，颇有道家气象，其本人则提倡人生哲学之多重境界。一次，他去授课，碰到逻辑学家金岳霖，金问："芝生，到什么境界了？"冯答："到了天地境界了。"两人随即大笑，擦身而过。

冯友兰

历史学家吴晗和知名杂文家廖沫沙因被批斗而被关进一间房子，吴不时叹气，廖沫沙开玩笑为他消愁，说："我们两个成了名角，假若他们不来，这场戏就唱不成了。"吴苦笑："我们唱的是什么戏呀？"廖想吴晗是北京市副市长，相当于古代的地方官，联想到陶渊明，说："这出戏就叫《五斗米折腰》啊！"

著名建筑学家梁思成去扬州主持筹建鉴真纪念馆时，作了一场有关古建筑维修问题的学术报告。梁思成拿自己开涮说："我是个无齿之徒——

我的牙齿没有了，在美国装了这副假牙。因为上了年纪，所以没装纯白色的，而是略带点儿黄，因此看不出是假牙，这叫整旧如旧。我们修复古建筑也应如此，不能焕然一新。"

某次，一位欧洲贵妇问中国杰出外交家王宠惠博士："听说你们中

国人结婚，都凭媒人撮合，彼此先不认识，这如何做得夫妻？应该像我们这样，由恋爱而婚姻，才会美满幸福。"王答："我们的婚姻，好比一壶水放在火炉上，由冷而热，逐渐沸腾。夫妻初不相识，日久生情，且越来越浓，故少见离婚现象。你们则相反，结婚时如一壶开水，婚后慢慢冷却，因此你们的离婚案如此之多。"

王宠惠

名人说话幽默，当然与他们见多识广有关。一个人见识多了，联想丰富，想象奇异，讲起话来自然也就格外风趣。但我觉得最主要的还是由于名人有一种非常良好的心态。名人都是因为事业成就而知名的，正因为事业上有成就，在社会上广受尊重，他们必然自信、乐观，说话不会畏畏缩缩，语言表达自然也比别人大胆。

名人需要第一张招牌，有了第一张招牌，名人才有资格被称为名人；名人也需要第二张招牌，有了第二张招牌，名人才能显出几分烟火气，让我们感觉到亲近和可爱。

聪明的"笨功夫"

大学时，一位古典文学老师说过：在当代中国，像陈寅恪、钱锺书这样的人非常罕见，一是他们读的书特别多，二是钻研得非同一般地深，三

是学通东西、古今，这种人可称为教授的教授。这是我第一次听说钱锺书这个高山仰止的名字。

后来读钱锺书先生的《围城》，看他的《宋诗选注》，浏览他的《管锥篇》，总惊讶钱锺书何以如此博闻强记、独步于世。钱锺书先生天资的聪慧没有谁可以否定，他的文章语言之幽默和机智足以说明，然而，钱先生之所以取得那么大的成就，根本原因却在于他下过一番常人不及的"笨功夫"。

据杨绛一篇文章回忆：钱锺书先生爱读书，不仅读，还做笔记；不仅读一遍两遍，还会读三遍四遍，笔记上也不断地添补。钱锺书先生做笔记的习惯是在牛津大学图书馆（Bodleian——他译为饱蠹楼）读书时养成的，因为饱蠹楼的图书向来不外借。到那儿读书，只准携带笔记本和铅笔，书上不准留下任何痕迹，只能边读边记。做笔记很费时间，钱锺书做一遍笔记的时间大约是读这本书的一倍。钱锺书说，一本书，第二遍再

钱锺书

读，常会发现读第一遍时有许多疏忽，最精彩的句子一般要读几遍之后才发现。钱锺书爱买书，多数书却是从图书馆借的，他读完并做完笔记，就把借来的书还掉，自己的书则随手送人。这种边读书边做笔记的习惯保持了终生。

现在的人非常讲究"读书方法"，报刊上连篇累牍的是如何花最少的时间读最多的书，有人甚至把中外名著弄成所谓"缩写本"，供那些没有兴趣作深度阅读的人附庸风雅。这样的读书法比钱锺书的"笨功夫"，效率自然是成倍地提高了，只是阅读的质量却很使人生疑。

钱锺书的"笨功夫"需要非同一般的精力和毅力去支撑，表面上显得

愚蠢，实际上恰恰是一种人生智慧。因为下的工夫深，每一本书的精华都在脑子里留了印象，做学问、写小说需要时，那些昔日的知识自然纷至沓来，让人得心应手、左右逢源。《围城》里许多精彩的比喻都是从书里化来的，而且用得天衣无缝，如果钱锺书不曾下过"笨功夫"，就算他读过了那些书，还能像现在这样从容潇洒地信手拈来吗？

一个社会永远不会缺少投机取巧的人，投机取巧非常轻松；真正缺少的倒是心甘情愿下一番"笨功夫"的人，因为一个人选择了下笨功夫，也就选择了与艰难为伴，与寂寞为邻。然而，社会的远行却需要"笨功夫"推动，只有"笨功夫"才能提供这种远行所需的底气与人文精神。

读书需要"笨功夫"，干别的事又何尝不是如此呢？

邵洵美的"独舞"

提起邵洵美，估计大家并不陌生，此君集诗人、作家、翻译家、出版家于一身，做事总是特立独行，其另类尤其体现在对出版事业的不计血本上。

邵洵美

邵洵美女儿邵绡红的口述曾经提到邵洵美当年做出版的种种轶事。邵洵美早年开过一个名为"金屋"的书店，主要出版文艺类书籍。某次，一朋友送来一叠沈端先翻译的日文书稿，说沈端先刚从日本留学回来，生活无着，希望邵洵美帮忙出版接济一下。邵洵美连稿子都没看，当即拿出500元给他。那时沈端先（夏衍）在文坛还是一个新人，邵洵美对他一点也不了解。

1927年，徐志摩和一帮朋友在上海创办了"新月书店"，第三年书店出现巨额亏损，无法再办下去。有一天，徐志摩的小舅子张禹九去找邵洵美，想让他入股。邵洵美马上关闭了自己的金屋书店，将资金投到新月，让新月社的人非常感动，徐志摩在新月社的那些朋友，胡适、梁实秋、闻一多、潘光旦、罗隆基、曹聚仁、林语堂、沈从文，等等，后来都成了邵洵美的朋友。

几乎与此同时，邵洵美认识的一群画家朋友想办《时代画报》，和当时上海最著名的《良友》画报竞争，只出版了一期，就没了资金。这群朋友找到邵洵美，要求他接办，邵洵美二话没说答应了。为了办好《时代画报》，邵洵美不惜花费五万美元从德国进口了中国当时唯一一套影写版印刷设备。邵洵美建立的时代图书公司先后出版了九种杂志：《时代画报》、《时代漫画》、《时代电影》、《文学时代》、《万象》、《声色画报》、《论语半月刊》、《十日谈旬刊》、《人言周刊》。黄苗子后来说：如果没有邵洵美，没有时代图书公司，中国漫画不会像现在这样发展。

丁　玲

一般人从事某项实业，其最终目标都是指向金钱的，赔了钱，立即会转向，而邵洵美办出版耗了老本却始终无怨无悔。邵洵美原是富家公子，其外曾祖父是近代史上赫赫有名的洋务运动提倡者盛宣怀，其曾祖父邵友濂曾任湖南巡抚、台湾巡抚，家境宽裕，只是到了他这一代，已呈没落迹象。邵洵美早期办出版是靠抵押房产筹资，到了后期，则只能靠妻子典当首饰，典当的价格很低，他的妻子总以为今后能将它们赎回来，但那些陪嫁的首饰自此再也没有回到她身边。

邵洵美之所以这样做，原因很多，比如他为人仗义，看不得周围的人受苦。当年胡也频去世，为了资助丁玲回湖南老家，他出手就是千元。比如他能推己及人，自己第一本诗诗集出版受挫，不希望别人重蹈覆辙。但最根本的还在于他对文艺出版有一种骨子里的热爱，为了这种热爱，他愿意倾尽家财、耗尽心智为他人做嫁衣裳。

现在这个社会有为权力东奔西走的人，有为金钱不择手段的人，有为声名大肆炒作的人，可是有多少人愿意像邵洵美这样为了梦想不惜赔进终生精力和一份家业？作为诗人、作家、翻译家，邵洵美一生的成就非常有限，没有他的文坛依然热闹；但作为出版家，缺失了邵洵美，我们的世界一定会失去应有的光华。原因很简单，真正的出版是需要梦想的，没有梦想，再精美的图书也不过是一堆文字垃圾。

深处的林纾

人干过一件错事，如果这错事又曾闹得沸沸扬扬的话，要恢复声誉实在不容易。这道理很简单，我们无法擦去自己的历史，也没有能力锁住别人的记忆。

林纾这个名字，对中国现代白话文学稍有了解的人自然不会陌生，此人当年是作为白话文学的反对者出现的，他曾经写过小说《荆生》、《妖梦》，攻击白话文学的提倡者陈独秀等人，他给人的印象就是一个不合时宜的老古董。

然而，撇开有关白话文学的是非不谈，林纾其实是一个非常可爱的人物。刘克敌、李酉宏主编的《那些翻译大师们》一书，有篇文章专门论及林纾的一些逸闻轶事。

林纾是中国20世纪初的重要作家，辛亥革命后创作了长篇小说《京华

碧血录》，书中虽以恋爱故事为主干，但它
涉及戊戌变法、义和团起义、八国联军进攻
北京等重大历史事件，描写的生活面极其广
阔，在当时颇受读者欢迎。后来，他又陆续
写了《金陵秋》、《劫外昙花》、《冤海灵
光》、《巾帼阳秋》等长篇小说和一系列短
篇小说，生动地反映了当时的社会现实。

林 纾

林纾也非常看重中外文化交流，他不懂
外语，却借助他人的口译，用文言翻译了
200多部外国文学作品。林纾的译作感情充沛、语言典雅流利，一时洛阳
纸贵。当时有人甚至说辛亥革命之所以胜利，应该归功于严复所译的《天
演论》和林纾翻译的《茶花女遗事》，此言虽然有点夸张，但足以说明林
译小说在当时影响之巨大，他因此被后人称为"中国20世纪最伟大的翻译
家之一"。

跟卓越的才华相匹配的还有林纾非同寻常的操守。林纾23岁时曾拜师
学画，其名气不下于他的文学创作和翻译，1921年的润格标准已达五尺堂
幅28元。而当时一元银洋，相当于现在近100元。名气大，某些附庸风雅
的权贵自然以收藏他的作品为荣。军阀吴佩孚是秀才出身，一向自命不
凡，51岁生日时愿出巨资请林纾画一幅祝寿图，林纾鄙夷其执政时草菅人
命，一口拒绝了吴佩孚的要求，在当时的京城传为佳话。

对于后学，林纾则竭尽全力予以提携。1919年，湖南湘潭人齐白石初
到京城，想以卖画为生，但当时整个北京城没有几个人知道他。为了摆脱
困境，齐白石登门拜访林纾，林纾将其绘画全部收购，并在自己编审的
《平报》上发表文章，极力赞美齐白石的画作，一点也不怕齐白石抢了自
己的饭碗。因为林纾的幕后工作，齐白石在北京慢慢有了名气，终成一代
国画大师。

严　复　　　　　　　　　齐白石

　　一个人对某种正当的历史潮流是否认同是一回事，他对社会的贡献、道德品质如何又是另一回事。就拿林纾来说，他当初反对过白话文不假，后来事实也证明他反对错了，但林纾在文学创作和翻译上所抵达的高度，在对待军阀和后学等方面所表现出来的崇高操守，并不因其反对过白话文而丧失价值。如果说，前一个林纾让我们不免有点遗憾，后一个林纾却足以使我们心生尊敬。

一场争论的三个疑问

　　范泓《隔代的声音》一书写到20世纪30年代一场非常有趣的争论。

　　1933年12月，历史学家蒋廷黻在《独立评论》第80号上发表《革命与专制》一文，公开主张中国实行专制政治。他认为中国之所以内战频仍，国家无法真正统一，就在于未能像英、法、俄等国那样，经历过"16世纪的顿头朝的专制"、"二百年布朗朝的专制"和"罗马罗夫朝三百年的专制"。清华大学社会学教授吴景超在《独立评论》第84号上发表了《革命与建国》，声援蒋廷黻。他声称自己从中国历史上找到了一个治乱循环

蒋廷黻

的法则，即一个周期的三个阶段：自苛政至人民不安、革命到现状推翻，自群雄相争至天下统一，自善政至和平恢复。他进而断言，中国这20多年来仍未跳出第二个阶段，所以现在最大的问题，就是"统一问题"，而统一都是用武力的方式完成的……

胡适在《独立评论》第81、第82号发表文章反驳蒋廷黻，胡适一贯觉得南京国民政府只有实行民主、开放政权才能真正有助于挽救国难。这至少有两个好处：一是可以改良国民党，使它面对"被人取而代之的可能"；二是可以收拾人心，着眼于"全国人心的团结，而不在党内三五万人的团结"。在《独立评论》85号上，胡适又发表《武力统一论》批评吴景超，胡适认为吴景超的法则"未免太拘泥于历史例证了"，历史是"不再来的"，"一切公式比例都不能普遍适用"。

1934年底，《东方杂志》想推出"元旦号"征文，向胡适约稿，胡适写了一篇《一年来关于民治与独裁的讨论》，综述这场论战的情况。胡适的文章刚发表，地质学家丁文江在《大公报》发表《民主政治与独裁政治》，批评胡适"民主宪法只是一种幼稚的政治制度"的观点，他在文章中质问胡适："独裁政治不可能，民主政治是可能的吗？……中华民国百分之八十或是百分之七十五以上是不识字的，不识字的人不能行使选举权，是大家应当承认的。"结论是中国应当"试行新式独裁"。1935年1月，哥伦比亚大学哲学博士、归国学者陈之迈在《独立评论》上发表《民主与独裁的讨论》，认为国家应该搞民主，但不赞成"立即开放政权，实行宪政"，理由是"中国人没有族国的意识，中国没有强有力的舆论来做宪法的制裁"。当然也有人站在胡适一边。北大政治系教授陶希圣在《独

丁文江

陈之迈书信

立评论》上发表22篇文章，认为"现在已经是国民党独裁的统治……至于现实大权是在一人还是多人，也只有事实来决定。即使大权不在个人，也与议会政治相差很远的"，他主张"地方割据必须打破，民主政治必须实行"。

对于这场政治讨论的是非，别人自有公论，我不想饶舌，我只是有几个疑问想就教于读者诸君。

第一，民国学者的国文何以如此过硬？本人是大学中文系教师，用过不下十种中国当代文学教材，看过500篇以上的中国现当代文学论文，句子不通、语意不明、行文拖沓的比比皆是。而当年参与那场民主与独裁问题讨论的人中，有文学家、史学家、社会学家、地质学家、政治学家、哲学家，有学文科的、学理工科的，他们发表意见时个个能做到辞达其意，这是怎么回事？

第二，民国学者为何这样不讲哥们义气？蒋廷黻、丁文江、吴景超与胡适都是关系很近的朋友，经常一起喝茶聊天，但一到讨论问题，大家都是争着把自己的见解端出来，一点也不管是否有交情，他们不怕朋友绝交吗？这绝不是游某杞人忧天，我也看到过当下许多所谓的"学术争鸣"，但一般都是发生在陌生人之间，朋友间对某种事物有不同看法，我们往往会不自觉地选择私下交流，否则，朋友一夜之间就会成为陌路。

第三，也是更重要的一个问题，民国时代怎么有那么多学者愿意跳出职业围墙"仰望星空"？民主与独裁虽然事关国家民族前途和命运，毕竟没有直接关系到个人的饭碗，那时的学者居然肯花那么多精力面红耳赤地讨论，真是不可思议。我周围也有大量的所谓学者，他们普通都是热衷于做课题、评职称、当官、赚钱，对个人利益之外的东西基本上没有兴趣。翁安官民冲突、邓玉娇案之类的公共事件出现后，媒体上吵得不可开交，你看到过几个大学教授发过声？

民国时代大师辈出，当时比较宽松的言说环境、相对科学的学术评价机制肯定是一个方面的原因，但现在的学者与民国学者差的只是环境吗？

硬朗是个"势利鬼"

20世纪50年代末，著名人口学家、北京大学校长马寅初先生因为人口问题受到围攻。有一次，北大又开大会批判马寅初，会议开始了很久，马寅初却不来。派人去"请"来了，他搬张椅子坐在台前泰然自若。台下的人开始喊口号，马寅初说："我这个人每天洗冷水澡，不管多冷的天都不怕。现在天气并不冷，给我洗热水澡，我就更不在乎了。"那时北大所有的刊物和全国各地的报纸都众口一词批判《新人口论》，马寅初拒不检讨，坚决不写自我作贱的文章，照常笑嘻嘻地出入于北大燕南园住所。徐百柯为此写过一篇散文《马寅初：硬朗的"兄弟我"》，赞美这种精神。

老学人中，在外在压力面前保持硬朗的知识分子，绝不只是一个马寅初。徐百柯另一篇文章提到傅斯年与蒋介石的一段对话。1944年，傅斯年在参政会上向行政院长孔祥熙发难，揭发他在发行美金公债中贪污舞弊。

马寅初

孔祥熙

会后，蒋介石亲自请傅斯年吃饭，为孔祥熙说情。席间，蒋介石问："你信任我吗？"傅斯年答曰："我绝对信任。"蒋介石于是说："你既然信任我，那么就该信任我所任用的人。"傅斯年立即说："委员长我是信任的，至于说因为信任你也就该信任你所任用的人，那么，砍掉我的脑袋我也不能这样说。"

硬朗，或者说气节、骨气，这类东西确实应该是知识分子灵魂的重要构成元素。由于掌握了专业知识，知识分子能对国家、民族起到相对较大的作用，容易成为一般人模仿的对象，他们在品德上出问题，后果远比下层人士出问题严重，鉴于此，古人早就说过："士大夫之耻，乃为国耻。"然而，走向硬朗是有台阶的，环境的宽容、个人的血性、坚守的底气缺一不可。

血性、环境之类的话题，以后再谈，这里我只想说说坚守的底气，即硬朗的资格问题。

作为一个对外界感应最敏锐的群体，许多事情别人刚刚看到现象，知识分子就已经洞察了本质。在事物初始阶段把问题摆出来，提出解决的办法，肯定会遇到巨大的阻力。此时知识分子首先要做的工作恐怕不是如何与世俗媾和、与权势握手，而是检查自己的看法是否符合客观实际。不符合，改弦易辙；符合，坚持到底。马寅初之所以对自己的人口理论那么坚持，是因为他确实看到了人口与资源的矛盾，看到了人口无限膨胀对未来社会带来的压力。他知道要解决这些问题，必须依靠科学的制度，而非争论调门的高低。傅斯年能在参政会上指斥孔祥熙，在老蒋的宴会上不卑不亢，也是因为他手头掌握了孔祥熙贪污的铁证。让真理出场是硬朗的第一个台阶。

硬朗的第二个台阶是对未来的确信。人的天性是趋利避害的，一个人所做的事如果现在和将来都不可能得到回报，他压根儿就不会去做。一些硬朗的人之所以愿意遭受一时的委屈，那是因为他们坚信未来是站在自己一边的，时间会为自己平反。没有这个确信，任何硬朗都会土崩瓦解。

是的，硬朗是个"势利鬼"，并非你想拥有就可拥有，然而，也因了这份不容易，它才显出了特别的气质和韵味，也才能受到人们发自内心的尊敬。

张伯驹的孩子气

章诒和《往事并不如烟》写到张伯驹先生的一件轶事。张先生是"民国四公子"之一，大收藏家。他非常爱国，1956年曾将其收藏的西晋陆机《平复帖》卷、隋展子虔《游春图》、唐李白《上阳台帖》、宋范仲淹《道服赞》卷等大批珍贵字画捐赠给国家。张伯驹先生一生对古字画情有独钟，他的藏品中，不乏几万大洋、几百两黄金收购来的宝物。1949年后的某一天，张伯驹又看中了一幅精美的古画，出手人要价不菲，此时的张伯驹已不是彼时的张公子，因为他担任的一些职务都是虚职，没有实惠，家中已无购画的能力，他的妻子潘素很有些犹豫。张伯驹见妻子不答应，先说了两句，接着索性躺倒在地，任潘素怎么拉、怎么哄也不起来。最后

张伯驹

潘素不得不允诺：拿出一件首饰换钱买画。有了这句，张伯驹才翻身爬起，自己回屋睡觉去了。

张伯驹的孩子气于此可见一斑。五十几岁的人，为了要购画，居然以躺地不起作为要挟，这跟三岁小儿提出无理要求，父母不答应，就把桌上的东西都扫到地上，有何区别？在一般人眼里，这个人真是太不成熟、太不懂事，也太可笑了。

我独独欣赏这种孩子气。我一向觉得，一个人的所谓成熟，是以损失真诚、本色作为代价的，从某种意义上说，成熟只是面具、世故的一种指称。一个人有点孩子气，说明他还没有被世俗的东西污染，内心还存着一份初始的清纯和憨厚。

有孩子气的人往往可爱。什么场合说什么话，需要承诺时喜欢使用模糊的字眼，一种东西明明自己想要，却偏要装出是为别人着想的样子，这是城府。与有城府的人打交道，就像走在一条没有亮光的隧道里，你看不清前面到底有多少危险。与有孩子气的人相交就截然不同了。这种人一切都浅白如山间的小溪，溪底有什么卵石、多少小鱼、几片落叶，我们可以看得一清二楚，置身他的生活，就像走进一片阳光普照的平原，我们每时每刻都可以准确地预测这种行走的结局，心灵也就可以少一份戒备，多几分轻松。

心灵没有太多迂回，做事不太考虑个人的得失，一个人也就容易通向善良。有孩子气的人做善事，不会把善事看成善事，而是把它当作生命的一种本分、做人的一种职责。还是说张伯驹吧，为了不使国宝流到国外，散尽千金收购古字画精品，弄得家道中落，泥菩萨过河，自身难保，可就是在这种情况下，他还"收容"了晚年孤独无依的袁克定（袁世凯之子），精心照顾他的起居，袁克定想给一点生活费，也遭到张伯驹夫妇的拒绝，直到袁克定去世都是如此。关爱弱者的情怀，或许很多人都有，但做得像张伯驹这样到位的又有几个？

留一点孩子气，也善待别人的孩子气吧，孩子气是我们生命中最高贵的灵芝，它生长在心灵的悬崖绝壁上；孩子气是人生大海里的一个小岛，它可以使孤独者找到依托，使迷茫者找到灵魂的方向。

潘　素

建立"第四权力"的一种努力

怎样约束不当权力，是优秀知识分子经常认真思考的一个问题。正因为有了这些优秀知识分子的不懈探索，才有了"人民主权"的政治理念，才有了民主、自由、人权等普世价值，也才有了号称"第四权力"的、让权力生出恐惧之心的新闻媒体。

在中国近代史上，媒体与权力博弈的事情并不少见。历文发表在2009年2月17日《扬子晚报》的一篇文章介绍：1903年，沙俄拒绝履行中俄两国签订的《交收东三省条约》，不肯从东北分期撤兵，并提出新的不合理要求。慈禧不敢抗争，希望与沙俄缔结一项密约，来解决这个问题。就在密约即将签订时，供职于某日本报纸的沈荩通过秘密渠道获得了相关内容。他将密约草稿寄给天津《新闻报》提前发表。密约内容被揭露后，舆论一片哗然，密约自然订不成了。慈禧狗急跳墙，下令抓捕坏了她"好事"的沈荩，并密令有关官吏杖杀他。沈荩被害后，全国各地媒体纷纷报

慈禧太后

道，《中国日报》发表唁文："沈君之死，鬼神为之号泣，志士为之饮血，各国公使为之震动，中西报纸为之传扬，是君虽死之日，犹生之年！"《大公报》则连续发表七篇文章，对这一事件进行追踪，舆论批判的焦点是慈禧没有经过审判就直接行刑的行为和对言论犯罪的重刑判决。

吴学昭《听杨绛谈往事》一书谈到杨绛父亲杨荫杭先生一件旧事。杨荫杭先生早年分别毕业于日本早稻田大学和美国宾夕法尼亚大学，专攻法律，有非常强烈的法治情结。民国初，他担任京师高等检察厅检察长，审理交通部总长许世英受贿案时，依法传唤犯罪嫌疑人，搜查证据。然而，许世英是一个很有"能量"的人物，他曾担任北京政府大理院院长、司法部总长、内务部总长等职，上级官员为他说情的不知有多少人。许世英被拘传那天，杨家的电话整整响了一夜。司法总长张耀曾在杨荫杭准备查处许世英时就出面干预过，要求其停止侦查，杨荫杭没有理睬。张耀曾恼羞成怒，在杨荫杭传唤许世英的第二天就停止了杨荫杭的职务。尔后，司法部又呈文给总统，以检察官"违背职务"为由，将京师高检厅检察长杨荫杭、检察官张汝霖停止职务，交司法官惩戒委员会议处。杨荫杭无辜受处分的事引起了媒体的广泛关注，《申报》更是活跃，1917年5月25日、26日，它在报道"高检长杨荫杭因传讯许世英交付惩戒"的新闻时，将司法部请交惩戒的呈文和杨荫杭的申辩书全文同时刊出，使"此案的是非曲直，亦可略见一斑"（杨绛语）。两年后，杨荫杭被迫离开司法部，他辞职南下那天，到火车站为其送行的民众人山人海。

相对于居住分散，时间、精力和财力都非常有限的公众个人，媒体具

沈荩　　　　　　　　许世英

有更强的获取事实真相的能力。假若媒体能够秉承新闻良知，不被金钱、权力等外在力量绑架，它就有可能成为每一个公民延伸的眼睛和耳朵。而当公众明白了事实真相，自然也就知道了谁对谁错，懂得自己应该在某一事件中采取什么立场。权力害怕媒体，害怕的就是媒体可能把它千遮百掩的真相披露出来，使其谎言大白于天下。

时常有人说起"公民社会"这个词，我这个人知识贫乏，不知公民社会应该如何定义，但凭我粗浅的理解，真正的公民社会应该让媒体有充分的披露真相的权力。因为媒体的力量太弱，权力就可能胡作非为，公民的合法权利就难以得到保证，社会自然就难以变成"公民"的了。晚清和民国初年当然不是公民社会，但可以看出那些先进的新闻知识分子梦想建立公民社会的一种努力。

读书人的言政冲动

读书人大多喜欢言政，古今中外概莫能外。

读书人以学问作为谋生之本，他们博古通今，观察事物的眼光细致而又犀利，自我评价相对较高，因而常常情不自禁地"指点江山，激扬文字"。加上读书人视野开阔，懂得"国家是每个人的国家"，"人饥己饥，人溺己溺"的道理，也不愿意做社会的旁观者。

民国时代，读书人言政相当踊跃。20世纪初，陈独秀、胡适就曾主编过《每周评论》，他们确定的办刊宗旨是"主张公理，反对强权"，评述政治非常大胆；1919年，蔡元培在北洋军阀政府准备在巴黎和约上签字的关键时刻，要求学生奋力救国，直接促成了五四运动；抗战时期，身为学界名流的傅斯年在国民参政会上慷慨陈词，连续轰走孔祥熙、宋子文两任行政院长；20世纪40年代，西南联大教授张奚若当着蒋介石的面，痛斥党国官员贪污腐化。

新中国成立初期，有的读书人出于对现实政治的茫然收敛了锋芒，也有些读书人依然继续着老一代学人的言政惯性，坦率地表达自己对现实政治的看法，社会学家陶孟和即是如此。

这里有必要简单介绍一下陶孟和的情况。陶孟和生于1887年，原名陶履恭，字孟和，以字行世。早年留学日本，攻读教育学专业。1909年，赴英国伦敦大学政治经济学院攻读社会学和经济学，1913年获经济学博士学

陶孟和

位。回国后任北京高等师范学校教授，北京大学教授、系主任、文学院院长、教务长，1926年受聘主持中华教育文化基金会社会调查部（即后来的社会调查所），1934年出任中央研究院社会科学研究所所长。著有《中国乡村与城镇生活》、《北平生活费之分析》等社会学名著。政治上倾向中共，于是，新中国成立之初即被委任为中科院副院长。

1957年9月，中国科学院在院长郭沫若

主持下，连续三天召开大会，批判费孝通、吴景超、陈振汉、李景汉等教授"恢复资产阶级社会学和经济学的政治阴谋"，一部分专家教授为了自保，对这四人上纲上线、痛加鞭挞。就在舆论一边倒的时候，内向的陶孟和报名要求登台发言。陶孟和说："在社会主义社会里，人们相互间的关系和社会的进步，依靠的是友爱，而不是仇恨，读书人应发挥他们的作用，而不应受到敌视。"陶孟和语气沉重地断定："反右斗争对读书人是一场浩劫。"

郭沫若

陶孟和在大会上发完言，众人一片哗然，许多人都觉得将其打成反革命已成定局，中国科学院不久也的确作出了对其严惩的内部决定。毛泽东得知这个消息，出于对当年北大故人的关照，不同意将陶孟和打成右派，才改为对陶孟和提出警告。

在权力没有受到足够制约的环境中，当权者往往是把政治当成小圈子里的事的。他们觉得，一个社会的政治怎么操作，自有政府官员去思考，读书人只要把各自的专业工作做好就行了，根本用不着操这份闲心。官员们想表现民主姿态时，当然也会开开座谈会、搞搞民意测验，但那更多的也只是一个姿态而已。而在官员不想表现这种姿态时，他们希望读书人朝着其指引的政治方向一路挺进，对国家大事不应该有什么异议，这就决定了读书人言政的悲剧色彩。

然而，一个社会绝对不能缺少陶孟和这样的读书人的言政，因为这种言政客观上会让权力多一些顾忌，从而推动社会远行。当一个社会的读书人失去了言政的冲动，绝不意味着这个社会已经变得无限美好，只能说明它已经丧失了变革的希望。

自省的傅雷才真正高大

读《傅雷家书》，很容易将翻译大师傅雷的教子艺术神化。的确，书信中的傅雷太可爱了，他的每一封书信都在谆谆教育自己的儿子如何做人、怎样处事、用何种心境对待艺术。其娓娓之态，根本不像一个父亲对儿子的口吻，倒像是一个相交多年、心神契合的朋友潜意识的关心与提醒。

其实，早年的傅雷教育儿子很不"艺术"。

傅聪小时候吃饭挑食，只爱吃荤菜，讨厌吃蔬菜，这让傅雷很不高兴。他一发现傅聪挑食，就命令他吃白饭，没有任何商量的余地。碰到这种时候，傅聪只能泪流满面地将米饭扒进嘴里，同坐餐桌的傅夫人朱梅馥虽然心里十二分同情孩子，也只好干着急。除了不准挑食，傅雷还给孩子定了许多规矩，比如吃饭时坐姿要端正，手肘的摆放不能妨碍旁边的人，饭菜咀嚼时不得发出失礼的响声，一旦违反，轻则挨骂，重则遭打。

傅雷教子之严有时到了虐待的程度。某天，傅聪犯了个小小的错误，傅雷扬手就是一巴掌，打得孩子眼冒金花。打了还不解气，又将儿子绑到自家大门口，给四面邻居和过往路人看，故意羞辱儿子，全然不顾孩子的自尊心。另有一次，傅聪又犯了点事，傅雷气得暴跳如雷，他狠狠地将傅聪骂了一顿，骂到中间，随手抄起一个装香灰的瓷碟甩过去，傅聪的鼻子立即鲜血淋漓，从此留下一道显眼的疤痕。

不过，有一点傅雷非常值得我们学习。随着孩子的长大，傅雷认识到自己早年某些做法的错误，他真诚地向儿子表达了自己的悔意。1954年1月18日，他给傅聪的信中说："老想到1953年正月的事，我良心上的责备简直消释不了。孩子，我虐待了你，我永远对不住你，我永远补赎不了这种罪过！这些念头整整一天没离开过我的头脑，只是不敢向妈妈说。人生

朱梅馥与傅聪、傅敏

做错了一件事，良心就永久不得安宁！真的巴尔扎克说得好：有些罪过只能补赎，不能洗刷！"在给傅聪的另一封信中，他这样说："跟着你痛苦的童年一齐过去的，是我不懂做爸爸的艺术的壮年。幸亏你得天独厚，任凭如何打击都摧毁不了你，因而减少了我一部分罪过。可是结果是一回事，当年的事实又是一回事：尽管我埋葬了自己的过去，却始终埋葬不了自己的错误。孩子！孩子！孩子！我要怎样拥抱你才能表示我的悔恨与热爱呢！"

咱们这个社会一向是等级秩序森严的，下位者（包括下级、儿女等）做错了事，向上位者（上级、父母等）忏悔似乎理所应当；上位者犯了错误，要他向下位者痛痛快快地承认，那真的是"蜀道之难，难于上青天"，他们顶多也就能做到在日后的工作、生活中不再重犯。傅雷出生于1908年，是从父尊子卑的那个时代过来的，他早年赴法国留学，民国时代就翻译过罗曼·罗兰的《米开朗琪罗传》、《约翰·克利斯朵夫》和罗素的《幸福之路》、莫阿罗的《恋爱与牺牲》等大量外国作品，深受读者喜欢，是当时最负盛名的翻译家之一，而且其性格特别自尊，20世纪50年代被打成"右派"后，甚至不顾生计之需，拒绝在译作上改名。他能放下自己的架子，向孩子忏悔曾经的错误，非常不容易，这一方面体现了一种深

傅雷、朱梅馥夫妇

深的亲子之情，另一方面也呈示了一个正直的知识分子的求真精神。

傅雷不是完人，他早年的家教水平甚至低于许多没读过书的家长，然而，因为他后来对家教艺术的不懈探索，更因为他强烈的自省和忏悔意识，他依然给世人留下了一个高大的背影，让我们长久地怀念。

陈独秀当年的识见

陈独秀是个很复杂的人物，"五四"时代，爱之者将其视作精神导师，恨之者渴望寝其皮食其肉。一方面，他的私德实在惹人非议，甚至干出狎妓、与小姨子私奔这等不能摆上台面的事；另一方面，他知识渊博、思维敏感、敢于表达自己的独立声音。

我们不妨从一个历史事件考察陈独秀非同凡响的见识。

1918年11月11日，第一次世界大战结束，取胜的是协约国。中国虽然也是协约国成员，其实只是派了一些劳工，结果却成了战胜国，一些国人因此欣喜若狂。北大教师崔适赋诗曰："重瀛西去有威风，不费餱粮不折弓。战胜居然吾国与，大勋成自段新丰。"梁启超在《对德宣战回顾谈》

一文中说："喜报传达以来，官署放假，学校放假，商店工场放假，举国人居然得自附于战胜国之末，随班逐队，欢呼万岁，采烈兴高，熙如春酿。"北洋政府在总统府开大会庆祝，并在天安门举行阅兵式。

在这场全国性的狂欢中，即使是像蔡元培这样的精明人也未能免俗。石钟扬《五四三人行》一书介绍：11月14日，北京学界举行游街大会，"以助欧战协济会庆典"，这项活动得到当时教育部的大力支

梁启超

持，教育总长下令公立学校放假半天以参加游街会，并在天安门附近搭建一高台，供检阅和演讲之用。北大主动将放假时间延长为一整天，要求学生与会时"一律身穿乙种礼服（袍子马褂），以示整齐"。见会议效果不错，北大又决定延长停课，"要求教育部将此临时讲台借给北大师生，继续演讲两天"。因此，15、16日，北大在天安门外单独举行了演讲大会，蔡元培两天都有演讲，文理科学长等教授也纷纷表达自己的兴奋。11月28日至30日，北大又利用北洋政府和教育部举行庆典的机会，再次停课三天，参加在中央公园举行的第二次演讲大会，各科教职员和学生均可参加演讲。因为教育部有规定要求各校派200人参加28日的阅兵式，全体学生参加30日的提灯大会，一向并不将政府教育当局的训令当回事的蔡元培这次却高度配合，规定：因参加阅兵式和提灯大会的筹备、演习者，缺课的"不记旷课"；而不参加提灯会者，则"以旷课论"，甚至用"连坐"方式惩罚缺席者。

然而，在普遍的精神高烧里，陈独秀的心灵体温却保持着难得的正常。"京中各校十一月十四十五十六放假三天"，他却"卧病，不愿出门"。为什么这样？陈独秀解释说："一来是觉得此次协约战胜德国，我

陈独秀

中国毫未尽力，不便厚着脸来参与这庆祝盛典；二来是觉得此次协约国胜利，不尽归功军事。在我看来，与其说庆祝协约国战争胜利，不如说是庆祝德国政治进步。至于提起那块克劳德碑（1900年义和团起，无故杀了德国公使克林德，八国联军攻占北京后，要求清国在克林德被害的地方立一石碑，以示赎罪。1918年11月12日，即协约国宣布胜利的第二天，一些中国人推倒了这块碑，另立"公理战胜"石坊。——作者注），我更有无限感慨、无限忧愁，所以不管门外如何热闹，只是缩着头在家中翻阅闲书消遣。"

对陈独秀的这番话，你可以反驳他的一些细节，比如在第一次世界大战中，中国虽然没有派军队，但也派了些劳工，不能说"毫未尽力"；再比如德国投降是基于其长远战略的考虑，谈不上是"政治进步"。但你无法否定一个基本事实：陈独秀看到了大多数国人没有看到的深层问题，那就是：一个国家对国际事务没有足够的贡献，想搭顺风车享受胜利果实是不靠谱的。事实证明了陈独秀的天才眼光。在第二年召开的巴黎和会上，英美法等国家无视中国的战胜国身份，不顾中国代表的强行反对，执意将德国在山东的不合理特权转让给日本，最终导致了五四运动的爆发。

由陈独秀我想到这样一个问题：真正的知识分子应该如何爱国。人皆有祖国，就像人皆有父母一样，爱国理应成为知识分子的生命底色。但知识分子的爱国必须建立在理性的基础上，他应该具有比普通群众更开阔的视野、更深刻的洞察力、更明智的冷静，成为民众的心灵旗帜，绝不可以有一丝一毫的盲从。只有这样，我们的民族、国家才能避免各种不应该发生的灾难。

陈独秀的清醒没有成为当时执政者的一面镜子，却足以让后世的我们获得深深的启迪。

另一个"五四"

某些中国现代史教材或专著写到五四运动，总是说北洋政府准备在侵犯中国主权的《巴黎和约》上签字，激起爱国学生的愤怒，因此发生了学生上街游行事件。但有个问题一直让我纳闷：1919年那个时候，世界上还没有快捷地传播信息的互联网，报纸杂志等纸媒进入中国不久，它们的发行量大不到哪里去，加上交通落后，报刊的时效性也不会太强，学生们如何那么快地知道了外交谈判以及政府决策的内情？直到读到钱理群先生的《论北大》一书，我才找到答案。

据钱理群介绍，1919年5月2日晚上，当时的外交部长秘密派人告诉北京大学校长蔡元培（钱文此处有误，当时向蔡元培通报信息的是外交委员会委员长汪大燮，其时的外交总长是陆征祥。——作者注），中国在巴黎和会的外交谈判中失利，国务总理已决定要中国代表团在巴黎和会上签字。蔡元培心急如焚，当晚立即召集学生代表开会，把这个消息告诉大家，蔡元培说这是国家存亡的关键时刻，大家应该奋起救国。紧接着他又召集北大教职员开会，一致决定支持学生运动，对学生行动不加阻挠，其实是鼓励学生上街游行。于是，五四运动爆发了。

汪大燮

年过七旬的钱理群先生在北大工作、生活了30年，年轻时还曾两度在北大求学，与一些五四运动的当事人有过一些交往，他爆出的这则史料应该是真实的。

中国"五四"时代的外交家也不像我们一些历史书描写的那样个个无能。徐百柯在一本书里介绍过著名外交家顾维钧其时的卓越表现。1918年，顾维钧担任中国驻巴黎和会代表，在中国代表团中，他位居后进，但当需要向和会最高机构"十人会"报告山东问题时，他的前辈们由于种种

顾维钧

原因，或者拒绝出席，或者拒绝发言，顾维钧却挺身而出，侃侃而谈，痛陈山东问题的由来和中国的态度，并从国际法的角度雄辩论证了山东应当归还作为战胜国的中国。他的精彩发言成为和会当天的头条新闻，发言一结束，美国总统威尔逊、国务卿辛蓝、英国首相劳合·乔治、外务大臣贝尔福纷纷向他表示祝贺。随后，顾维钧在和会上展开穿梭外交，希望争取到对中国最有利的结果。在所有努力都告失败的情况下，他极力推动中国代表团拒签和约。

"五四"当然是一场伟大的学生爱国运动，它的意义怎么评价都不为过，但是，如果把"五四"所有的成绩都归功于青年学生的游行，是不符合历史真实的。事实上，在这场运动中，顾维钧、外交委员会委员长汪大燮、蔡元培等人都起了非常重要的作用。没有顾维钧的据理力争，西方列强对中国的欺侮会更加厉害；没有汪大燮关键时候的通风报信，北京大学的师生不会了解内幕；没有蔡元培的有力组织，学生不会上街游行，老师不会万众一心地支持学生运动。毫不夸张地说，五四运动其实是分成两个部分的，一个体现在街头的抗争，一个体现于民国读书人（北大校长蔡元培、外交委员会委员长汪大燮和中国驻巴黎和会代表顾维钧都是知识分子，顾维钧还是博士）幕后的工作。正是这两部分的互相配合、互相支撑，才维护了国家利益和民族尊严，成就了一个时代的伟大。

从学生之外的五四运动，想到历史的写法。我觉得任何一种历史著作都要以探求事实真相作为第一前提，没有对基本事实的尊重，历史就变成了单纯的宣传，不可能真正让人放心，更不可能成为现实的镜鉴。

让心灵永不关门

物质时代，人们常爱感叹真诚难觅，的确，如今要遇上一个灵魂透明的人不比遇上一个外星人容易，但更多的情形是，人们一方面伤感于真诚的缺乏，另一方面又不愿意将自己的心灵赤诚地展示给别人。他们给自己的心灵设置了许多道关卡，只有少数亲友至交可以进来，并认为这是"成熟"、"稳重"。但在我看来，一个人要使别人向你开放心灵，必须首先学会让自己的心灵永不关门。

20世纪30年代，因为出版诗集《蕙的风》、《寂寞的国》名满天下的汪静之来到暨南大学国文系教书，他最喜欢干的活是教学生唱诗，尤其是喜欢唱他自己写的诗。他教了一门叫"诗歌原理"的课，一举例就翻开《寂寞的国》放声大唱。某次，课堂上有学生问他："《蕙的风》这书名的意义是怎样来的？"他坦然地说："蕙就是我从来追求的理想的爱人，我这部诗集就是为了她而写的。我写好了，书出版了，送给了她。谁知她正眼也不瞧一瞧，她嫌我穷，后来嫁给一个官僚去了。"结尾还不忘补充一句："女人就是这么样愚蠢。"接着有人问他目前的太太是不是失恋后才追上的，汪静之滔滔不绝地说：

汪静之

"我现在的太太是和《蕙的风》的女主角同学，那时她们同在杭州第一女师读书。女友嫁了人，我失恋了，伤心了一个时期，才追起我目前的太太来的。我追求她时曾一天写过11封信，平信、快信、挂号信全有，但都给她学校里的校长扣留了，并且还请她去谈话，她竟很干脆地说：'没有什么话可谈的，还我的信好了。'由此可见我的太太是懂得恋爱的。现在的女学生哪里懂得谈情说爱？"于是对女人来了一通笑骂，挖苦得那些女同学面红耳赤。某女学生站起来表示不满，说："汪先生，你不能老是骂女人！"汪静之却笑嘻嘻地回答："如果我说的是谎话，我相信你一定不会替女人辩护的！"

汪静之在暨南大学教书时，正逢内战频繁，政府财政状况不佳，教育部拨下来的经费严重不足，学校只好减薪。这样一来，教务处的布告板上，每星期总有一两次看到汪静之请假的通告。后来学生问他为什么时常要请假，汪静之大发牢骚说："教书的生活很苦，每星期要上17节课，又要改许多裹脚布一样长的作文，简直苦得不得了。而薪水又那么少，我上有父母要侍奉，下有妻孥要赡养。施存统当年在杭州提倡非孝运动，我还是其中的一个中坚分子。可我现在每个月还要给家里的老头子寄80多块钱养老，想不教书，改做小说，但是版税至少要在半年之后，半年的生活又无从设法，不是小资产阶级绝不能作出多少作品。现在学校的薪水打八折，我教书也只好打八折，余下的二折，我要写文章卖钱的，不然我的生活也很成问题呢。"

汪静之写了一篇叫《北老儿》的小说，准备交给商务印书馆发表。后来听说该馆总经理王云五从欧洲考察归来后，准备"科学管理"商务印书馆，作家的作品只按字计酬，空格、空行、标点符号绝不计算在内。汪静之故意将《北老儿》另抄一份，没有标点符号、不分行、不分段，交给商务印书馆。管事的人一看，满纸黑黑的，读起来吃力极了，问他为什么这样干，汪静之理直气壮地说："标点符号、段落、空格、空行既然不算

《蕙的风》封面

钱，何必多此一举？"弄得对方啼笑皆非。最后汪静之才将《北老儿》送到《大江月刊》发表。

上述旧事见于马来西亚作家温梓川的《文人的另一面》一书，温梓川是汪静之在暨南大学教书时的学生，这些轶事相当可信。作为老师，汪静之敢在课堂上给学生大谈特谈自己私密的恋爱经历，不怕被他们取笑；可以坦然地向学生倾诉自己对学校降薪的不满，不去考虑是否被学生视为"缺乏奉献精神"的对象；作为作家，汪静之不管不顾地朝无理削减作者稿酬的媒体施压，不惧自己的文稿从此失去销路。一切都做得那样自然、那样随意，随意得像一个任性的孩子。你可以批评汪静之的某些观点和做法，但你无法不被他那份坦荡与真实感动，无法不被他无形中透出的那种精神的潇洒折服。

仔细想来，一个人要做到像汪静之一样让自己的心灵永不关门，很需要一些内在的东西支撑。第一，自己必须不存害人之念。一个人有了坏心，总是害怕别人知道他的隐秘，随便做点什么事都想掩得严严实实，只有与人为善的人才敢如此赤裸地呈示自己的心灵。第二，他得充分相信别人的善良。世上的人真正作恶的并不多，但害怕别人作恶的却多如牛毛，古人就曾说过："害人之心不可有，防人之心不可无。"一个人敢于对别人倾诉真心，是相信这个世界会善待他，相信别人不会以他的真诚作为武器攻击他，相信大家的心灵透明可以让世界变得更加美丽更加安全。

让心灵永不关门，看起来特别容易，实际上是一种很高的境界。

曾昭抡：风雨中坚守淡定

云朵飘过，天空依然一片宁静；暴雨冲过，樟树还是一片翠绿；寒冰袭过，窗外的高山还是那样巍然挺立，我想起一个词：淡定。

淡定是一种宠辱不惊的心理状态，是一种坚定地驻守于内心的行为。人生有许多东西值得我们珍视，但最可贵的莫过于得意的时候不放纵欲望，失意的时候不自暴自弃。真正淡定了，我们的人生也就有了清晰的道路。

出生于1899年的曾昭抡是名门之后，其曾祖父为曾国藩的胞弟曾国

曾昭抡

潢。曾昭抡属于那种早慧的天才，他1920年毕业于清华学堂，先后在美国麻省理工学院攻读化学工程与化学，1926年获该校科学博士学位后回国。历任中央大学化学系教授、化学工程系主任、北京大学化学系教授兼主任、西南联合大学化学系教授等职。他早年从事无机化合物的制备、有机化合物的元素分析以及分子结构和炸药化学等方面的教学和研究工作，著有《炸药制备实验法》、《原子及原子能》、《元素有机化学》等，

专业成就出类拔萃，1948年即当选为中央研究院院士。1949年后，担任北京大学教务长兼化学系主任，教育部、高等教育部副部长。

出于对国家、民族的热爱，1957年，曾昭抡与千家驹、华罗庚、童第周、钱伟长等人共同起草了《对于有关我国科学体制问题的几点意见》，向国家提出了一些善意的建议，没想到因此被划为右派，并被撤销高教部副部长职务，回到大学教书。从那么高的高处摔下来，换了某些人，一定会寝食难安，甚至精神错乱，但曾先生没有把它当一回事，他依然开开心心地讲课、下实验室，指导学生查阅资料。不管酷暑寒冬，也不管刮风下雨，他每天都步行到实验室，经常到得最早，离得最晚。某次因为天黑，高度近视的他看不清道路，在深夜回家时撞在树上，碰得满脸是血，然而，他毫无怨言，未等完全伤好就上班了。1961年，曾昭抡患了癌症，按理该好好休息，可他反而将工作抓得更紧了。他依然坚持上讲台教授"有机合成"、"元素有机"等课程，并编写了两百多万字的讲义，建立了有机硅、有机磷、有机氟和元素高分子的科研组，组织撰写了"元素有机化学"丛书，自己执笔写一册《通论》。1967年12月9日，在忙碌中离开了人世。曾昭抡的淡定赢得了武汉大学师生发自内心的爱戴。

一个人应该直面逆境，必须时时保持一份池水般的从容和淡定，这样的话，我们经常说，但做到的人似乎并不多。世界上的逆境有两种，一种是客观环境造成的，比如地震、洪涝、先天肢残等；一种是由于他人的错误造成的，因为沟通不够所致的误会和故意的打击都属此类。对待客观的逆境，一些人能够心平气和、自强不息；对待人为的逆境，他们却往往怨天尤人、自暴自弃。曾昭抡最让我们感动的地方在于，他知道自己被打成右派、被撤职是遭了莫大的冤枉，却能波澜不惊地对待人生的挫折，兢兢业业地做着自己认为应该做好的一切。

淡定之于人生，其意义不亚于氧气之于生命。人的价值不在于他拥有多高的职位、多富裕的家产、多大的名气，而在于他成就了怎样一番事

童第周　　　　　　　　　　钱伟长

业。而任何一种大成功，都是需要耗费我们全部的心血和毅力的。没有一种淡定的心态，见了好处就想得到，遇了挫折就唉声叹气，我们肯定寻不到成功的大门。

从某种意义上说，淡定其实也是一种智慧。

最后的真话

我喜欢读遗嘱，尤其是文人的遗嘱，他们的遗嘱常常有许多耐人寻味的东西。

出生于1919年的殷海光本是一个与国民党关系非常深的人，1946年曾进入国民党中央宣传部，1947年任《中央日报》主笔，1949年去台湾后，续任《中央日报》主笔。然而，殷海光始终怀抱着自由民主理念，因而与蒋氏集团的专制独裁发生激烈冲撞，频遭台湾当局迫害，晚年生活极其贫困。殷海光始终没有屈服，1967年，预感到自己可能不久于人世，他叫学生陈平景记下遗嘱："所憾我有四件事：第一，我觉得很对不起我的太太，她是很好的家庭出身的，她的身世和相貌，大可不必和我这样的一个人在一起。我历经穷困，有时连买菜的钱都没有，我脾气又大，十几年来经历这么多艰险，受过那么多人的攻击构陷，她受尽委屈，但从无半句怨言。第二，对不起孩子，不能给她更好的教育和适当的环境。第三，在我的思想快要成熟时，我怕没法写下来，对苦难的中国人民有所贡献。第四，对青年一辈，可能没法有一个最后的交代，《思想与方法》、《中国文化的展望》只是一个开始，何况我又一直在

殷海光

改变和修正我自己的思想。我若死在台湾，希望在东部立个大石碑，刻着'自由思想者殷海光之墓'，身体化灰，撒在太平洋里，墓碑要面向太平洋。"从这份遗嘱中，我们不难读出殷海光内心的纠结：一方面他对因坚守个人政治立场给家人带来的不幸深怀愧疚，另一方面他又不愿放弃自由民主的社会理想。

鲁迅先生一生以勇于解剖自己和别人闻名于世，有人膜拜他，有人恨之入骨。鲁迅逝世前完成的散文《死》留下遗言："一、不得因为丧事，收受任何一文钱——但老朋友的，不在此例；二、赶快收敛、埋掉，拉倒；三、不要做任何关于纪念的事；四、忘掉我，管自己的生活——倘不，那就真是糊涂虫；五、孩子长大，倘无才能，可寻点小事情过活，万不可去做空头文学家或美术家；六、别人应许给你的事物，不可当真；七、损着别人的牙眼，却反对报复，主张宽容的人，万勿和他接近；此外自然还有，现在忘记了。只还记得在发热时，又曾想到欧洲人临死时，往往有一种仪式，是请别人宽恕，自己也宽恕了别人。我的怨敌可谓多矣，倘有新式的人问起我来，怎么回答呢？我想了一想，决定的是：让他们怨恨去，我也一个都不宽恕。"这个遗嘱里有对爱人的关怀，有对孩子未来人生的深长嘱咐，也有对论敌的态度。

有两份遗嘱简直让天地动容。1936年日寇极其嚣张，幻想在短时间内全面占领中国，大学者章太炎忧心重重，临终前他只写了两句话："若有异族入主中夏，世世子孙毋食其官禄。"水利专家黄万里赤心报国，却长期不被理解，病中学生沈英、赖敏儿夫妇探望他，老人写下遗言："万里老朽手所书　敏儿、沈英，夫爱妻姝：治江原是国家大事，'蓄'、'拦'、'疏'及'抗'四策中，各段仍应以堤防'拦'为主，为主。长

黄万里

江汉口段力求堤固，堤面临水面，宜打钢板钢桩，背面宜石砌，以策万全。盼注意，注意。万里遗嘱，2001年8月8日。"写完遗嘱十多天后老人去世。章太炎、黄万里都是至性之人，他们对亲情非常看重，其遗嘱却言不及私，它们折射的是民族赤子的志节。

社会的天空时晴时雨，平时文人们可能说真话，也可能说假话，然而，即将归天时，他们说的往往都是真话，第一，遗嘱是最后的说话机会，说假话等于浪费上帝赏赐给自己的资源；第二，人之将死，再考量官位、名誉、金钱之类毫无意义，不必再说假话讨权势者的欢心。我有时想，看一个文人的心性，固然该考察他平时说什么做什么，如果没找到机会，读读他的遗嘱也不失为一种入门之径。

郑天挺："躲官"的教授

自古以来，中国的读书人都比较在乎官位。孔夫子当年提倡过"学而优则仕"，他自己也当过几个月的大司寇，虽然这与他漫长的平民生涯相比不足挂齿，却也说明老先生对做领导不无兴趣。隋代确立科举取士体制

后，在长达1300年的时间里，读书人为了官位皓首穷经的不绝于途，有的甚至七八十岁还在参加"公务员考试"。可是，在民国大学里，读书人对做官却比较超然，某些学者甚至刻意"躲官"。

1940年初，西南联合大学总务长沈履赴四川大学任教务长，空出来的职位，梅贻琦等校领导有意让41岁的郑天挺教授担任。校方先是派汤用彤征求郑天挺的意见，郑表示自己想专心教书，做好明清史研究，不愿踏入仕途。不料，联大常委们开会做出决定让他任职。梅贻琦多次亲自找郑天挺，希望其改变主意。那段时间，只要远远看到梅贻琦的身影，郑天挺就会闪电一般逃走。校领导黄子坚、查良钊、冯友兰、杨振声等纷纷前来劝驾，且有"斯人不出，如苍生何"之语。郑天挺无数次上书，希望专事学问，不做总务长，联大领导不答应。后来北大的领导以照顾三校关系为由，力促郑天挺上任，他才不得不当了这个官。

这样的事，搁在现在简直是奇闻。一个普通的教授能够被校领导相中做总务长，掌握学校的财权、物权，那是一种何等的荣幸！何况，郑天挺当时非常缺钱，他的夫人病逝，五个幼儿托付给了弟弟，孩子的生活费全靠他这份薪金，这在物价飞涨的年代，压力可想而知。按常理推断，做官总会有些额外的"油水"，不是有句话叫"升官发财"吗？郑天挺怎么如此"不识抬举"？

然而，只要走进当时的具体情境，我们就不难理解郑天挺的选择。

西南联大是在国家最困难的时候成立的，经费极其紧张，教学人员兼任行政职务都只拿原来的教授工资，绝对没有"实职津贴"、"车补"、"房补"之类的其他报酬。就算政府给这些行政人员特殊待遇，他们也不会接受。有个小故事最能说明这一点。某年，国民政府教育部提出给西南联大担任行政职务的教授们特别办公费，冯友兰、张奚若、罗常培等联大25位学院院长、系主任上书签名谢绝。他们在信里写道："同人等献身教育，原以研究学术启迪后进为天职，于教课之外肩负一部分行政责任，亦视为当然之义务，并不希冀任何权利。"

第二，西南联大的崇学之风特别浓郁。国学大师陈寅恪上课时，教室里总是座无虚席，一半是学生，一半是联大的老师。朱自清、冯友兰、吴宓其时已名满天下，但照样一节不漏地听陈寅恪讲课。哲学家沈有鼎讲《周易》，闻一多夹杂在学生里听讲。郑昕教"康德哲学"，数学系教授程毓准跑去听课。郑天挺也是一个非常有学问的人，他早在1924年就毕业于北京大学研究所国学门，20世纪三四十年代，写出过《多尔衮称皇父之臆测》、《多尔衮与九王爷》、《发羌之地望与对音》、《历史上的入滇通道》等一系列著名的史学论文，出版过《清史探微》等影响极大的学术专著，在专业上获得的鲜花和掌声不知有多少。做学问的人可以成为校园里的"明星"，学者对做官自然也就很漠然。

其时的大学制度设计也有利于学人淡化官本位。像抗战前的北大、清华一样，西南联大设有教授会、评议会（以教学人员为主），学校一切重大事务悉由这两个机构决定，行政人员并无多少决策权，自然也就谈不上拥有什么特权。

我不禁产生一种联想：如果郑天挺所处的那个时代，也如现在这般所有资源都掌控在行政人员手中，一个小科长就可以将名教授训得狗血淋头，他是否还会千方百计"躲官"呢？

红尘即是深山

有个年轻人非常烦恼，他想去深山中一著名寺院做和尚，以此修身养性，然而，家里上有年近80的老母，下有两个牙牙学语的孩子，都得靠他赚钱养活。一天，他跑到深山老林向老住持倾诉了自己的忧伤，老住持对他说："一个人想要修行是好事，但未必要到深山来，只要拥有一颗向佛之心，红尘即是深山。"听了老住持的话，年轻人恍然大悟，他放弃了到深山中做和尚的打算，默默修炼自己的德性，后来终于干出了一番事业。

"只要拥有一颗向佛之心，红尘即是深山。"这句话说得真好！一个人置身深山或红尘，不过是一种形式，重要的是要有真正的向佛之心，有了它，红尘之中亦可"修行"。

"向佛之心"这句话比较含混，但综合佛理分析，应该是指的人有益于他人和社会的品性，它必须远离自私、狭隘、污浊。

1941年初，西南联大数学系教授华罗庚在昆华农校的住所突遭敌机炸毁，华罗庚差一点丧身炸弹之下。一家人在城里转了一天也没有租到住所。听到这个消息，中文系教授闻一多专程找到华罗庚，邀请他们一家暂到自己家栖身。其实，闻家的住处也非常狭窄，只有约16平方米，而闻家有八口人，现在华罗庚一家六口一来，住所自然更挤了。自己本来就过得非常艰难，当同事遭到困难时，依然要伸出援手，闻一多的善良可想而知。套用句佛家的话，他应该算是一个有"修为"的人。

写过《厚黑学》的李宗吾先生也懂得在红尘中"修行"，他修炼的是钢铁般的意志。李宗吾曾担任过中学校长和四川省监学等职务，有一年中学生毕业，省府派李主试，李要求老师严格监考，招来一些学生的痛恨。一天夜里几个学生将其拖出，用哑铃、木棒痛殴，临走时骂道："你这狗东西，还主不主张严格考试？"李被人扶起之后，大声说："只要打不死，依然要考。"第二天，他带伤继续主持考试，学生见反抗无用，乖乖就试。

在红尘中"修行"有时体现于对气节的坚守。岳南《南渡北归·北归》介绍：1937年卢沟桥事变后，北平沦为敌手，刘文典因为家庭拖累，一时未能离开沦陷区。随着华北日伪政权的建立，一批没有骨气的中国人卖身求荣，刘文典的四弟刘蕴六（字管廷）也在冀东日伪政权谋到了一个肥差。刘蕴六兴冲冲地跟家里人说到这事，刘文典大怒，当即摔筷子说：

"我有病，不与管廷同餐。"说了这个还觉得不解恨，接着补充说："新贵往来杂沓不利于著书，管廷自今日始另择新居"，毫不客气地将自己的兄弟逐出家门。后来周作人又劝刘文典赴伪教育机构任职，说了大番歪理，刘文典正色道："你有你的道理，但国家民族是大义，气节不可污。唐代附逆于安禄山的诗人是可悲的，读书人要爱惜自己的羽毛啊！"最后周作人只好尴尬地离开。

同一块水田，可以生出稗子，也可以生出稻谷；同一片山坡，可以长出罂粟，也可以长出美艳的鲜花。环境虽然可以影响人的行为，但它不可能真正决定人的操行。否则，世界上就不可能存在那些不幸中的无私、艰难中的坚守。在红尘中"修行"，不需要太多其他的东西，它最需要的无非是一颗热爱人性的纯净和美丽的心！

"圆润"的硬

20世纪50年代，中国大陆掀起了一场轰轰烈烈的批判"胡适派资产阶级唯心论"的运动。当时参与批胡的人中，既有陌生人，更有胡适的亲人、好友、学生。当然，这些人批判胡适，并不是真的觉得胡适有多大的错，而是认为自己必须响应上级的号召，作出一种姿态才能自保，然而，就在这样一种政治气氛中，胡适的朋友刘文典始终没有对胡适发出一句恶声。

有关史料记载：云南大学召开批判《〈红楼梦〉研究》的会议，参加者都踊跃发言，刘文典本想沉默，但看情形不说话过不了关。轮到他发言时，他镇定自若，用带着安徽口音的普通话侃侃而谈，讲话中始终避免提及胡适的名字。刘文典一位同事回忆，系里组织对胡适的批判学习大会，刘文典每次都参加，却很少发言。别人发言，他要么装着记录，要么闭眼

休息。1957年，刘文典遭
到批判，"罪状"之一就
是，系里组织开批判会，
他竟然"靠在沙发上睡大
觉"。

刘文典不愿意批判胡
适，是由于他对胡适怀着
深深的敬意，他早年在给
胡适的一封信中说："你

刘文典《淮南鸿烈集解》

是弟所最敬爱的朋友，弟的学业上深受你的益处。近年薄有虚名，也全是
出于你的'说项'，拙作的出版，更是你极力帮忙，极力奖进的结果。"
刘文典这些话绝非虚夸。民国文林《细说民国大文人》一书介绍：刘文典
的学术名著《淮南鸿烈集解》写成后，拿给胡适看，胡适极为欣赏，在日
记里称其为"不朽之作"，后来又将书稿推荐给商务印书馆的张元济，并
主动充当刘文典的经纪人，帮助他与商务印书馆交涉。为了校勘《淮南
子》，刘文典曾向北大借了600元钱，期限到了却无力偿还。刘文典给胡
适写信，希望胡适帮助他向张元济预支稿费，胡适满口答应，不久，刘文
典果真领到了商务印书馆预支的稿费。

1923年，《淮南鸿烈集解》出版之际，刘文典又请胡适为该书作序，
并提出要用文言文写："拙著《淮南鸿烈集解》已经全部完成，许多学生
都急于要想看看，盼望早一天出版。现在就因为等你那篇序，不能付印，
总要请你从速才好。至于文体，似乎以文言为宜，古香古色的书上，配上
一篇白话的序，好比是身上穿了深衣，头上戴着西式帽子似的。典想平易
文言与白话也差不多啊，如果你一定不肯做文言，也只得就是白话罢。"
胡适是文学革命的主将，一向提倡用白话写文章，但为了满足刘文典的愿
望，硬是用文言给他写了一篇序，序里对刘文典的著作多有赞美。

我们这个民族历来不缺少喜欢唱高调的人，对刘文典此举，可能有人不以为然，觉得他对自己的挚友胡适不够义气，没有在胡适遭受无理批判的时候据理驳斥，而只是选择比较温和的沉默，换句话说，他的硬不是如铁如石，而是像塑钢一样不免带有几分轻微的柔软。就理想人格而言，我们自然应该歌颂刚烈的硬。刚烈的硬毕竟最能旗帜鲜明地表现一个人的正义感，呈示我们对邪恶的不妥协，让社会上的阴暗生出畏惧之心。然而，在一个权力横冲直撞的社会，选择刚烈的硬，往往要付出巨大的人生成本，这种成本绝非一般人所能承受。正因为如此，一些人想稍稍"圆润"一些，在坚守内心的同时，适当兼顾生命的安全，也情有可原，至少他们比见风使舵、卖身求荣的人高尚得多（这样的人在20世纪50年代的政治运动中并不是少数）。

在非常恶劣的政治环境下，即使是塑钢一般的硬，依然需要极大的道德勇气。

大学者，有大师之谓也

西南联大的另一笔财富

1941年4月，国立清华大学在昆明拓东路联大工学院举行30周年校庆。人在重庆的张伯苓特地叮嘱南开大学秘书长黄珏生，清华和南开是通家之好，应该隆重庆祝。校庆大会上，黄珏生大作"通家"的解释，指出清华的梅贻琦是南开第一班的学生。接着，冯友兰登台说，要叙起"通家之好"，北大和清华的通家关系也不落后，北大文学院院长（指胡适）是清华人，我是清华文学院院长，出身北大，此外还有其他好多人。会议开得非常热烈，大家纷纷举出三校人物互相支持的情形，在场的人无不深深地感受到西南联大人的真诚团结。

其实，三校合校之初，彼此也是有些矛盾的。历史学家、西南联大校友何炳棣说："最初较严重的是北大和清华之间的摩擦，主要是由于北大资格最老，而在联大实力不敌清华。"刘宜庆《绝代

钱 穆

梅贻琦

风流》一书更是直接描写了北大与清华之间的一次冲突。当时，梅贻琦任命联大各学院院长、系主任时偏向清华，引起北大师生强烈不满。一日，身为西南联大三常委之一的蒋梦麟有事到暂留蒙自的文法学院去，北大诸教授竟言联大种种不公平，一时师生群议分校，争取独立。正在群情激愤的时候，钱穆发了一个言，认为国难方殷，大家应以和为贵，他日胜利还归，各校自当独立，不该在蒙自争独立。蒋梦麟立即插话："今夕钱先生一番话已成定论，可弗在此问题上起争议，当另商他事。"蒋梦麟采纳了钱穆的意见，教授们便不说话了。

为了胶合两校关系，蒋梦麟主动放弃了一些权力，他让梅贻琦负责联大的内部事务，自己主管相对次要的联大对外事务。后来，他更是另兼他职，将西南联大的许多事务托给梅贻琦掌管。蒋梦麟说过这样一句意味深长的话："在西南联大，我不管就是管。"

一个领导者处理某个问题从个人、小圈子的利益着想，还是站在维护国家、民族利益的立场，结果迥然相异。就说蒋梦麟吧，如果他只希望谋求个人和原北大师生的利益，肯定会支持北大独立，北大独立不受制于人，作为校长，他想办点什么事方便得多，北大教员担任各种职务的机会也可以多些。而从国家、民族的利益考虑，他只能支持三校合作。三校合作虽然可能让少数人受点委屈，但能避免国家人力、物力、财力的分散，大大提高办学效益，为战时的中国输送更多的人才。

蒋梦麟能够说服北大师生与清华人合作共事，也与他崇高的威望有关。北大当年的体制是学校决策通过教授会和评议会进行，校长的行政权力相对有限，靠以权压人根本起不了作用。蒋梦麟发话之后，教授们之所以不再坚持原来的要求，是因为他们知道自己的校长是真心为国家、民族考虑的，自己难为他，有悖内心的良知。

西南联大培养的人才质量极高，光是两院院士就达100多人，还出现了诺贝尔奖获得者。它之所以取得如此巨大的成就，与其秉承的"教授治校"的传统、学术至上的大学体制、教授的高素质等等很有关系，这是西南联大的一笔宝贵财富。但西南联大还有另一笔财富，那就是联大主要领导人蒋梦麟等人真心为公、不争权、不拆台的良好操守。有了这种操守，西南联大才避免了分裂，一步步抵达后来的辉煌。

联大教授的坚守

作为当时中国最杰出的大学，西南联大不乏大师级人物，然而，在战争环境中，就算是这些国家的栋梁之才也得不到应有的照顾，许多时候他们的一日三餐都成问题。最近读到傅国涌先生的《民国年间那人这事》，不禁为联大教授们贫困中的坚守感动得落泪。

1940年以后物价飞涨，虽然国民政府每月都给教授们加工资，但杯水车薪，教授们的生活水平像青蛙跳塘一样急落而下。语言学家王力后来回忆说：那时每到月底都要去出纳组打听什么时候发薪水，好不容易将薪水领到手，马上举行家庭会议讨论支配办法。他的大孩子憋着一口气，"暗暗发誓不再用功读书，因为像爸爸那样读书破万卷终成何用"，没有太多想法的小孩子"只恨不生于街头小贩之家"。普通教授家如此，身为西南联大三常委之一的原清华大学校长梅贻琦家也不例外，他夫人说：梅贻琦

1939年的薪水还可维持三个星期的家用，后来勉强只够半个月，家中常常吃的是白饭拌辣椒，没有青菜，偶尔吃上菠菜豆腐汤，大家就很开心。1940年3月，西南联大曾为教职员的生活问题召开过一次教授会议。1941年底，教授们的生活日益难熬，王竹溪、华罗庚、陈省身、吴晗等54位教授联名写信给西南联大常委会，要求从速召开全体教授大会，共商办法。在这次教授会上，"经济学教授供给物价的指数，数学教授计算每月的开销，生物学教授说明营养的不足，"王力感慨地说，"可惜文学教授不曾发言，否则必有一段极精彩极动人的描写。"当时在中国的费正清1942年9月写信给一位朋友："作为西南联大的重要组成部分，清华大学的教授讲师，正在缓慢地陷入精神和肉体两方面的饥饿状态中，尽管他们都是留美归国的学生，是中国学术研究生活中的精华。"

一个人选择某项工作，最本能的想法肯定是养家糊口，假若这个基本目标都达不到，继续某个工作就会失去内心的理由，以联大一些教授的学术水平，他们不难在国外找到位子。然而，辘辘的饥肠没有磨损联大教授坚强的意志，他们始终坚守在教学岗位上，用自己全部心智延续着中华学术的香火，为国家培养了朱光亚、邓稼先、彭桓武等大批杰出的人才。认真从事教学的同时，联大教授还潜心学术研究，写出了大批高水准的学术论文和专著。毫不夸张地说，没有西南联大培育的那些人才，没有西南联大奠定的科研基础，中国的科技水平会大打折扣，"两弹一星"等航天事业的发展会受到直接影响。到底是一种什么样的力量支撑着当时的中国学人走向前方的步伐呢？

联大教授的坚守，首先与他们对国情的认识有关。由于长期的专制统治，中国一直是一个非常落后的国家，科技很不发达，国民经济濒临崩溃。在这样的物质条件下，要进行一场全国性的民族战争，难度可想而知。正因为抗日战争的整体经济环境非常糟糕，一般老百姓生活得极其艰难，中国知识分子又素有家国天下情怀，总希望为灾难中的祖国分担点什

王　力　　　　　　　　王竹溪　　　　　　　陈省身

么，自然容易对国家生出体恤之心。

中国是一个弱国，同时也是一个土地辽阔、地形复杂、资源相对丰富的大国，选择抗战必然会出现这样一种局面：不战必亡，开战必败，战久必胜。联大教授们深知这一点，他们不愿坐享太平，而是决心踏过泥泞与坎坷，和全国亿万民众携手共创花红柳绿的明天。

西南联大的教授能在清贫的物质生活中坚守工作岗位，也反映了当时的大学体制有相当的科学性。杨绍军发表在《云南政协报》的一篇文章介绍：西南联大设有校务会和教授会。校务会议的成员由常务委员会委员，常委会秘书主任，教务长，总务长（训导长），各学院院长以及教授、副教授选举代表11人组成。主要职责是审议学校的预算和决算、学系的成立与废止、学校各项规章制度的颁行、建筑及重要设备的添置等。教授会由全体教授、副教授组成，常务委员会主席和常委会秘书主任为当然成员，主要职责是听取常委会主席报告工作，讨论学校的重大问题，选举参加校务会议的代表。"教授治校"体制的核心自然是校务会议，其成员全部是联大教授，没有所谓的"行政人员"。西南联大比较充分地保证了教授们对学校事务的管理权，教授的切身利益得到了应有的尊重，教授们当然非常珍惜手里的工作。

经过若干代人的不懈奋斗，我们今天面临的生活环境与联大教授们不可同日而语，这种时候，如果我们不去提高知识分子的物质待遇，使他们的得到与付出相平衡，我们的科技水平肯定不可能达到更高的水平。不过，知识分子的物质条件再好，假若他们没有家国天下情怀、没有对社会必要的责任感和使命感，换句话说，就是缺少联大教授式的对民族未来的守望与呵护，也是办不成大事的。而要让知识分子选择国家、民族期望的坚守，既需要知识分子自身的努力，也需要良好的外部机制去催生。

西南联大的学风

在中国现代教育史上，有所大学一定会留下自己的英名，那就是创办于1938年抗战烽火中的国立西南联合大学。这所大学虽然只存在了短短的八年，总的招生人数也不过8000余人，却培养了118名中科院院士（当时称学部委员），这个数字占当时全国学部委员的25%，此外，还涌现出杨振宁、李政道等世界一流的物理学家和后来的邓稼先等"两弹元勋"。

西南联大这样出人才，原因当然是多方面的，比如当时的大学很重视延揽人才，联大就有许多德高望重的曾经留学海外的教授，他们在培养学生方面做了大量工作；比如在战争环境中，国民党政府对大学的意识形态控制有所放松，西南联大比较彻底地做到了教授治校、思想独立、学术自由，此外还有一点不容忽视，那就是西南联大具有一种以探求真理为至高准则，不唯书、不唯上的良好学风。

赵瑞蕻曾经在文章中谈到他在西南联大读书期间亲眼看到的一次数学辩论会。1939年秋天的一个上午，赵瑞蕻正在联大租借的农校二楼一间教室里静静地看书，突然有七八个人推门进来，是算学系教授华罗庚先生和几位年轻助教、学生（赵瑞蕻认得是徐贤修和钟开来，这两位后来都成了

华罗庚

徐贤修

著名的专家、学者）。他们在黑板前几把椅子上坐下来，有个人拿起粉笔就在黑板上演算起来，写了许多赵瑞蕻看不懂的方程式，边写边喊："你们看，是不是这样？"徐贤修站起来大叫："你错了，听我的！"他上去边讲边在黑板上飞快地写算式。跟着，华罗庚先生拄着拐杖一瘸一拐走过去说："诸位，这不行，不是这样的！"后来，他们越吵越有劲，大约吵了半个多钟头，华罗庚先生说："快12点了，走，饿了，先去吃东西吧，一块儿，我请客！"

西南联大的学风由此可见一斑。学生对某个问题有不同看法，不是自动终结于老师的讲解，做老师的也不想通过手中权力、权威去压服，而是设置别开生面的辩论会，看谁的道理最后说服了别人。这是一种多么可爱的学习图景。

这样的学风不容易出现在我们现在一些大学里。鄙人在高校做了20余年老师，思想比较有批判性，学生评价也不错，然而，就是我这样的老师，学生提出疑难问题，也只是希望得到详细的解答，很少有哪个学生敢摆出与我辩论的架势。不是由于鄙人专制，而是因为我的弟子们压根儿就没有这种怀疑老师的胆量。毕竟，老师手里握有学生结业考试的所谓"标准答案"。

优良的学风需要合理的制度去支撑。结业考试关系到学生的文凭和他们今后的就业，学生不可能不在乎。如果我们的大学看重学生的批判性、思考的独立性，试题的答案并不定于一尊，学生就会弘扬怀疑精神，老师的知识权威就容易受到挑战，大学就会显出应有的活力。相反，假若大学看重的是对现成结论的灌输，是学生对知识的认同，学生就会失去应有的批判精神。

由学风，我进一步联想到学术。坚守学术的本真是现代大学的责任，优秀的学术是创造知识的，没有它，我们的大学就不可能前进，我们的物质文明、精神文明就不会进步。然而，一个人做的学术质量如何，与其学生时代崇尚的学风密不可分。读书时事事处处看教师脸色的人，工作了，很难做到不每时每刻看领导、权威的脸色，他的所谓学术研究就难以走出诠释上级、权威旨意的樊篱，真正抵达原创的境界。这正是现在一些单位垃圾科研泛滥成灾的深层原因。

一所大学要做出杰出的成绩，既需要硬实力，比如完善的教学设施、强大的师资，也需要出色的软实力，比如鼓励创新的机制、良好的学风。硬实力可以移植，学风等软实力却只能依赖自己的创造。西南联大当年在培养人才上的成功，良好的学风功不可没。

联大教授的另一种面影

也许是受益于当时相对宽松自由的教育环境，西南联大的教授大都多才多艺，他们爱玩也会玩。20世纪三四十年代昆明有一条佛（福）照街，夜市很繁荣，旧货地摊达五六十个。沈从文经常和在另一大学执教的施蛰存逛夜市。某段时间，沈从文热衷于收藏一种叫缅盒的缅甸漆器。有次去看缅盒，沈从文在一堆盆子碗盏中发现一个小小的瓷碟，瓷质洁白，很薄，画着一匹青花奔马，沈从文判断它是著名的康熙八骏图瓷碟，非常高兴，当即花一块中央币买下。1942年，沈从文写信给施蛰存说："（缅盒）已经买到大大小小十多个了。瓷器也收了不少，八骏图又收到二只。"沈从文淘古董，有时还动员妻妹张充和一起去。张充和对古董不感兴趣，沈从文拉她去的目的有两个：一是回家合谋谎报古董价格，以免夫人张兆和生气；二是张充和逛得高兴了，可以大方地掏钱代他买下。

哲学教授冯友兰最大的爱好是收藏旧兵器。昆明的文明街有摆旧货地摊的夜市，冯友兰是那儿的常客。买了旧兵器，冯友兰就一个人在书房舞刀弄剑。冯友兰收藏的旧兵器数量极其可观，1959年一次就捐给国家619件。

俞平伯、浦江清、许宝禄、沈有鼎、谭其骧等教授酷爱昆曲，他们成立了"清华谷音社"，俞平伯任社长，定期聚在一起演唱。浦江清1943年的日记里记载了教授们一次唱昆曲的活动：元旦"晚饭后，陶光来邀至无线电台广播昆曲，帮腔吹笛。是晚播《游园》（张充和）、《夜奔》（吴君）、《南浦》（联大同学）……"。

俞平伯

还有一些联大教授则喜欢打桥牌，朱自清就是桥牌迷之一，他的牌友有浦江清、陈福田、陈岱孙等。1939年3月4日，朱自清日记载："打桥牌，大家决定下下星期起，两周一次桥牌例会。"3月11日，朱自清又留下如此记载："阅完试卷，在柳家桥牌。"4月23日，星期天，朱自清参加陈福田、陈岱孙等人的桥牌会，并在那里吃晚饭。联大教授吴大猷所著《回忆》这样说："我们每周末有

浦江清

吴大猷

两桌牌战（桥牌），常客有陈雪屏、陈省身、刘晋年等。冠世（阮冠世，吴大猷之妻。——作者注）很喜欢打桥牌，可我的'技术'都不及格，只好坐在一旁，一有空就做些打字等不需要专心的工作。有时汤佩松等带来的'清华队'和我们作所谓的duplicate（复局的）桥牌战，事先约定好，输的一队就做那晚晚餐的东道主。"

西南联大教授并非不关心时世、不忧虑国事，我们从这些人当时所写的诗里可以看出他们的心境。1938年2月，长沙临时大学南迁昆明，到达桂林时，朱自清作了一首《漓江绝句》："招携南渡乱烽催，碌碌湘衡小住才。谁分漓江清浅水，征人又照鬓丝来。"到了昆明，吴宓写有《大劫一首》："绮梦空时大劫临，西迁南渡共浮沉。魂依京阙烟尘黯，愁对潇湘雾雨深。入郢焚麋仍苦战，碎瓯焦土费筹吟。惟祈更始全邦梦，万众安危在帝心。"一些联大教授作时事演讲，说到国破家亡，常常痛哭失声。他们工作起来其实非常拼命，用心教育学生，刻苦钻研学问，许多教授身居牛棚、猪圈楼上却写出了学术名著。教授们工作之余想满足一下自己的某种爱好，首先是因为知识分子的生活惯性。他们活着，不只为了物质的富裕，更为了灵魂的安适、个性的舒张。这种重视心理感受的惯性不会因为一场战争而改变。另一方面，西南联大的教授们明白，抗战是一个旷日持久的过程，绝非一朝一夕可以完成，国难当头，最要紧的是找出点高兴的事不让自己的精神垮下去。只有精神不垮，自己才有足够的精力投身于紧张的工作，才能为当时的中国培养尽可能多的人才，通过智力报效国家。

"好玩"与"苦干"共同谱写了一些西南联大教授的精神面相，并成为一个时代的绝世风景。

老大学的课堂及其他

　　随着大批史料的陆续披露，中国20世纪三四十年代大学的模样越来越清晰，不过，我觉得，这些年对过去大学的讨论中，宏大叙事比较多，而对一些老大学的办学细节留意得不够。其实，正是这些感人的细节蕴含了大学应有的精神。

王文显

　　傅国涌一本有关民国史的书里介绍过老清华课堂的风景。清华大学外文系主任王文显是剧作家，也教的是戏剧。王文宣讲课的方法是照他编的讲义在课堂上去读，年年照本宣科，从不增删，不动感情，给人的印象"仿佛是长老会的牧师在主持葬礼"，下课钟声一响，他马上离开。王文显的学生、著名电影导演张骏祥晚年说："回想起来，他那份讲稿倒是扎扎实实，对于初接触西方戏剧的人来说，是个入门基础。"吴宓上课则是另一种风采，温源宁说他"讲起课来就像罗马舰船上的划桨奴隶在做工"，讲课涉及的引文，别人都是照着参考书朗读，或抄在黑板上，而他总是背诵出来，讲解什么问题，他会像军训教官一样，"第一这个"、"第二这个"……有条不紊，虽然有些枯燥，但不会言不及义。

叶公超

他上课很有个人见解，也有可能说得不对，但不会言之无物。他不绕着问题走，而是直截了当把脚踩到问题上去。叶公超讲课最有意思。他上课从不讲解，只让坐在前排的学生，由左到右，依次朗读课文，到了一定的段落，他大喊一声"Stop"，问大家有问题没有。没人回答，就让学生一直朗读下去。有人偶尔提一个问题，他断喝一声："查字典去！"这一声狮子吼大有威力，从此天下太平，相安无事。那时在学生中最叫座的是张申府的"逻辑学"，张申府的逻辑课很少讲逻辑，而是骂蒋介石，简直成了热门的政治论坛。张申府用一口并不浓重的河北中部口音讲课，听课的人很多，拥护的来听，反对的也来听，不但课堂中挤满了人，连窗口也站着人。

据另一些史料记载，老清华对学者的不同学术风格也是高度尊重的。在20世纪30年代历史系的三个"牛人"中，陈寅恪精于考据，写过《隋唐制度渊源略论稿》、《元白诗笺证稿》等十多部历史专著；编著有《中国通史》、《中国文化与中国的兵》的雷海宗注重大的综合，他认为真正的史学不是繁琐的考证或事实的堆砌，于事实之外须求道理，要以哲学的眼光，对历史作深入透彻的理解，他的学术观点颇有点与陈寅恪打擂台的味道；而系主任蒋廷黻呢，他专攻中国近代外交史，考据与综合并重，更偏重综合。清华从不以一种风格压制另一种风格。

在这里，我使用了"尊重"一词。在我看来，对于教师的课堂教学和做学问的不同风格，一所大学光有包容是不够的，必须有从细节到大方向的尊重。包容是强势者对弱势者所做的事情不去计较，允许其继续做下去，暗含有"大人不计小人过"的意思。而尊重则是建立在人格平等的基础上，是认为别人做的事有道理有眼光，自己必须支持，它表达了某种敬意。

教师教学也好，从事科学研究也罢，都需要精神的充分释放，性灵的自由张扬，大学只有充分尊重教师上课和做学问的个人风格，主动解除捆绑学人精神的绳索，教师在教学和学术上的创造性才会得到激发，我们的课堂才能活跃，我们的学术也才会五彩缤纷。

大学尊重教师上课和做学问的个人风格，对学生的成才意义非凡。首先，教师不同的授课风格和学术路径，可以让学生得到多方面的知识营养，为他们日后从事各项工作打下坚实的学识基础。上文列举的几位学人，他们的授课都有各自的缺点，然而，正是在这种并不完美的课堂教学中，涌现出了钱锺书、钱伟长、陈省身（清华研究生）等一流的文学家、科学家。其次，大学教育的另一个使命是培养学生的健全人格。一所大学尊重教师授课和学术的不同风格，等于用实际行动告诉自己的学生，人是各有所长的，对别人不能求全责备，而要懂得用其所长，这样的教育比其他教育更能入心。

学会了尊重学人的教学和学术，学会了尊重创造性的劳动，大学才可以立于不败之地。

蔡元培的另类影响力

在大学里做官的人几乎人人怀有一个梦想，那就是不靠权力也能促使他人跟随自己，即获得非职务影响力。而生活就是这样无情，校园官员多如长江之砂，但真正获得非职务影响力的人却寥若晨星，蔡元培先生是少有的例外。

蔡元培在北京大学做校长时，因为奉行"兼容并包"的信念，北大聚纳了大批知名教授。这些教授除了登台讲述自己的研究心得让学生笔记外，大都另发讲义供学生参考。北大经费充裕时，印刷这些讲义的费用全由学校承担，没有向学生收费。后来学校经费紧张，无力消化此项费用，决定按成本价向学生收取讲义费。这个决定一出，部分学生无理取闹，围攻事务部主任沈士远。他们在学校到处贴满谩骂沈士远的条子，甚至高呼

沈士远　　　　　　　李大钊　　　　　　　冯祖荀

"打倒沈士远！"某日下午，学生又鼓众拥至总务处门口寻找沈氏，群情激愤，大有不将沈氏揪出来示众绝不罢休的意思。蔡元培闻声挺身而出，厉声质问："你们闹什么？"为首的学生说："沈士远主张征收讲义费，故来找他理论。"蔡元培说："收讲义费是校务会议决定的，我是校长，有理由尽管对我说，与沈先生无关。"学生仍坚持要寻找沈氏。蔡元培大声呼道："我是从手枪炸弹中历练出来的，你们如有手枪炸弹尽不妨拿出来对付我，我在维持校规的大前提下，绝对不会畏缩退步。"

蔡元培对学潮一向有看法，他觉得身为学生就应该好好读书，不是巴黎和会屈辱协议这样的关系到国家民族的大事，绝不主张学生罢课从事别的活动。看到学生这样胡闹，他怒不可遏，当天就写下辞呈离开北大。蔡元培离开北大后，总务长蒋梦麟、代总务长沈士远、图书馆主任李大钊、出版部主任李辛白、数学系主任冯祖荀分别刊登启事，宣布"随同蔡校长辞职，即日离校"。北大全体职员也发布《暂时停止职务宣言》，《北京大学日刊》于当日宣告"自明日起停止出版"。大家都决心与蔡元培校长共进退。

在这场风波中，我特别留意的不是蔡元培先生对闹事学生的态度，而是北大的校官和职员对他心甘情愿地追随。按照常理，旧校长去了，新校长一定会来，校园官员也好，校园一般职员也罢，其利益都不会受到什么影响。然而，北大的校官和职员们却超越个人利益的得失，做出如此出人意料的选择，让人不能不生出敬佩之心！

那么多人愿意与蔡元培先生共进退，原因是多方面的。民国时代，中国的高校普遍实行"教授治校"的体制，做学问是一件让人崇敬的事情，一般的学人对行政职务看得并不重，今天当官明天辞职的人比比皆是。蔡元培先生一贯关心师生，潜心于教育，是一个实干家，其人格也使人敬重。最主要的还是由于蔡元培所做的是正义之事，一点也没有掺杂私心，校园官员、职员觉得自己应该支持他，才能充分表达内心的真诚、正义与善良。俗话说：无私者无畏，在蔡元培领导的大学校园里，还将此推进了一步，做到了无私者无敌。

一个大学校长权势显赫未必让人敬重，如果他能像蔡元培一样，真心想办好一所大学，只为公，不谋私，他一定会得到人们出自内心的尊敬，即使有一天失去权势，他也能保持自己在他人心中的巨大影响。

蔡元培的柔性

蔡元培先生是个非常硬气的人，他曾因为当时的教育部长参与对他人的司法迫害愤然辞职，也曾在学生某些无理要求面前怒发冲冠，然而，蔡元培并非一硬到底，该"柔"的时候，他也"柔"得非常到位。

民国初年的北大乌烟瘴气，一些教师上课不认真，年年将陈旧的讲义发给学生，在讲台上读一遍了事。有钱的学生带听差、打麻将、捧旦角。师生竞相嫖妓，吃过晚饭，一辆辆洋车直奔"八大胡同"（妓女集中地段），妓女们称"两院一堂"是最好的主顾（"两院"指参、众两院，"一堂"指北大，其前身为京师大学堂）。学生中还流行"拜十兄弟"的黑社会式的风气。十个气味相投的学生结拜成兄弟，毕业后大家投机钻营，谁做的官大，其余九人就投奔他，以图捞个一官半职。

1917年1月，民国教育部选派蔡元培出任北大校长。到校之初，蔡元培就发表演说，号召师生"砥砺德行"、"力挽颓俗"、"以正当之娱乐，易不正当之娱乐，庶于道德无亏，而于身体有益"。他发起成立"进德会"，以规范师生的道德行为。1918年1月19日，《北京大学日刊》发表了《北大进德会旨趣书》，蔡元培在文中列举了当时社会的腐败现象，

陈独秀

如买官卖官、赌博嫖娼、挥霍公款之后，号召师生："吾人既为社会之一分子，分子之腐败，不能无影响于全体。就作浑浊之世中的清流之士，如东汉之党人，南宋之道学，明季之东林，集同志以矫末俗，与敝俗奋斗。"

《北大进德会旨趣书》规定：会员可分三种：甲种会员，不嫖，不赌，不娶妾。乙种会员，于前三戒之外，再加"不作官吏、不作议员"两戒。丙种会员，于前五戒外，加"不吸烟、不喝酒、不食肉"三戒。要求入会的师生须填写"志愿书"，标明自己愿意做何种会员，签名盖章。进德会设评议会，对会员的申请进行审议，审议通过方为会员。所有会员名单都要在《北京大学日刊》上公布。《北大进德会旨趣书》发布后，大家纷纷响应，截至当年5月，申请入会者达469人，占全校师生人数的四分之一。

辜鸿铭

蔡元培选择以"温柔"手段解决北大校风问题，绝非偶然。个别师生品行不端，

固然可以通过首先建章立制然后严加惩处的方法去解决，所谓"杀一儆百"，就是这个意思。问题是当时中国社会世风堕落，北大师生的行为不过是复制了社会上的消极现象，道德堕落的人不仅人数众多，而且不乏头面人物。"新文化运动"的领军人物陈独秀教授就曾经常出入"八大胡同"，还闹出过"因争风抓伤某妓女下体"的丑闻。精通多国语言、学识极其渊博的辜鸿铭教授亦是"八大胡同"的常客。据说，袁世凯欲称帝，筹备"参政院"，他认为辜鸿铭支持帝制，叫辜做了议员并发了大洋三百。辜鸿铭拎着大洋去了八大胡同"潇洒"。所到之处，给每个妓女一块大洋，发放完，仰天长笑。在此种情境中，一味坚持"硬气"，很容易将事情弄糟，唯有以道德号召、名誉激励的"温柔"方式整顿风气，才能既让师生们分清是非，又最大限度地团结可以团结的人。事实也证明了蔡元培的眼光。自从蔡元培建立进德会，北大的校风一天天好转。渐趋良好的道德风气直接孕育了"五四"爱国民主运动。

一个人的柔性不一定是软弱，有时恰恰是建立在对事物深刻洞察基础上的大智慧。

挂冠而去的底气

1919年5月5日早上，北京大学学生集合在法学院礼堂里，商量如何搭救昨天被捕的教授和学生，有的主张结队去国务院请愿，有的主张去冲警察厅救人，议论纷纷，莫衷一是。此时，蔡元培校长出现了，他铁青着脸走上讲台，学生们安静下来，望着自己的校长。蔡先生看着台下，问："昨天有多少人受伤？"台下没人回答，太多的同学受了伤，难以统计。蔡先生又问："有多少人被逮捕？"台下有人喊："昨晚我们大概数数，至少有30多人。"蔡先生像是自语，又像是对大家说："30多人，30

蔡元培　　　　　　　　段祺瑞

多个我的学生，30多个国家的栋梁，他们怎么下得去手。"说到这里，蔡先生停止说话，台下静极了，能听到轻轻的抽泣声。蔡先生静默了一会，又说："现在，这不再是学生们自己的事了。现在，这是学校的事情，是国家的事情了。我做校长的有责任保护我的学生。我要救出这30多人。你们现在都回教室，我保证尽我最大的努力。"学生们听了，静静地走出礼堂，都低着头，没有人说话，走回教室去。蔡元培校长站在台上，一动不动，直到最后一个学生离开礼堂。当时的段祺瑞政府，把五四运动的责任都推到北京大学和蔡元培身上。在想方设法保释出所有学生后，身心交瘁的蔡元培选择了辞职。

蔡元培的挂冠而去非常令人敬重。在那个时代，一个人做个大学生尚且不易，更不要说成为大学校长，然而，蔡元培说放弃就放弃了。蔡元培的离去，首先与他的教育理念有关。蔡元培一直认为学校是教育机构，不是政府部门，更不是政府部门的附庸，学校不能绝对服从政府的命令和指示，学校必须成为自由思想和独立学术的温床，学术必须独立于政治和强权。他做大学校长绝不是为了利用这个职位谋取个人利益，比如解决老婆孩子的工作、破格评高级职称、优先申报课题、大捞特捞灰色收入，等等，只是为了实践自己的教育理念，当这个职位能够承载他的理想时，他愿意干下去；当这个职位跟自己的教育理想相矛盾，他自然会坚决离开。

蔡元培也是一个具有真本事的人，真本事使他不怕在事业上另起"炉灶"。蔡元培在晚清时中过进士，做过翰林。1905年5月赴德国留学，入莱比锡大学听课和研究心理学、美学、哲学诸学科，在德四年，编著了《中国伦理学史》等一批学术书籍。1913年，他又赴法国从事学术研究，在欧三年，又编撰了不少哲学、美学著作。要传统功底有传统功底，要现代知识有现代知识，这样的人，自然是处处有他的用武之地。

现在自然也有相当一批非常优秀的大学校长，他们在不同场合表现出了自己的正义感，但毫无疑问，也有少数大学校长是把这个职位当成官来做的。他们吹吹拍拍、跑跑送送，执掌大学不是想着为国家做贡献，而是企望谋取各种私利。这样的大学校长自己就是非正义的象征，他们又怎么可能在另一些人的非正义面前挂冠而去呢？再说，少数大学校长的职称是混到的，没有实际的专业能力，不当官，叫他们干什么？

挂冠而去需要勇敢，更需要内在的底气。

信有师生同父子

启功终其一生都对原北京师范大学校长陈垣深怀敬意，他并未在陈垣门下正式读过书，却始终以师事之。陈垣1971年逝世后，启功写下了这样的挽联："依函丈卅九年，信有师生同父子；刊习作二三册，痛余文字誉陶甄。"为报师恩，耄耋之年的启功伏案三年，创作了上百幅书画作品，在陈垣诞辰

陈　垣

启功（左）与陈垣（右）

120周年之际，以香港义卖所得的163万元人民币，设立了"北京师范大学励耘奖学助学基金"。启功之所以坚持以"励耘"命名，是因为先师陈垣的书房名为"励耘书屋"。

出生于1880年的陈垣是民国时代杰出的历史学家、宗教史学家、教育家，他出身药商家庭，早年参加革命，1912年还曾当选为众议院议员，因不满军阀混战，脱离政界，进入燕京大学、北京大学、北平师范大学等校教书，并长期担任辅仁大学和北京师范大学的校长。他对启功的栽培，完全可以用"千方百计"、"不遗余力"等词语来形容。

启功出身于晚清皇族之家，是雍正的第九代孙，但到其父辈已家道

傅增湘

中落，小时候与寡母、未出嫁的姑姑相依为命，生活极其艰辛。12岁时得到祖父辈几位门生的暗中资助，才有机会读书，后因援助中断，被迫辍学，其时他高中尚未毕业。启功在诗画方面极有天赋，他曾拜戴姜福、吴镜汀、溥心畬等人为师学习古文、书画、诗歌，辍学之后就靠教馆和卖画度日。启功祖父的老世交、藏书家傅增湘不忍看到启功的英才被埋没，特地找到当时的辅仁大学校长陈垣先生，希望陈垣帮启功一把。初见陈垣，启功很紧张，陈垣却热情地问长问短，拉着他的手坐下来，并指导他如何读书。1933年秋季开学后，陈垣帮21岁的启功找到了在辅仁大学附属中学教国文的职位。为了让启功尽快进入角色，陈垣手把手教他，启功曾经总结过陈垣教给他的九条"上

课须知"：要爱学生；不偏不向，不讥诮学生；以鼓励夸奖为主；不要发脾气；好好备课；批改作文，不要多改；发作文时，要举例讲解；要有教课日记；要疏通课堂气氛等等。

事实证明陈垣没有看错人，启功的课教得很出色，很受学生和同事的好评，然而，当时分管附中的教育学院院长张怀以启功"中学还未毕业就教中学不合制度"为由辞退了他。陈垣不甘心，1935年又将启功安排到辅仁大学美术系任助教。教了一年多，张怀又来分管美术系，还是认为启功"学历不够"，再度将其辞退。两度遭到辞退，启功的郁闷和痛苦可想而知。善良的陈垣将这一切看在眼里，他一直觉得启功是一只可以翱翔于远方的雄鹰，是雄鹰就应该给他一片天空。1938年秋季开学，陈垣干脆聘请启功为辅仁大学国文系讲师，从此，启功在辅仁大学扎下根来，后来又随学校一起进入北京师范大学。

认真考究陈垣提携启功的经过，我发现一个非常有趣的现象：启功每遭一次辞退，陈垣下次一定会将他安排到一个更好的教学岗位上。比如启功做中学国文教师被辞退，陈垣便安排他做美术系助教；启功做美术系助教被辞退，陈垣便安排他做国文系讲师。我觉得陈垣这样做绝不是随意的，而是进行过精心的考虑，他是在用这种"出格"的做法警告那些守住老框框不放的人：自古英雄出草根，学历永远不是也不应该成为评价人才的唯一依据。而启功也没有辜负老师的期望，他后来成长为著名的古典文献学家、红学家、诗人、杰出的书画家，被人称为国学大师。

谈到提携人才，人们习惯于使用伯乐一词，我觉得做一个真正的伯乐是不容易的，至少他得具备两种素质：一是非同流俗的发现人才的眼光，二是始终不渝的坚持。陈垣正是这样的伯乐。

师道的另一重内涵

"师道"一词有个伴侣，那就是"尊严"。"一日为师，终身为父"、"天地君亲师"之类的说辞，无时不在强化老师的尊严意识。然而，叶企孙先生告诉我们，对于为师者，师道其实还有另一重内涵。

1927年7月清华大学爆发学潮。原因非常简单，清华大学原为留美预备学校。所谓留美预备学校，就是学生在此接受中学教育和英文教育，毕业后全部赴美留学。1926年4月，清华大学决定改制，即由留美预备学校改办正式大学，设立11个科系。为搞好衔接，学校宣布以前入校的学生课程不变，从1926年起，仍分为高等科三年和大学一年级，念完大一后赴美留学，至1929年停办为止。改制之后，一些在旧学制中入学的学生担心出国受阻，要求提前放洋，为了达到目的，大闹特闹。

在学潮中对垒的阵营黑白分明。一方是要求提前放洋的高二、高三学生，背后撑腰的是校长曹云祥；一方是大学部学生，学校的少壮派教授站在他们一边。后者之所以反对高二、高三学生提前放洋，一是觉得这样做有违校章；二是认为此举必然挪用巨款庚款留学基金，影响学校长远发展。金岳霖、唐钺、陈寅恪、叶企孙等教授甚至在《大公报》公开发表声明，反对学生提前放洋。

更大的斗争发生在1927年7月17晚的教授谈话会上。面对少壮派的质问，曹云祥"语多支吾矛盾"。后来教授们又指出曹云祥经费呈报不实，"尤以其出洋经费，两级提前一二年，连治装经费及川资，只须42万元便足。而其向外部呈请之

曹云祥

款，则多至120万元。"曹云祥理屈词穷，只好诡称计算错误。形势原本有利于学潮反对派，突然情况发生逆转，意欲提前留洋的学生一批批出现在会场，主持人几次请其离场，学生根本不听，大有包围会场的味道。此时，一些起先反对学生提前留洋的教授动摇了，他们语多闪烁，曹云祥则像打了强心针，立即变得慷慨激昂、得意洋洋。如果任由这种氛围继续下去，教授会极可能将提前出洋的议题定案。

正在曹云祥顾盼自雄之际，平时不爱说话的叶企孙站了出来。会场的声音很嘈杂，大家都没有听清叶企孙说什么。曹云祥故作关心地问道："叶先生，您说的是什么？""我说的是，能问你一个问题吗？"叶企孙答。"请说。"或许自觉胜券在握，曹云祥态度好极了。"您是评议会主席，您能给诸位讲一下评议会的职责吗？"曹云祥没

叶企孙

想到叶企孙会提出这个，有些慌乱，问叶企孙："是它的条款还是……"叶企孙的目光不觉间变得严厉："那就把条文说一下吧！"曹云祥是个权力欲很强的人，平时根本没把评议会的有关规定放在眼里，他胡乱回答了一两条。"您说的是教授会的条文。"曹云祥光秃秃的脑袋上开始冒出汗珠，脸色苍白得像棉花一样。叶企孙没有继续让他难堪，说："或许您诸事操劳，我替您说吧。我先说教授会五项条文，再说评议会的九项条文，如果不对，您再指教。"接着叶企孙流畅地将这些条文背了出来。叶企孙接着说："评议会职责条文第四、第六、第九款说得很明确，目前高中部欲提前出洋之事任何个人无权专断，必须由评议会集体作出决议。"他还特别声明，自己坚决反对提前出洋的做法！希望这些学生多考虑考虑国家，不要一味打自家的小算盘。叶企孙的讲话赢得潮水般的掌声，场上出

现一边倒的趋势，大家同意此事递交评议会作出决定。第二天，评议会即通过决议：不同意高二、高三学生提前出洋。

看到自己的无理要求没有得到满足，一些高二、高三学生认为主要是叶企孙从中作梗，因此将怨气全部发泄到他身上。7月20日，即教授会后的第三天，高三、高二学生曹希文、梁钜章等大学部学生散去，物理研究室只剩叶企孙一人时，怀揣利刃闯了进去，将尖刀凶狠地架到叶企孙脖子上，要求其收回成命，同意学生提前出洋，否则将同归于尽。双方相持时间长达六个小时，后来在叶企孙的耐心说服下，两人才放弃这种愚蠢的做法。

曹希文、梁钜章的所作所为极其激进也非常让人痛恨，换了一般老师，他们肯定会强烈要求校方开除两人的学籍，并向警方报案追究挟持学生的刑事责任。然而，叶企孙没有这样做。在叶企孙看来，两个学生持刀挟持自己的行为，虽然未必是高二、高三学生的集体策划，但其要求学校改变既有决定的态度却代表了这些学生的共同意愿，处理不慎，清华园在一段时间里绝对很难安宁。其二，也是更主要的，叶企孙觉得，学生很年轻，做事容易冲动，犯点错误可以理解。如果自己强烈要求学校开除这两个人的学籍，甚至坚持向警方报案，对学生进行刑事处理，这两个学生的前途就会毁于一旦。师道不仅仅表现在要求学生尊敬老师这一方面，还应该体现在老师对学生在成长中所犯错误的包容、对他们人格性情的正确引领上，它必须以有利学生成长为第一前提。

叶企孙式的师道构成一个时代的温馨回忆，在这种博大的师道面前，再顽固的铁树也会开花，再坚硬的石头也会落泪。

叶企孙：最纯净的贵人

成就大器的人除了自身的花红叶茂之外，常需要贵人相助。一个人的花红叶茂是让贵人产生提携冲动的前提，而贵人所处的"一夫当关，万夫莫开"的位置又可以成为梦想扬帆远航的人最强劲的东风。华罗庚从一个初中生成长为数学大师，主要贵人有两个：一是当时的清华大学算学系主任熊庆来，一是当时的清华大学理学院院长叶企孙。两者相较，叶企孙对他的一生的影响或许更大。

叶企孙

事情的缘由与熊庆来的一次偶然阅读有关。1931年初春，熊庆来去算学系图书馆。那时学校刚放完寒假，新的报刊还没到，熊庆来随时拾起一份1930年12月号的《科学》杂志，一篇题为《苏家驹之代数的五次程式解法不能成立之理由》的论文深深吸引了他，该文论述如层层剥笋，条理极为清晰，逻辑严密，熊庆来不禁发出赞叹声。作者叫华罗庚，一个

熊庆来

非常陌生的名字。熊庆来跟在图书馆一起读书看报的同事胡乱猜测这个人的身份和专业背景，此时系里的助教唐培经来了，告诉他们华罗庚只念过初中，是他家乡金坛县中学的庶务员。庶务员即勤杂工，这会大家不出声了，只有熊庆来希望唐培经牵个线，把华罗庚叫到清华大学让大家看看。唐培经口头答应了，但没有真正将这件事放在心上。浙江到北京路途遥远，来一趟得花不少钱，而熊庆来不过是一个算学系主任，又是外来人，缺乏将没有名分的华罗庚调来清华的能量。

华罗庚

奇迹总像春天的花一样潜藏在岁月的深处，一个月后，唐培经在工字厅碰到叶企孙，叶企孙突然叫住了他："你本人见过华罗庚吗？熊先生让你联系华罗庚，联系上了吗？"唐培经没有直接回答叶企孙的话，而是问他："您知道华罗庚的事？""是的，熊先生已给我讲过这个人。我看了他写的3篇论文，很好。你什么时候把他请来？"唐培经从叶企孙的语气中感受到了他对此事的重视，赶忙回答说："已给家中弟弟写信委托其与华罗庚联系。只是校方对此事似乎有些争议，我怕中间发生变故，就把此事缓了下来。"叶企孙说："此事要抓紧进行。华罗庚的事已议决过了，回头熊先生会告知你的。华罗庚先安排在你们系里工作，别的事以后再说……"回到系里，熊庆来真的找到唐培经，将华罗庚的事情又说了一遍，说如果不是叶先生力挺此事，先前让华罗庚来清华的事怕成一句戏言了。

1931年8月，当华罗庚来到清华园，有关他的身份和生理问题（华罗庚是残疾人，走路时必须左手执拐，右脚先迈，左脚得在空中划一个圆圈才能落地），在教授会上引起了一场硝烟弥漫的争论。紧急关头，叶企孙再一次挺身而出，他说："我希望大家认真看看华罗庚先生的论文再说话。他来清华后，我们曾经交谈多次，每次我都颇受教益。以我个人的判断，不日之后，华罗庚会成为我国数学界闪亮的星辰，我们清华会引以为荣的。至于他的残疾，这正是华罗庚的骄人之处。有人说他走路是'圆和切线的运动'，是的，华罗庚先生就是为数学而生。我们清华大学应该为拥有这样一位独特的人物而感到自豪！"

在叶企孙的支持下，华罗庚当上了算学系的助理员，任务是整理图书报刊、收发文件、代领工具、绘制图表等。不久，叶企孙又破格提升他为教员，几年之后又送他到英国留学，华罗庚从此真正走向了国际数学舞台。

华罗庚算叶企孙什么人呢？不是同乡，不是同学，不是学生，不是亲戚，两个人什么关系也没有，叶企孙更从未收受过华罗庚的任何礼物，他为什么要这样不屈不挠地帮他？唯一的解释是：当时的中国正遭受日寇的侵略，灾难深重，作为一个学识渊博而又有着深深救国情结的知识分子，叶企孙明白一个愚民充斥的国家不可能有前途，愿意尽自己的心力为这个国家做点什么，发现、提携人才就是他认为自己能做的工作之一，碰上华罗庚他尽力提携，碰到张罗庚、李罗庚，他同样会这样做。

帮助、提携他人不怀任何私心，不求丝毫私利，仅仅以是否有益于民族、国家作为评判指南，是叶企孙的心灵高度，也是做人的一种绚丽至极的境界。

将自己放低到尘埃里

20世纪20年代，叶企孙做清华大学物理系主任时，系里有个勤杂工叫阎裕昌，此君勤劳、聪明、肯学习钻研，叶企孙将他安排到实验室有意培养。阎裕昌很快掌握了技术，叶企孙破格提拔他为实验员，辅助讲课。勤杂工在那个时候地位极低，被称为"听差"，这个称呼明显带有歧视意味，尽管身为阎的直接上司，叶企孙却特别尊重阎裕昌，从不叫阎为"听差"，开口闭口都是"阎先生"，他也教育学生同样这样做，不允许他们喊阎裕昌"听差"。

20世纪初，物理学刚刚从西方传进来，是一个热门专业，许多新生进了清华大学后都想读物理系。叶企孙总是认真地对每一位提出要求的学生进行面试、核查，他首先查看分数，分数高的只简单地问几句就办手续。

叶企孙铜像

分数不合适的，他绝对不会说你成绩不好，没有达到物理系所要求的门槛，而是非常和蔼地告诉面前的学生学物理会面临许多困难，不仅修完全部课程很难，毕业后也不容易找到一份合适的工作。很多人听他这样说也就自动放弃了，有个别的不愿放弃的同学怀疑问题出在自己的分数上，死活要求叶企孙实言相告自己的得分，叶企孙却从不愿说出分数，只是耐心劝说他们放弃原来的打算。

叶企孙如此尊重别人，甘愿放低自己，不是因为自己真的低矮，相反，此时的他在清华正如日中天，高耸得像珠穆朗玛峰。叶企孙才华横溢，16岁就完成了《考证商功》这篇才华横溢的学术论文，两年后发表在《清华学报》上。此后他一发不可收，又在《清华周刊》发表《革挂解》、《天学述略》，在《清华学报》发表《中国算学史略》，深得梅贻琦等老师的器重。赴美留学后，叶企孙又写出了《用射线方法重新测定普朗克常数》这篇轰动世界物理学界的论文，被美国人称为"一个伟大的进步"，由于它的精确，此后15年里，世界物理学界对这个测定无人再敢问津。清华是把他当杰出人才引进来的。从个人的职业影响力来说，当时的叶企孙是清华大学物理系仅有的两名教授之一，梅贻琦出任教务长后又变成了唯一的一个，是学校少壮派教授的领袖，他跺一下脚，不要说清华大学物理系，就是整个学校也会摇摇摆摆。在牛得不得了的情况下，还能将自己放低到尘埃里，非常不容易。

将自己放低到尘埃里，必须不怕淹没了自己。像叶企孙，才华大大的有，人品非常高尚，然而，他不屑于宣传、张扬自己，这样很可能形成如此局面：以个人素质论，这个人确实极其厉害，但社会上的人出于某种隔膜也许并不觉得他厉害。假若不具有一定的牺牲精神，假若不对名利多一点超脱，一个人很难抵达如此境界。

世界上有两种牛人，一种有点小成绩，就千方百计张扬自己的牛，总觉得自己做的每一件事都完美无缺，自己拥有的每一种特长都人所不及，这些人其实未必真牛，更多的是感觉自己牛而已。叶企孙这种牛人不同，一方面他确实拥有极高的天赋、出类拔萃的才华，另一方面他更有一颗平常心，能够充分认识到每一个人都可能有别人不具备的长处，因此自觉地不拿自己的长处跟别人的短处比，自然也就不会觉得自己如何高人一等。换句话说，叶企孙将自己放低，不是出于刻意，而是出于对他人已经显现或潜在的能力的欣赏。

一个人敢将自己放低到尘埃里，让灵魂接受大地和天空的双重滋润，恰恰可以成就自己的高峻。

温暖的颠覆

国人大抵都有拍集体照的经历。这种照片第一排极有讲究，位居正中者，往往都是官位最高的；假若大家职位差不多，则必是资历最深、辈分最大或年纪最老的。有人说一张中国式照片就是社会等级的缩影，此话不无道理。

然而，1926年初夏，在美丽的清华园，这样的中国式秩序曾经遭遇了一次温暖的颠覆。当时清华大学物理系刚刚创立，事务繁杂，劳力费神，好不容易找出个大家相聚的时间，系主任叶企孙提议该系全体教职工合一张影。照片中，叶企孙昂首挺胸身着耀眼的白色西服、系着鲜红的领带站

1926年清华物理系的集体照（前排左二为梅贻琦，左三为叶企孙）

在第一排正中，一边是工友萧文玉、一边是学校教务长梅贻琦教授，梅贻琦脸上始终露着一种淡淡的微笑。

清华旧制，教务长属于校领导之一，地位大抵相当于现在抓教学的副校长。其实，梅贻琦不仅是叶企孙的顶头上司，也曾是叶企孙在清华读书时的老师，教过他数学与物理，梅贻琦极其欣赏叶企孙的才华，两人情同父子，1924年叶企孙从美国哈佛大学获得哲学博士之后，就是梅贻琦推荐他入清华任教的。时隔近一个世纪的云烟，我无法猜想当年清华大学物理系那张集体照何以变成这样，但我基本可以肯定事前必定有过一番推让。叶企孙是个非常低调、谦和的人，一向高人卑己，不太可能轻慢一直提携自己的恩师和顶头上司，唯一合理的解释是，叶企孙邀请过梅贻琦站到中间，但梅贻琦出于尊重一线知识分子的考虑坚决拒绝了。

我作这种推测并非没有依据。梅贻琦早年考取庚款基金留学美国吴士脱大学，获电机工程硕士学位。美国是一个看重个人能力、没有多少官本位观念的国家，天天耳濡目染，梅贻琦不可能不受到影响。梅贻琦后来主掌清华时说过两句非常著名的话，一是"大学者，非谓有大楼之谓也，有大师之谓也"；一是"我这个校长是帮教授搬椅子的"，力推"教授治校"，更是充分证明这一点。其实也不只是梅贻琦尊重普通知识分子，民国时期的北大校长蔡元培、浙大校长竺可桢都是这方面的楷模。

那个时代的校园官员尊重一线知识分子，也与当时的环境有关。民国时期国民素质很低，一些有点眼光的官员、军阀对文化和一线文化人有一种出乎本能的敬重。民国某年，教育摄影家孙明经摄制纪录片《西康》，他发现了一个有趣的现象：西康政府的房子破烂不堪，校舍往往坚固宽敞。孙明经问某县长："为什么县政府的房子总是不如学校？"县长答："刘主席有令，政府的房子比学校好，县长就地正法。"刘主席，即四川军阀、当时的西康省主席刘文辉。为什么学校的房子要建好，一方面为了培养未来的人才，一方面也是为了尊重现在的人才。军阀张作霖行为粗鲁、杀人如麻，但他每年都会在孔夫子诞辰的时候，脱下军装，换上长袍马褂，跑到各个学校，向老师们打躬作揖，说我们是大老粗，什么都不懂，教育下一代，全亏诸位老师偏劳，特地跑来感谢。政客、军阀尚且如此，本身就是知识分子的校园官员怎么可能愿意落伍？

人才乃治国安邦之根本，真正的人才又往往是处于第一线的一般知识分子，只有真正尊重他们，充分发挥其积极性，国家和民族才有光辉灿烂的明天，清华大学物理系1926年那张老集体照依然温暖着21世纪众多的心灵。

胡适的"底气"

国学大家季羡林先生早年考取清华大学交换研究生，赴德国哥廷根大学学习梵文、巴利文、吐火文等，1941年获哲学博士学位。1946年他回国赴北京大学任教，仅仅十天，校长胡适就将他由副教授擢升为正教授，并让其担任东语系主任。季羡林对胡适的知遇之恩终生难忘，在文章中多次提及。

季羡林

在大学里，一个学人由副教授晋升为教授，一般不是以天而是以年来计算，胡适先生敢于如此破例，非大魄力者不敢为。

胡适为什么这样有"底气"呢？一是季羡林确实非常优秀。1940年12月至1941年2月，季羡林在论文答辩、印度学、斯拉夫语言、英文考试中得到四个"优"，获得博士学位。因为国内局势的原因，一时不便归国，季羡林只好滞留异国，1941年10月，在哥廷根大学汉学研究所担任教员，同时继续研究佛教混合梵语，在《哥廷根科学院院刊》发表多篇重要论文。二是胡适为人正派，一向任人唯贤，胸襟博大，在他主持下的北大，教授们既有思想保守的，也有政治上比较激进的，师生信任其人格。三是当时的北大实行教授治校，校长的权力受到有效约束。校一级有由教授互选的评议会，学校一切大政方针由它决定，各门学科有教授会，负责教学、教师职务晋升之类的事情。胡适十天之内把季羡林从副教授升为教授，是得到了学校有关民意机构的认可的，绝不是个人独断。

现在一些大学校长绝对不敢这样破例。第一，由于人才评价机制不科学，真正优秀的人才往往不被当作人才，相反，写注水论文、口水专著的人却青云直上，领导认可的人才群众很难认可。第二，少数领导喜欢拉帮结派，任人唯拍、唯亲，在群众中缺少真正的威望。第三，现在一些大学高度行政化，学校的事情都是行政人员说了算，权力缺乏有效制衡。在这种背景下，领导破格用人，只会影响高校的稳定。

由胡适破格提升教师职称的"底气"想到高校的用人自主权问题。社会上有一种舆论，认为现在有关政府部门对高校人事管得太死，学校缺乏用人自主权，这种观念在高校管理层尤其流行。从理论上讲，扩大高校用人自主权，对高校的发展是很有好处的，毕竟最了解高校的，还是工作、生活在高校里的这些人。不过，一个人只要在高校的底层混过一段时间，他得出的结论会有所不同。依照中国高校目前的状况，最重要的不是领导层的用人自主权，而是一种有效制衡行政权力的机制，一种对学术本位、学者本位的尊重和面向广大师生的民主。当普通师生可以通过既定的程序有效制衡行政权力，高校学会尊重真正的人才，有力地担负起国家赋予的延续文明、创造知识、发展科学的使命，高校的领导才有资格享有用人自主权。

只有在特定的环境下，胡适才会有如是的"底气"。

罗家伦的"不苟且"

在清华大学早期的校长中，有两个人特别出类拔萃，一个是梅贻琦，一个是梅贻琦之前的罗家伦。罗家伦对清华的贡献至少有这样几点：一是把清华的主管部门由外交部变成大学院，切断了外交部少数高官借机贪污清华基金的管道；二是消除半殖民地教育的影子，将"清华大学"易名为"国立清华大学"（清华大学前身为清华留美预备学校，是用美国人退还的部分庚子赔款办的）；三是一扫清华园的"苟且"之风。

苟且，就是敷衍、不负责任、得过且

罗家伦

211

萨本栋   周培源

过、听之任之的意思，清代重臣曾国藩曾用该词批判晚清官场，"不苟且"，就是做事认真、有担当。

1928年8月，31岁的罗家伦被外交部任命为清华大学校长。上任之初，他做了一番调查研究，发现清华"职员人数过多，地位权力太大"，职员数比国内其他高校几乎多出一倍，职员薪金有的竟高达每月400元，高于多数教授的收入。特别不能容忍的是，"清华最高机关的评议会及各委员会，其中主要成员，大多为各部职员，而非各系教授"。症结找到了，自然得开出"药方"。罗家伦首先建立了"教授治校"的管理体制，大力提高教师的经济待遇和社会地位。冯友兰回忆，罗家伦执掌清华后，"教员发新聘书，职员发新委任状，突出聘书和委任状的区别。在新聘书中，教员增加工资，在新委任状中，减低职员的工资，特别是减少大职员的工资"。当时清华园有个比喻：教授是神仙，学生是老虎，职员是狗，"这话虽然有污蔑之意，也说明一部分的情况"。

提高教师的经济待遇和社会地位，目的是为了延揽第一流的师资。罗家伦上任后，招募了一批30岁左右的优秀年轻人，比如萨本栋、周培源、杨武之、朱自清、俞平伯、叶公超等。还在英国剑桥大学及美国芝加哥大学、哥伦比亚大学等校聘请了一批国际一流学者来校执教。对陈寅恪、赵元任、金岳霖、陈达等大师，罗家伦亲自出面恳请留任。罗家伦很欣赏蒋廷黻先生的学识，希望他担任清华大学史学系系主任，当时蒋廷黻在南开大学执教，罗家伦亲自到天津说服蒋。因蒋廷黻已受聘于南开，最初表示不愿离开，罗家伦只好"耍无赖"，说："你若不答应，我就坐在你家不走"。他在蒋家"磨"了整整一个晚上，蒋廷黻只得答应等南开聘期满后即去清华。

罗家伦一方面大量"搜罗"优秀人才，另一方面又毫不犹豫地辞退不称职的教员，原来的55名教授，罗家伦辞掉了37位，其中包括一些洋人。有位叫史密斯的美国教授，教英文和拉丁文，上课时从不讲解，只叫学生一个个读课文。某荷兰籍教授教学生弹钢琴时，居然对一女生非礼。罗家伦查实后，对这些外国教授一一予以解聘。

对教员高标准，对学生同样如此。罗家伦要求学生着装统一，早晚点名，按点作息。无故缺席作记过处理，三次小过算一次大过，三次大过即开除。早晨得出早操，学生必须着军服，蹬马靴。因为他对学生要求很严，学生觉得受不了，加上一部分教职工的怂恿，学生发动了轰轰烈烈的驱罗运动，为了表示自己并不恋栈，1930年5月，罗家伦未等上级批准，就主动离开了清华园。

站在今天的高地，回望当年罗家伦的所作所为，我们可以得出一个结论：罗家伦的个别做法虽然未必妥当，然而，他办事的敬业、对国家民族的责任感、对个人进退的淡然却是值得肯定的。没有众多的公民像罗家伦一样对事业"不苟且"，一个社会要想变得有活力、有秩序，难于上青天，被曾国藩批评过的充满"苟且"之风的晚清即是一例。

张伯苓杰出在哪里

南开大学是中国第一所现代意义的私立大学。当时的私立大学经费非常困难，然而，张伯苓却延揽了第一流的师资。1948年，中央研究院举行

第一届院士选举，在81名院士中，出身南开的就有姜立夫、饶毓泰、吴大猷、陈省身、殷宏章、汤用彤、李济、陶孟和、萧公权九人。张伯苓组建教师队伍，走的不是重金聘请的路子，而是非常注重自我培养。南开的工资并不高，每个月只有300元，比那个时候的公立大学低一大截，但尊重教师的气氛却是最浓的。张伯苓为人质朴真诚，认真负责，乐观热情，与老师交谈总是全神贯注地

张伯苓

倾听他们讲话，很少开口，绝大多数老师都把他当朋友。南开的行政人员也非常敬业，认认真真为教学人员服务。南开虽然经费紧张，却从不拖欠教师工资，为了弥补工资低的缺陷，还把房租定得很低。正因为学校给了教师一个宁静的学术环境，南开的教师总是全力以赴从事教学和研究，从不到别处兼职挣钱。

张伯苓先生是一个名副其实的教育家，他的杰出之处在于尊重了一个常识：学生是由教师培养的，学校要出人才，先要有好教师，而宽松温馨的环境是造就好教师的唯一途径。张伯苓深知，一个再优秀的大学校长，也不能保证天下人才尽归自己所管的一亩三分地，自己能够做的是不让任何一位人才为选择这所大学而后悔。

对于大学而言，自己培养优秀的师资永远比重金聘请外面的师资可靠。大学的经费总是有限的，办学又是一种特别花钱的事业，一所并不直接创造利润的大学到底有多少本钱长期对人才高投入？何况，过于计较待

遇的人才也是最留不住的，你给他50万年薪他动心，别人给他60万、100呢？一所大学想吸引人，关键是造就一种宽松的学术环境。有了宽松的学术环境，大学自己的人才会像春天的葡萄一样一嘟噜一嘟噜长出来；没有这种环境，自己的人才留不住，别处的人才即使因为不明真相一时被骗来，他们也不会真正安心。再说，自己的人才往往比外面的人才更有忠诚度。第一，他们最初选择这里，证明其对所在大学有着良好的第一印象，这种好印象是其爱岗敬业的心理基础。第二，人是一种感情动物，在一个地方待久了，总难免对那里的一砖一瓦一草一木产生留恋之情，不是万不得已，他们也不会主动挪窝。聪明的大学校长遇到外面的特别优秀的人才，也可能出重金聘请，但他的基本着眼点会放在对自己的人才的培养上，他知道这才是他真正的精锐部队，是大学立于不败之地的根本保证。

饶毓泰

李济

然而，现在一些大学校长似乎并不明白这个道理，他们不重视开发内部的资源，培育自己的果林，却把眼睛盯在别人园子里已经成熟的几个桃子上。报纸上天天都是大学的招聘广告，招聘的手段不外乎是给几室几厅的房子，年薪多少万人民币，解决几个家属的工作之类，结果人没招到多少，自己的人才倒成了别人的招聘对象。如此大学校长算不上教育家，只是俗不可耐的政客。

时间已经证明：把人放在第一位的大学才会有长久的未来。

没有"规矩"，也成方圆

顾仲彝

洪　深

翻译家钟作猷早年在暨南大学教英文，他选用的教材是牛津大学出版的《黄金库》诗选，他教课几乎天天读诗，有时也选一些小泉八云的诗歌讲义发给学生作补充读物。碰到他高兴，还会选译郁达夫的小说《过去》、《薄奠》与徐志摩的诗歌，叫学生对照读，看有什么地方译错没有。由于教学内容极其丰富，方法灵活多变，深受学生欢迎。

钟作猷去英国爱丁堡大学留学后，接替他的课程的是戏剧家顾仲彝。非常奇怪的是早在学生时代就以自编、自导、自演《朝鲜亡国恨》、《云南起义》、《中国魂》等戏剧名噪一时的顾仲彝却不选戏剧作教材，偏选《伊利亚随笔集》和莎士比亚乐府，并且在课堂里完全不谈戏剧。

著名戏剧家洪深当时也在暨南大学教英文，与顾仲彝不同，他最喜欢选用戏剧做材料，他教英文简直像演戏，声音又特别抑扬顿挫，仿佛是在舞台上念台词，有动作、有表情，把学生们迷死了，他上课教务部门非得给他安排科学馆的大教室才行，就是大教室也常常挤得水泄不通。

温梓川是1927年考入暨南大学西洋文学系的，他写这些东西的目的，无疑是想表现民国教授各具特色的个性，但我从中却看到另一种东西：民国大学教师上课的高度自由。你看，同样是教英文，钟作猷选用的课本主要是诗歌，顾仲彝使用的则主要是随笔，洪深选的又变成了戏剧，真是另类至极！这些民国杰出学人在大学教书的时候，学校当局没有要求使用统一教材吗？同一课程的老师使用的教材各不相同，考试时怎么能出同样的试卷，进行流水评卷呢？

中国现代大学制度是从西洋移植来的，民国正是现代大学的播种、成长时期，许多"规矩"尚未形成。民国的大学给人一个印象：教授牛得不得了，想调课就调课，想请假就请假，想用什么方法教就用什么方法教，极端者甚至连考试试卷都懒得批改，学校教务部门不得刻个合格章以代劳。老师教课如此自由，课堂自然五彩缤纷。

民国大学的行政人员也特别谦逊。那时绝大多数学校都是采用世界通行的"教授治校"模式，建立了教授会、评议会制度，大学教授们说话不仅在课堂上可以算数，在整个学校事务中都可以算数。教授可以得罪行政人员，学校一切重大事务都是教授们议了之后由行政人员执行，行政人员根本没有多少决策权；行政人员不敢惹教授不高兴，否则，你的位子就可能保不住。20世纪二三十年代的清华大学，连校长都被师生赶走了好几个，其他行政人员就更不用说了。如果某个行政人员胡乱地定下不合教授口味、不符合教学规律的"规矩"，最后的结果肯定是"规矩"不会得到执行，而这些制定"规矩"的行政人员只能落荒而逃。

"没有规矩，不成方圆"，在一定条件下，它是正确的，比如不同列车行驶在同一道铁轨上，大家都按列车时刻表开行，绝对平安无事，如果有那么一两趟火车不听使唤，非出车毁人亡的重大事故不可。然而，想让"规矩"催生方圆，也得看是什么规矩，如果"规矩"本身不合理、不科学、违背社会发展潮流，那么，没有"规矩"有时更能成方圆。中国现在的大学"规矩"多多却难出杰出人才，民国时期的大学"规矩"少少却大师辈出，可为佐证。

傅斯年的"父母心"

傅斯年

在民国那些杰出学人中，中央研究院史语所所长、台湾大学校长傅斯年的性格最为强悍，他处理问题缺乏耐心，不讲究铺垫，一触即跳，有"傅大炮"之称。"傅大炮"做国民参政会参议员时，就曾轰下过两任行政院长，名震士林。按理，这样的人是不适合做大学校长的。毕竟大学校长经常要跟年轻人打交道，年轻人心高气傲，做事不太考虑后果，如果校长脾气暴躁，很容易将矛盾激化。出人意料的是，傅斯年做大学校长却极受学生爱戴。

说到青年学子对傅斯年的感情，有一个故事可为注脚。

1950年12月19日，台湾省参议员郭国基以土著的身份就台大器材处理、放宽台大招生尺度等问题向时任台大校长的傅斯年发难，傅斯年几经解释，郭国基依然不依不饶，导致傅斯年高血压病发作，继发脑溢血，经多方抢救无效，于第二天逝世。台湾省议会副议长李万居是当地人，国语很差，他宣布这个消息时，说的是"弃世"，别人却听成了"气死"。听说傅斯年是被郭国基"气死"的，学生们不干了，他们怒不可遏地冲出灵堂，打着"失我良师"的白色横幅，涌向省议会厅，强烈要求郭国基出来述说昨日会场中质询经过，高喊："郭国基有种你出来，你出来……"冲在前方的学生还与阻拦的议会工作人员扭打在一起。看到情况不对，郭国基从后门找个缝儿溜了。副议长李万居看到郭氏溜了，只好硬着头皮跟学生解释，说郭国基前天提出的咨询并没有伤害傅校长，学生不听。台湾省教育厅厅长陈雪屏接着出面劝说："昨天的质询，总共有六项，我本人回答了四项，傅校长回答了两项，那些问题都不是什么难题……"但学生们还是坚持要郭国基出来答话。

事情没有得到解决，人却越聚越多，学生们甚至喊出了"杀郭国基为傅校长报仇雪恨"等口号，并开始冲撞议会大厅。台北市警察局长亲临现场指挥，维持秩序，但愤怒的学生不肯离去，与警察发生肢体冲突。

下午1点20分，台湾大学训导长傅启学冒雨前来，向学生喊话："我跟傅校长一块在北大时，即是好朋友，我到台大也是由于傅校长让我来的，这次出事我十分愤慨。不过，现在大家只有百多人，我们回去聚集全校师生开会讨伐他。而且现在是戒严时期。"傅氏转头望了一眼全副武装的宪警，又说："郭国基在议会里讲话，可以不负责任，他所问的问题，都是些没有常识的问题。傅校长是学术界第一流的人物，拿他和一个毫无常识的参议员是不能相比的。今天大家到这里来，是出于对傅校长的敬爱，假若他在世的话，一定不愿大家这样做。如果今天同学出了事，叫我如何对得起地下的傅校长。"说到这里，傅启学已是涕泪纵横。看到这个场景，学生们全都伤心地哭了，傅启学答应将同学们提出的问题交省参议会，此时学生才撤离。

我并不赞成学生们的做法，作为一个省议员，郭国基确实有质询台大校长的权力，只要不附带人身攻击，就不能认为过分。但从这件事里，我们可以看出傅斯年在台大的影响是何等巨大，学生对他的感情有多么深厚。

傅斯年之所以如此受学生爱戴，原因很多。大学是一个知识分子成堆、牛人多多的地方，校长必须有学问，拥有渊博的学问，校长在师生里才有威望，才能获得基本的认同。而傅斯年从小饱读古代经典，成年后又长期赴英德留洋，学养非常深厚，在历史学和古典文学等方面都卓有建树。他著有《东北史纲》（第一卷）、《性命古训辨证》、《古代中国与民族》（稿本）、《古代文学史》（稿本）；发表论文百余篇，主要有

《夷夏东西说》、《论孔子学说所以适应于秦汉以来的社会的缘故》、《评秦汉统一之由来和战国人对于世界之想象》等，大都发人之所未发。傅斯年逝世，学生感到"痛失良师"，就有这方面的因素。

作为校长，傅斯年非常爱护学生。在政治倾向上，傅斯年与蒋介石集团关系密切，他个人与蒋介石更有良好的私交，但只要事情牵涉到他的学生，傅斯年就会母鸡护小鸡一样替学生说话。傅斯年主政西南联大时出现学潮，当局弹压闹出人命，他对负有责任的关麟征说："我代表学校当局，对于这次屠杀事件不胜其愤慨，我以前跟你是朋友，现在是站在对立的地位了。""你杀了同学，比杀了我的儿女还要使我伤心。"傅斯年刚刚接手台湾大学时，台大师生反对国民党的黑暗统治，经常上街游行，一些国民党政客在报纸上发表给傅斯年的公开信，指责台湾大学优容共产党。傅斯年当即发表文章坚决回击，指出"学校不兼警察任务"，"我不是警察，也不兼办特工"，"贪官污吏及其他既得利益阶级而把事情办坏了的，我不能引以为同志"。1949年3月底，台湾大学与台湾师范大学学生一起闹学潮，并高呼跟大陆一模一样的学运口号："反内战，反饥饿，反迫害。"当局认为台湾校园受到了共产党的影响，必须捉拿主谋。有关当局派台湾警备副总司令彭孟缉进学校抓人。傅斯年本想阻止，但没有成功，于是对执行任务的彭孟缉说："我有一个请求，你今天晚上驱离学生时，不能流血，若有学生流血，我要跟你拼命！"由于有傅斯年的尽力保护，同样是闹学潮，台大比台师大的学生受到的当局的惩罚轻得多。"师者，父母心"，这一点在傅斯年身上体现得特别充分。

傅斯年已成历史人物，但傅氏做大学校长时体现出的师爱和对大学品格的坚守却远未过时。

大师也曾"不合格"

在中国，只要是爱好文学的人，几乎没有不知道鲁迅、沈从文、朱自清、闻一多这几个名字的。他们的作品思想别致，形象生动，有的甚至影响了几代青年。凑巧的是，上述四位文学家都曾在大学担任教职。那么，大师们教书的水平如何呢？

1927年，鲁迅在中山大学教中国小说史时，起初选课的同学相当多，旁听的也不少。但鲁迅口才并不怎么出色，讲的普通话又带绍兴口音，广东学生很难听懂。起初座无虚席，后来留下来继续听课的寥寥可数。沈从文曾在西南联大教过"各体文习作"、"创作实习"和"中国小说史"等课程。他的学生汪曾祺回忆：沈从文只上过小学，对中学大学的课怎么上一点也不懂，讲起来没有系统，而且他还是湘西口音，声音也小。其教学效果自然可想而知。

朱自清

杨早《朋友》提及朱自清与闻一多做教师的一些事情。朱自清在"五四"时期就参加过"平民教育讲演团"，从教多年，上课依然紧张得时时"用手帕揩汗"，一旦说错话，"总不免现出窘迫甚至慌乱的神色"（余冠英语）。朱自清上课有个缺点，不太敢讲个人的见解，总是引述别人的居多。曾有学生当面提出疑问。因此他的课选的人极少，极端的时候甚至只有研究生王瑶一人来上课。有一次，朱自清到了课堂，发现王瑶没来，只好怏怏而返。

闻一多性格豪放，据说他讲《离骚》，总有这段一段开场白："痛饮酒，熟读《离骚》，方可为真名士。"这句话出自明人，非闻一多所发明，但闻一多喜欢这句话，可见出他的豪放。分析到妙处，闻一多常常会独自哈哈大笑。学生却不怎么认同他的风格。1932年，青岛大学爆发学潮，学生们在黑板上写出了这样的打油诗："闻一多，闻一多，你一个月拿四百多，一堂课五十分钟，禁得住你呵几呵。"

上面这几位作家学问自不待言，这有他们后来的成就为证，但作为教师，他们的缺点非常明显，有的是口才不佳，有的是不懂教学技巧，有的是教学理念不对头。可贵的是当时学校的主事者懂得欣赏大师们内在的学问，并未因为他们上课的瑕疵轻易解雇他们，鲁迅和沈从文后来因为别的原因，自己要求离职，朱自清、闻一多则是终生在大学执教，直到生命最后一刻。几位大师最后成就了一番不凡的事业，这当然与他们个人的努力有关，但也与他们在大学教书时，学校当局对他们的宽容不无联系，从某种意义上说，这种对缺点的宽容有时甚至显得更加重要。

真正的大师不是课题催生出来的，也不是官职奖励出来的，而是适合大师成长的环境孕育的。

欣赏"另类"的人

最近一些年，已故国学大师陈寅恪先生的为人和志业成为学术界一个热点，我在网上查了一下，有关他的史实、述评就有420多万项，许多青年学人以不知陈寅恪为耻。陈寅恪先生无疑是非常杰出的，生平涉猎中外，在历史、文学、哲学、宗教、语言学等方面都有极高的造诣，尤其精于魏晋南北朝史、隋唐史、蒙古史、唐代和清初文学、佛教典籍之研究，写出了《隋唐制度渊源论稿》、《唐代政治史述论稿》、《元白诗笺证稿》、《寒柳堂集》、《柳如是别传》等第一流的著作，被学术界称为"教授的教授"、"学术泰斗"。

陈寅恪　　　　　　　　　陈寅恪《元白诗笺证稿》

　　陈寅恪先生的求学经历非常发人深省。从15岁考取官费留学东渡日本到1925年归国就任清华大学国学研究院导师，整整20年间，先后留学日、德、法、瑞、美等国，掌握了十几门外语，可谓学贯中西，却连一个起码的学士学位也没有拿到，更不要说博士学位了。他的侄子曾经问他："您在国外留学十几年（原文如此，作者注），为什么没有得个博士学位？"陈寅恪回答："考博士并不难，但两三年内被一个专题束缚住，就没有时间学其他知识了，有无学位并不重要。"

　　许多人都歌颂陈寅恪先生的"另类"，的确，一个人学识渊博，却不追求头衔、名誉等等可以给自己带来物质利益的东西，不是每个人都可以做到的。然而，要使"另类"长期"另"下去，还得有欣赏"另类"的人。从这个意义上说，当年那个主张把陈寅恪聘进清华大学的人似乎更值得我们赞美。要知道当时清华国学研究院的导师只有四人，其他三人（王国维、梁启超、赵元任）都是当时已经成名的大师级人物，要聘进一个连学士学位都没有的人进来，其"破格"程度可想而知。

　　一个人要欣赏、选拔"另类"人才非常不容易。第一，我们得有独到的眼光。某些真正的人才许多时候之所以不被看作人才，并不是因为他们没有表现出自己的那份才华，而是由于我们的人才观有问题。你要做"另类"人才的发现者，首先就得具有一种不同流俗的人才取舍标准。第二，我们必须有面对争议坚守自己主张的勇气。用与以往不同的路数选拔人才，往往会受到同僚的抵制，比如"破格容易造成攀比心理"、"不利于调动有学历人员的积极性"等等，这种抵制有时会让你进退维艰，当我们确信自己选择的人非常优秀，可以做出大成就，就应该坚持自己的意见，直到取得最后的胜利。第三，从社会这个角度说，要有相对科学的人才选拔机制。出现一个欣赏"另类"的"伯乐"有时并不难，难就难在"伯乐"发现了"另类"之后，掌握了更大权力、能够制衡"伯乐"的人能够认同他的做法，或者是即使不能认同，能尊重他做出的决定。只有在机制上有了保证，"另类"们的"幸运"才不会成为一种偶然。

陈寅恪大师已于1969年辞世，他青年时所处的那个时代更是一去不复返，然而，面对眼下盲目追求高学历、高学位的世风，陈寅恪先生和那一代清华主事者留给我们的精神财产却远未过时。

敬业的精神动力

大学需要有第一流的老师，这一点圈内圈外的人都有共识。然而，大学要办好，光有第一流的老师绝对不够，还要让第一流的老师（包括一般教师）产生愿意把书教好、把学问做大的精神动力，有时后者甚至比前者更加重要。

文学大师沈从文先生曾经在西南联大做过教授。据汪曾祺《沈从文先生在西南联大》一文介绍：沈先生在联大开过三门课"各体文习作"、"创作实习"和"中国小说史"。"各体文习作"是中文系二年级必修课，其余两门是选修。沈从文教"创作实习"时经常给学生布置作文，然后认认真真批改，在学生作业后面写很长的读后感，有时会比原作还长。这些读后感有时评析本文得失，有时从这个习作说开去，谈及有关创作的问题，写了读后感，还会介绍学生去看一些与他们所写作品相近似的中外名家的作品。这些书都是沈先生亲自找来，带给学生的。他每次上课，走进教室时，总要夹着一大摞书。学生习作写得较好的，沈先生就做主寄到相熟的报刊发表，邮费他自己承担，经他的手介绍出去的稿子不计其数，汪曾祺在1946年以前写的作品几乎全部是沈从文先生寄出去的。沈先生讲"中国小说史"，有些资料不容易找到，他就自己抄，用夺金标毛笔，筷子头大的小行书抄在云南竹纸上。这种竹纸高一尺，长四尺，并不裁断，抄得了卷成一卷，上课时分发给学生。

沈从文先生做老师真的到了一种相当高的境界，用"鞠躬尽瘁，死而后已"来形容一点也不过分。这样的老师，他的时间主要不是花在课堂教学中，而是花在平时的备课、批改作业中，即花在别人不容易看到的

沈从文

地方。因为准备工作做得充分，教学也就具有别样的广度和深度。沈先生的学生中之所以出现汪曾祺这样的杰出作家，绝非偶然。

在教学上、在学生身上肯花这么多时间，说明沈从文教书有一种内在的精神动力。当时国家正处于外敌入侵的时候，任何一个爱国的中国人都想尽力做好本职工作，以此报效国家，沈从文自然也不例外。

沈从文也有一种感恩的心态。沈从文只有小学学历，然而，因为自己勤于学习、善于观察，在文学上取得了卓越成就。当时一些学人，比如胡适、聘请他任教的西南联大主事者等，看重沈从文的真本事，不计较他的低学历，这些都让沈从文产生"士为知己者用"的想法。

225

还有一点，我们也无须回避，当时的大学学人享有较高的地位。据一些有心人考证：西南联大有教授会和评议会制度（也由教授组成），学校一切大政方针取决于这两个机构，不做学问或者是不认真做学问的所谓行政人员在这里根本没有说话的地盘。在这样的背景下，沈从文先生想做个敬业的老师也就不难理解了。

我不禁想起现在一些大学，它们招聘教师非博士博士后不取，一个人自学成才哪怕获了诺贝尔奖也只能靠边站，自学成才的人想对单位"感恩"都没机会。学校一切公共事务，从校园建设、规模设置到教师职务评聘、校内津贴，全部由少数手握大权的行政人员说了算，学者们半点权力也没有。既然普通教师在大学毫无话语权，他们怎么会有教好书、做好学问的冲动？又怎么可能真正善待学生？

教师的敬业从来不是天生的。

杨树达的"知无不言"

在湖南师范大学老一辈学人中，杨树达先生的地位非常特殊。他在湖南师大（当时叫湖南师范学院）工作的时间很短，1953年因为院系调整从湖南大学来到该校，1956年即因病逝世，只有区区三年。然而，湖南师大的校园里有他的塑像，湖南师范大学中文系任何一个古典文学老师授课时，都会以极尊敬的口吻提起他和他的《词诠》。

杨树达（1885—1956），字遇夫，号积微，出生于湖南长沙一个教师家庭，从小受过良好的家教，他曾就读于长沙时务学堂、求实书院，1905年官费赴日本留学，1911年回国后历任湖南省立第四师范、第一师范、女子师范教员和北京大学、清华大学、湖南大学、湖南师范学院教授，主要从事古汉语语法、训诂学及文字学的教学和研究工作，著有《汉书补注补

正》、《词诠》、《马氏文通刊误》等20余种
学术专集，发表过《形声字声中有义略证》、
《说中国语文之分化》等上百篇论文。杨树达
的专业成就得到了学界公认，就连被后人称为
"国宝"的陈寅恪也对他极其钦佩，认为他是
当今文字训诂之学第一人。正是因为这种成
就，他毫无争议地成为中央研究院首届院士、
中国科学院首届学部委员。

杨树达

我欣赏杨树达先生的满腹学问，更钦佩他
刚正不阿的学术人格。

2006年3月10日《文汇读书周报》刊发朱维铮先生的文章，介绍了杨
树达先生当年的几则日记。

> 1951年7月1日。本校（指湖南大学）文学院长杨荣国发布文
> 字于《新建设》杂志，引金文、甲文错误百出。甲文秉字像两手
> 持耒，渠说为两脚踏耒。又引《左传》班固注，不知此注从何而
> 来，因草一文质问之。

> 8月19日。李鹤鸣（指湖南大学校长
> 李达）来，言已将余纠杨荣国文字示荣
> 国，并令其自行检讨向读者道歉，并致谢
> 余之纠正。余曰："杨学力不任教授，未
> 知君意如何？"李答曰："是不妥当。"
> 余言："似可以图书馆长或总务长任之，
> 免其贻误后一代青年。"余又问其有困难
> 何在。李不言。余本"知无不言，言无不
> 尽"之号召为此言，李不能用，则余之责任已尽矣。

杨荣国

在校内作努力没有使事情得到解决，杨树达又写信给当时的最高领

袖，领袖本是他的弟子，回信依然像从前一样谦逊，只是领袖对杨荣国能不能做教授，考虑得更多的是此人的政治立场问题，而杨荣国恰恰在当时是属于有"觉悟"的人。

杨树达先生只是湖南大学文学院一个普通教授，却敢与学术功底不过硬的顶头上司叫板，而且还要将情况反映给校长和最高领袖。虽然没有如愿以偿，他的求真务实、对学生负责的精神却光芒四射。

人生有两种老师，一种是学业上的，一种是精神上的。学业上的老师遍地都是，我们每个人都能数出几十个，精神上的老师却可遇而不可求。从师承关系说，我是杨先生门下的第四代，然而，在精神上，我却始终视杨树达先生为我的人生导师。

因为有过杨树达，我对母校生出一份别样的尊敬。

老学人的气度

我是20世纪60年代生人，用句时髦的话叫"60后"，但我听到学术界流行的"我不同意你说的话，但坚决捍卫你说话的权利"这句话，似乎是在20世纪90年代。也不是我有意识不去了解，而是我周围的人、我以前所读的书闭口不谈这个。最近看了一些有关前辈学人的书籍，方知许多老学人其实早就是这种"新观念"的实践者，他们的胸襟让你无法不生出深深的感动。

钱理群先生的《论北大》一书谈到王瑶（1914—1989）与其弟子凌宇的一次冲突。王瑶1946年毕业于清华大学研究院，曾任清华大学副教授，新中国成立后任北京大学教授，他是中国现代文学学科的创始人之一，堪称这个领域的泰斗。他的研究生凌宇非常推崇沈从文，认为沈从文是中国现代文学的第一人，而王瑶先生则认为沈从文是一个有特点的作家，是名

王 瑶

家，而不是大家。师生的学术观点有很大分歧。凌宇的毕业论文不是王先生指导的，王瑶在答辩的头一天才看了凌宇的论文，当然很不满意，认为问题很多。答辩一开始，王瑶就说：我不同意你这个论文，然后说了一大堆论文的问题，凌宇就面红耳赤地和王先生争，争到后来，变成了吵。吵了半天，王先生冷静下来了，想了想还是同意他吧，于是全票通过。后来，凌宇成了湖南师范大学教授、学界公认的沈从文研究的权威学者。

比王瑶更老的学人吴宓也同样展示了一个学人的非凡气度。吴宓的学生钱锺书出身于书香门第，从小非常聪明，年轻时不免有些恃才傲物。吕麦先生在一篇文章中介绍：1929年，钱锺书考入清华大学外文系，成为吴宓的门生。钱锺书上课从不记笔记，边听课边干别的事，学业成绩却非常优异。钱锺书即将大学毕业时，校长冯友兰告知他，清华将破格录取他读研究生，钱锺书一口回绝说："整个清华，叶公超太懒，吴宓太笨，陈福田太俗！没有一个教授有资格充当钱某人的导师！"有人将这话转告吴宓，吴宓笑着说："Mr. Qian的狂，并非孔雀亮屏般的个体炫耀，只是文人骨子里的一种高尚的傲慢，这没什么。"1937年，钱锺书留学海外，得知吴宓准备和情人毛彦文举行婚礼，于是在国内某知名大报上发表一篇文章，调侃老师的新娘为"superannuated coquette"（"徐娘半老，风韵

毛彦文

犹存"，暗指其为卖弄风情的大龄女人），吴宓也没有计较。1940年春，钱锺书学成回国，清华大学打算聘他任教，时任外文系主任陈福田、叶公超竭力反对。吴宓知道此事，为钱锺书鸣不平，四处奔走，无果。后来，陈福田请吴宓吃饭，吴宓特意叫上陈寅恪做说客，要求清华大学外文系聘请钱锺书。经过一番努力，此事大功告成。任教两年后，钱锺书和同事相处不睦，辞职赴位于湖南蓝田的国立师范学院任教，吴宓非常惋惜。

自己招收的研究生学术观点与自己南辕北辙，答辩时又不"虚心"，居然敢跟自己争吵，换上现在某些人很可能给学生来个下马威，不让其论文通过，然而，王瑶宽容了弟子的"不懂事"，给不同的学术观念留了一条生路。年轻的钱锺书恃才傲物，一般人很难容忍，假若吴宓在清华大学外文系是否聘请钱锺书的问题上保持沉默，绝对不会有人指责他，然而，吴宓却能超越个人恩怨，为自己的学生争取事业的舞台。钱锺书晚年也意识到自己年轻时对老师的刻薄和不敬，曾经真诚地表示悔意。

仔细想来，王瑶和吴宓能对自己的学生这样宽容，一方面是因为他们爱才。人总是有缺点的，宽容缺点，有时也就为人才的优点打开了通道。学人与学阀的区别在于：学阀是靠地位和权力混日子的，学人却是靠学问和人格立足；学阀永远唯我独尊，听不得任何不同意见，学人却能做到"我不同意你说的话，但坚决捍卫你说话的权利"。王瑶和吴宓有资格成为学阀，但他们不屑于这样做。王瑶、吴宓两位老学人宽待学生，也与他们对学术的理性认识有关。王瑶曾经对他的另一个学生钱理群说过这样一段话："我跟你说，将来在学术史上，我和你是站在同等地位上的。后人评价我和你，不会因为我是你的老师，就说我一定比你强，但也不会因为你比我年轻，就一定说你比我好，后人评价我们俩，会完全根据我们的学术著作所达到的实际的学术水平，作出科学的、公正的学术评价。"吴宓先生是否说过类似的话我不知道，但我相信他一定也有类似的理念。

一个学者学问高深让人钦佩，人格伟岸更令人尊敬。

世间已无雷海宗

雷海宗是中国20世纪前期非常著名的历史学家，他20岁毕业于清华大学，27岁获得芝加哥大学博士学位，编著有《中国通史》、《中国通史选读》、《西洋通史》、《西洋通史选读》、《中国文化与中国的兵》、《世界上古史交流讲义》等多部著作，并写有相当数量的广有影响的学术论文。雷海宗特别擅长讲课，曾教过"中国通史"、"中国哲学史"、"中国文化史"、"西洋通史"、"外国史学史"、"外国文化史"、"基督教史"等

雷海宗

十多门课程，涉及的领域有历史、文化、哲学、宗教，等等。他在西南联大上课极受学生欢迎，学生对他的评价是"声音如雷，学问如海，自成一宗"。理学院学生庆幸自己被分到他的班上，别的班的学生企图混入这个班。他的课堂永远座无虚席，门窗外挤满了旁听者。

雷海宗记忆力惊人，他讲授"中国通史"和"西洋中世纪史"，不带片纸只字进教室，只带一支粉笔。讲到春秋战国的诸侯，西洋中古史几十

个国君，名字有长达十几个英文字母的，他们的起讫年代，他都能随手板书在黑板上。他的课条理清楚，充满历史细节，谈到特别有戏剧性的事件时，简直是在表演。

雷海宗上课从不拘泥于所谓的教学计划，而是由着性子来，讲到哪里算哪里。每次上课，他都会习惯性地问学生："我上次讲到哪里了？"得到学生的提示再接着滔滔不绝地讲下去。有个女生笔记记得特别详细，一句话不落，有一次雷海宗又问自己上次课讲到哪里，该女生回答："你上次最后说，'现在已经有空袭警报，我们下课。'"

雷海宗在学术上极有创见，他总结了一个理论，叫"中国文化周期论"。他把中国文化分为两期，所以他讲"中国通史"，"淝水之战"以前讲得很详细，他认为这是中国文化第一周。"淝水之战"后，只是简单地叙述，他认为那是第一周的翻版。

雷海宗教书已达化境，绝非一般人可以做到，学生喜欢他很容易理解。我突发奇想，如果雷海宗活到21世纪，碰上我们现在某些大学官员，他的境遇会如何呢？

首先，这些人会指责雷海宗课堂准备不充分。在现在一些校园官员看来，老师上课带教材、教案，是起码的课堂教学常规，雷海宗只带一支粉笔进教室，很不敬业。比如我熟悉的某校就明文规定：老师上课必须带教材、教案进课堂，教案以每两节课为单位，必须写上课题、目的要求、教学重点、教学难点、教学课时、教学方法、教学内容与步骤，把一所大学弄得像幼儿园似的。

其次，他们会批评雷海宗教学态度不严谨。为了应付教育部五年一次的教学评估，现在一些大学要求教师开学第一周就列出整个学期的教学计划，然后严格按教学计划上课，上课还要随身带着它，以备检查。而雷海宗上课完全不把计划当回事，其教学态度自然值得打个问号。

再次，他们会斥责雷海宗的教学重点安排不当。按现在一些大学官员的理解，任何课程一章有一章的重点，每一节课都应该重点突出、详略得当。讲历史怎么能一个时期重点讲，以后的就全部略讲呢？

既然一些大学官员认为雷海宗上课有这么多毛病，雷海宗自然只有两条路：一是按照学校的要求，把以前的教法推倒重来；一是坚持自己一贯的教法，然后下岗拖板车。

这里有位病人

林杉的《林徽因传》写了这样一件感人的事。1947年夏天，刚刚在欧洲战场做过战地记者的萧乾，由上海来北平探望老友林徽因。来之前，他得到林徽因的信：一定得留一个整天给他。当萧乾来到清华园林徽因寓所时，老远就看见她的宅前竖了一块一人高的牌子，他心领神会地轻轻走了进去。林徽因从屋里出来，紧紧握着萧乾的手，眼里储满泪水，惊喜地大声嚷着："秉乾，快进屋，干吗这么轻手轻脚的。"萧乾指了指门口那块木牌，原来上面写有文字："这里有位病人，遵医嘱需要静养，过往行人请勿喧哗。"林徽因说："你大概没想到我这个需要静养的病人，一天到晚在这高声大嗓地接待客人，那块牌子是总务处写的。"

我不知道当年清华大学总务处主事的是谁，也不知道是谁具体竖了这块可爱的牌子，但我确实被其中的脉脉温情深深打动。林徽因只是一个普通的建筑学教授，既没有当什么长，也不是任何一级的先进、劳模，患了病，自己无所谓，学校却很当一回事，40年代的清华大学"以人为本"的办学理念通过这个故事诠释得淋漓尽致。这种温情的本质是关爱。

萧 乾

周作人

刘海粟

抗战期间，胡适的老朋友周作人陷身北平，时在伦敦的胡适听说周有附逆之心，非常着急，寄来一首诗规劝，希望其南下脱离日本人控制区。诗云："臧晖先生昨夜做一个梦，梦见苦雨庵中吃茶的老僧，忽然放下茶钟出门去，飘然一杖天南行。天南万里岂不太辛苦？只为智者识得重与轻。梦醒我自披衣开窗坐，谁知我此时一点相思情。"臧晖先生指胡适自己，苦雨庵中的老僧指周作人，尽管固执的周作人没有"识得重与轻"，最后落水做了可耻的文化汉奸，胡适对朋友的温情却让人永难忘怀。

还有一种温情叫做理解。1921年深秋，刘海粟希望到北平去画些北国风光，给蔡先生写信倾诉自己的愿望，蔡于是邀请他到北大画法研究会去讲学，给他定的讲题是《欧洲近代艺术思潮》。刘海粟完成讲课任务后，每天都外出写生，画了《前门》、《长城》、《天坛》、《雍和宫》、《北海》、《古柏》等36幅画稿。蔡元培看了他的画作，觉得很有潜质，准备给他办一个展览。有人在蔡元培面前说刘海粟的坏话，批评其画如何如何差劲。蔡元培觉得一个年轻人取得现在的成绩不容易，只可以鼓励，不能打击，坚持要为刘海粟办展览，他亲自撰写《介绍画家刘海粟》，作为画展序言，并发表在《新社会报》和《东方杂志》上，极力宣传刘海粟的绘画艺术。对蔡元培给予自己的温暖，刘海粟非常感激，他在给蔡元培的一封信中说："尝自傲生平无师，惟公是我师矣，故敬仰之诚，无时或移。"还经常对别人说："世无蔡元培，便无刘海粟。"

温情是一种最美好最纯净的人性，它的内涵非常广泛，除了关爱、牵挂、理解，还有体谅、宽恕、同情、悲悯等等。仔细想来，影响一个人生命的有许多东西：法律、强制性的制度、权势、金钱……不管你愿不愿意，只要与它们短兵相接，你不可能完全不改变自己。但在我看来，最有"打击力"的永远是给予别人一片温情，让你所帮助的人体会人性的美好、生活的快乐。因为法律、强制性的制度也好，权势、金钱也罢，它们都只作用于人趋利避害的天性，是外在的；唯有涓涓小溪般的温情直指心灵，它与一个人真正的生命渴望结合在一起。如果我们把这个世界比作一条道路，温情就是路边那片馨香的野花，头顶那轮皎洁的明月。

我们需要向这个世界释放温情，需要通过自己的努力使秋天不再萧瑟、冬天不再寒冷。温情首先要求我们的是设身处地为他人着想。当他人遇到困难或者困境，你应该好好考虑一下：如果我是他，我最希望的东西是什么；我现在不是他，我能为他做什么。这样想了，与人为善地做了，你也就向别人付出了温情。温情也与一定的牺牲血肉相连。关心他人总是有代价的，时间的、金钱的、肉体的、精神的……一个人不想为别人付出代价，温情就不可能在你的生活中萌芽、生叶、开花、结果。然而，温情的意义也正在这里：因为有给予者的牺牲，别人在获得帮助的同时，也得到了一种做人的道理；假若他用这种道理指导自己的人生，美丽的人性又会实现它的放大效应。

温情是一个人的生命向理想的天空推进的最持久的燃料，是我们认知周围世界的必要的参照物。碰上别人的艰难执著付出，得到别人的奉献学会感恩，这是人之为人的基本尺度。

文人的另一种色调

大师的另类色调

近些年看过不少有关曹禺的文章，曹禺给我留下的印象是生性低调、待人友好、很重感情。我也特别欣赏沈从文先生的为人。比如沈从文的表侄黄永玉当年独自在上海滩闯荡时，沈从文一次又一次地给自己的朋友写信，恳请他们予以关照；40年代，西南联大毕业的汪曾祺失业在家，心情郁闷，给老师沈从文写信哭诉，沈从文鼓励他拿起手中的笔认真写作。

其实我们所熟知的两位大师，还有着鲜为人知的另一种色调。

1957年8月，曹禺写了篇文章《斥洋奴政客萧乾》，参与"反右"大合唱。文章中说："萧乾是文化界熟识的人，他很聪明，能写作，中、英文都好。但有一个毛病，就是圆滑、深沉，叫人摸不着他的底。过去，他曾在混水里钻来钻去，自以为是龙一样的人物。然而，在今天的清水里，大家就看得清清楚楚，他原来是一条泥鳅。"

与曹禺相比，沈从文对萧乾的批判更加过火。某次文联开会批斗萧乾，沈从文发言说萧乾早在1929年就同美帝国主义勾结上了。沈从文指的是萧乾当年编过《中国简报》。萧乾当时非常伤心，沈从文是萧乾的第一位文学师傅，萧乾最初的几篇文章都曾留下沈从文精心批改的痕迹，萧乾进《大公报》，也是沈从文和杨振声一起推荐的。在萧乾失业的那八个月里，同样是沈从文和杨振声收留了他。萧乾一向视沈从文为自己的恩人，他不明白这一次沈从文为什么要那样颠倒是非。

曹禺

曹禺、沈从文之所以要说那些不该说的话，除了其性格上的原因，主要是源于对当时政治的恐惧。新中国成立之后最初一段时间，曹禺过得顺风顺水，他的剧作短短几年就演遍大江南北。1957年上半年，北京出现了将《雷雨》、《日出》、《原野》、《北京人》、《家》等经典剧作同时搬上舞台的盛况。香港也举行了空前的"曹禺戏剧节"。这种情况下，曹禺自然怕自己在政治上站错队，导致命运的逆转。沈从文呢，还在1948年的时候，他就被左翼文艺阵营判定为"反动"、"与人民为敌"，是"清客文丐"、"二丑的二丑"。新中国成立之后相当长一段时间有关部门既不找沈从文谈话，也不安排他的工作，弄得沈从文曾割腕自杀。如果此时他不赶紧表态，彻底批判被组织定为右派的萧乾，别人必然觉得新中国成立后他的思想毫无进步，他现有的那一点安宁很难保住。

公民自由有两种，一是消极自由，一是积极自由。积极自由是做内心想做的某些事的自由，消极自由是不做内心不肯做的某些事的自由。民主

《雷雨》剧照

社会能够两种自由都给够，然而，在中国的极"左"时代，正直、善良的人们不仅得不到积极自由，许多时候想拥有一点消极自由都难于上天。从一贯的行事看，沈从文和曹禺的本性都是向善的，他们不可能主动害人，但在那种黑白颠倒的社会，他们也表现过内心的恶，这是一种怎样的无奈啊！

沈从文、曹禺随意批判人的行为，既是他们个人的悲剧，更是一种时代和体制的悲剧。

大师也玩诡辩术

章太炎先生是个大学问家，几乎天天都要跟逻辑思维打交道。然而，就是这样一个人物，他有时说话也强词夺理。

在讲章太炎之前，先得交代一下事情的背景。章太炎有个学生叫黄侃，此人学问非常了不起，但在玩弄女性方面同样不甘人后，对女人一点诚信也没有。他一生结婚九次，当时的媒体评价他："黄侃文章走天下，好色之甚，非吾母，非吾女，可妻也。"黄侃的发妻王氏是黄侃父亲黄云鹄的至交之女，两人虽是包办婚姻，但感情不错。然而，他一边与发妻缠缠绵绵，一边与一个叫黄绍兰的女子同居。黄绍兰是黄侃的学生，曾在北京女子师范大学就读，没拿到毕业文凭，后来到上海开办博文女校。黄侃专程跑到上海追求黄绍兰，非让人家答应自己不可。因为黄侃家中有老婆，黄绍兰不情愿，黄侃想了个主意，用假名与黄绍兰结婚，婚书上用的名字叫李某某。

章太炎

汤国梨

黄侃对黄绍兰解释说："男方所以用李某某的名义，乃是法律问题。因你也明知我家有发妻，如用我真名，则我犯重婚罪，同时你明知故犯，也不能不负责任。"

与黄绍兰花前月下一番之后，黄侃回到北京女子师范大学教书，不久又与彭欣草秘密结婚，黄绍兰气冲冲地赶到北京。得知事情的原委，彭欣草非常气愤，她建议黄绍兰跟自己一起去法庭控告黄侃重婚，黄绍兰说自己婚书上男方姓名为李某某，估计告不赢，只好黯然回到上海。后来，黄绍兰在医院里生下一女儿，黄侃任其自生自灭，坚决不肯支付女儿的生活费。

对黄侃的滥情，章太炎的夫人汤国梨非常看不惯，她曾当面指责黄侃

"小有才实足以济其奸",她在《太炎先生轶事简述》中谈及黄侃,也斥骂他"有文无行,为人所不齿",是"无耻之尤的衣冠禽兽"。然而,章太炎却认为黄侃酷似"竹林七贤"之阮籍,不管其如何玩忽礼法、不讲道德,但其母丧时呕血数升,乃纯孝之人,内心善良,并非残忍之徒。意思是说黄侃本质上是个好人。

章太炎的辩护其实完全站不住脚。黄侃事母至孝是真的,有各种各样的历史记载为证,但这只是说明黄侃是个好儿子,却不能从逻辑上证明黄侃内心善良。事实上,一个以玩弄女性为目的,完全不顾异性感受的人,也离善良相去甚远。

章太炎在黄侃与他的恋爱对象之间"拉偏架",除了黄侃孝顺母亲这一点外,还有其他原因。第一,在男权社会,男人们往往不把好色当回事,在他们看来,一个男人只要对朋友讲义气,对国家讲忠诚就行,至于跟女人有点什么瓜葛,纯粹是小事一桩。第二,章太炎与黄侃的个人关系非同一般。黄侃对老师章太炎特别尊敬,每逢新年,一定登门探望,一进门,必行跪拜大礼。别人谈论章太炎,只要有半个不字,黄侃就会与之争辩。黄侃平时爱作诗,经常拿着诗稿请章审阅,章太炎的信一到,黄侃立即将其裱起来珍藏,终身未变。章太炎对黄侃也极有感情,黄侃英年早逝,章太炎听到噩耗,失声痛哭,连呼:"这是老天丧我也!这是老天丧我也!"这样的师生情,怎么会让章太炎先生不为黄侃的错误辩护呢?最主要的

黄 侃

243

是，章太炎特别欣赏黄侃的才华。黄侃所治文字、声韵、训诂之学，远承汉唐，近接乾嘉，创见迭出，自成一家。他一生著述甚丰，有《音略》、《说文略说》、《尔雅略说》、《集韵声类表》、《文心雕龙札记》、《日知录样记》、《黄侃论学杂著》等数十种著作行世。特别在音韵学方面，他提出了古声十九纽，古韵二十八部，古音只分平入二声等观点，更是极富创造性的。好学生讨老师喜欢，自古皆然。

章太炎的强词夺理，于他一贯的正直、正义形象无疑是有损害的，却也显出了其人的性情。

鲁迅的精神"鱼目"

在中国白话文学史上，鲁迅是一个绕不过去的巨大存在，他对所处社会的尖锐批判、对世事的前瞻眼光、在艺术手段方面的不断探索，给后人留下了一笔巨大的精神财富。研究鲁迅留下的文学作品、认真打量他的生活道路和思想演变，将是中国现代文学面临的一个长久的课题。在鲁迅研

鲁 迅

究中，有一点不可回避，那就是鲁迅的人际关系。直率地说，鲁迅与周围一些人的关系是不很理想的，一方面，他与陈源、胡适、林语堂、郭沫若、成仿吾等一批学界和文坛的重量级人物成了论敌；另一方面，由于个人性格的原因，他与过去的同事、朋友顾颉刚、钱玄同也是渐行渐远。

鲁迅与论敌的关系极其复杂，不是一篇小文章能够说清的，下面我只说说他与顾颉刚、钱玄同的决裂。汪修荣先生《民国教授

往事》一书中有篇文章专门谈了鲁迅与顾颉刚的关系。1926年，林语堂在厦门大学创办国学研究院，邀请鲁迅和顾颉刚前往任教。鲁迅与林语堂都是语丝社成员，两人关系一向不错，自然慨然应允。顾颉刚赴厦大则主要是因为经济原因。由于原来供职的学校欠薪加上各种借贷，顾颉刚欠债近3000元，接到厦大聘书，且薪水优厚，自然喜不自禁。初到厦大，鲁迅与顾颉刚的关系很不错，两人同在一个办公室办公，同在一处吃饭。

林语堂

1926年9月，顾颉刚送了鲁迅一本宋濂的《诸子辩》，鲁迅则请日本友人为顾颉刚查找《封神榜》的有关资料。顾鲁两人发生矛盾是因为顾颉刚向厦大推荐了潘家洵、陈乃乾、容肇祖等人。这种荐人方式在那个时候非常通行，问题是自称佩服胡适和陈源的顾颉刚忽视了鲁迅与现代评论派的芥蒂。加上顾颉刚推荐的人不是他的北大同学就是朋友同乡，更给鲁迅一种顾颉刚在厦大扩大现代评论派势力的感觉。后来，鲁迅因故离开厦门大学，前往中山大学担任文科教务主任兼中文系主任，没想到中山大学同样聘请了顾颉刚做教授。1927年4月17日，顾颉刚到广州。第二天，鲁迅知道他来了，对学生说："顾颉刚来了，我立即走。"便不上课了。4月20日，鲁迅提出辞职，校方反复挽留也没有奏效。此后鲁迅多次在书信和文章中以"鼻"或"红鼻"指称顾颉刚，甚至取笑顾的口吃，鲁迅与顾颉刚成了一对冤家。

《民国教授往事》另一篇文章说到鲁迅与钱玄同由亲密到疏远的过程。鲁迅与钱玄同是留学日本的老同学老朋友，"五四"时期两人交往甚密，不仅一起吃饭喝酒聊天，还经常互通书信。据沈尹默回忆：当年鲁钱两人在一起高谈阔论，常常占据了说话的中心，别人只能洗耳恭听，没有

钱玄同

插嘴的余地。鲁迅在日本时给钱玄同起了个"爬来爬去"的绰号，简称"爬翁"，钱玄同也给鲁迅起了个"猫头鹰"的绰号，由此可见两人关系之亲近。钱玄同在事业上也帮助过鲁迅。鲁迅的《狂人日记》就是在他不断催促完成的。钱玄同觉得鲁迅非常有思想，文学才华又出众，肯定可以写出好文章。《狂人日记》在1918年第4卷1号的《新青年》发表后，果然引起轰动。"五四"以后，钱玄同钻进了故纸堆中，满足于做文字学家和音韵学家，这引起了鲁迅的不满，两人开始疏远。1929年5月，鲁迅回北平省亲，与钱玄同偶遇，恰好碰到自己不喜欢而钱玄同视为好友的顾颉刚在场，两人同时愣住了，一对好友从此分道扬镳。

朋友之间的决裂往往彼此各有责任，不过，仔细考察鲁迅与顾颉刚、钱玄同的决裂，鲁迅的责任更多一些。顾颉刚与鲁迅在北京时并无宿怨，他推荐的几个人也从未与鲁迅发生过正面的冲突，鲁迅先生为何一定要将他们划进现代评论派？又为何非要对顾颉刚采取那样的态度？后来事实证明顾颉刚虽然佩服陈源，但与现代评论派并无多少牵扯，鲁迅对顾颉刚颇有些误会，然而，由于双方关系已僵，再回头已不可能。至于与钱玄同的决裂就更可惜了。朋友在事业上转向，这是非常正常的一件事，只要不悖于国家、民族利益，不违背个人的良知就行。朋友跟自己不喜欢的人待在一起，更是没有什么不对，人各有交友的标准和个人的交际圈，因为自己与某人的过节而反对朋友与那个人交往，其做法未免有点不近情理。鲁迅去世后，钱玄同曾写过一篇《我对周豫才君的追忆与略评》，认为鲁迅的优点是：治学最谨严；读史与观世眼光犀利，能发现社会痼疾；缺点是多疑、轻信、迁怒。我觉得这是有一定道理的。

　　鲁迅从小经历过家庭中落，在北洋政府教育部工作时又受到过辞退的打击，在文坛上也经常遭到一些别有用心的人的攻击，他对朋友比较挑剔自有其深刻的心理根源。关键是后人评价鲁迅时不要"鱼目混珠"，而应该将他优点的"珍珠"与缺点的"鱼目"好好分开，肯定其"珍珠"价值，指出其"鱼目"的遗憾。只有这样，我们的文学研究才可能抵达应有的深度和高度。

胡适遭遇的一次喝倒彩

　　写下这个题目，心脏蹦得像要穿膛而出，很怕被人看作"标题党"。好在历史事实安慰了我，当年的胡适遭遇的确实是一次喝倒彩，而且"倒"得特别厉害。

　　我们不妨穿越时光隧道回到70多年前的现场。

　　1934年秋季某日，北京大学召开全体师生大会，那天天气晴朗，出席的人非常多，北大校长蒋梦麟主持大会，他首先就讲法国《最后一课》的故事，劝学生安心读书，不要搅和国事。这种论调很不对血气方刚、希望在国家危难之际挺身而出的年轻学生的口味，但学生还是静静地听着，想看看校长接下来到底会有什么动作。不一会，蒋梦麟宣布请胡适讲演，这一下捅了马蜂窝，一时间，嘘声四起，伴以巨大的喧哗声，久久不停。胡适演讲得极其艰难，大家根本听不清楚，据坐在讲台前的李祖荫回忆，他也只听清了"打仗三

胡　适

日就亡国"一句。那天，胡适身穿古铜色绸长袍，围灰绒围巾，双臂左右挥舞，想压下学生的喧嚣，可学生们依然故我。胡适气得发抖，说："你们不是北大的学生，北京大学的学生是有理智的，北大学生应该站起来保护真理。"此言一出，更是火上浇油，谴责声、叫骂声越来越厉害，胡适不得不尴尬地从讲台上下来。

初读这则史料，估计您也会像我一样感到深深困惑。胡适一向品行高洁、爱生如子，学识也很渊博，在师生中人缘极好，何以跟学生闹成这个样子？ 1931年"九一八"事变发生后，无论政府还是民众都分为主战、主和两派，时任北大文学院院长兼中文系主任的胡适属于主和派。胡适认为中国的军事力量不能与日本抗衡，中国只能暂时放弃武力抗争，与日本公开交涉，解决两国之间的悬案，以谋求十年的和平。同时警告政府当局"与其战败而求和，不如于大战发生前为之"。在这和平的十年中，全力发展现代军事工业，阻止日本武力征服中国。

胡适产生这样的思想绝非偶然。胡适与蒋介石私交不错，1933年春，胡适与蒋介石见面，交谈中蒋介石告诉胡适，日本人的神速出乎自己想象："我每日有情报，知道日本没有动员，故料日本所传攻热河不过是虚声吓人而已。不料日本知道汤玉麟、张学良的军队比我们知道的多得多！"当胡适问到中国军队能不能抵抗时，蒋介石说需要三个月预备期。当问及三个月后能否开战，蒋答："近代式的战争是不可能的。只能在几处地方用精兵死守，不许一个生存而退却。这样子也许可以叫世界人知道我们不是怕死的。"蒋介石的话透露出一个意思：在当时条件下，中国打不赢日本。

现在看来，当年要求武力抗击日寇的青年学生，其实比学富五车、主张求和以后图的胡适更加高明和清醒。在20世纪30年代，日本人是凶狠的狼，中国人不过是孱弱的羊，狼随时可以吃掉羊，羊却没有任何反制的武器，连一根像样的木棒都没有，狼是否愿意与羊谈判，本身就是个问题。

退一万步说，就算中国通过巨大的外交努力与日本暂时达成了协议，日本也必然会以中国彻底割让东北三省、承认日本在华种种特权为基本谈判条件，这样，我们国家头上就会时时悬着一把尖尖的巨剑，国民不可能拥有起码的安全感。

不过，胡适毕竟是个真诚的爱国者，他的主和与汪精卫有着本质区别。汪精卫的主和是要借维护国家利益的名义，获取个人的荣华富贵；胡适的主和是想给国家民族找一条出路，而非希冀个人得到什么好处。因此，当日寇无耻地在卢沟桥挑起事端、大举进攻中国时，汪精卫将主和变成了彻底的卖国，甘当傀儡政府的头目，沦落成千夫所指的汉奸；胡适则勇敢地抛弃了过去的妥协幻想，应国民政府之召赴美开展民间和官方外交，全力推动国际社会支持中国抗战，凭自己辉煌的作为重新获得了青年学子和全国民众的尊敬，将人生中不光彩的倒彩变成了绚丽的正彩。

民国名人的"二"

近年来，"二"这个数字似乎长了翅膀，在网络上飞来飞去。"二"，有的人认为是傻的意思，我觉得这种解释过于简单化。鄙人考察了不少例句，觉得网民说的"二"，应该是指的一个人不太精明、不合时宜、不注意小节，在别人看来有些另类。以是观之，其实许多民国名人挺"二"的。

著名化学家曾昭抡的趣闻很多。他经常穿一件带污点的蓝布大褂，有时套一件似乎总是掉了纽扣的粗糙的白衬衫。旧鞋子总是露出脚趾头和脚后跟，头发乱蓬蓬的。有次为了及时参加中国化学学会的年会，他从田野考察回来，仍穿着沾满泥点的长袍，脚着草鞋，踏上讲台。某天乌云密布，他带着伞出门，走了不久便下起了雨，且越下越大，曾昭抡全身都被

张爱玲

张竞生

淋湿了，却仍然提着那把没有打开的伞一直往前走，直到别人提醒，才把伞打开。有次在家里吃晚饭，他不知怎的，心不在焉，拿着煤铲到锅里添饭，直到夫人发现他的饭碗里有煤灰，他才知道。

张爱玲有一怪癖：好着奇装异服。一天，她为出版小说《传奇》到印刷所去校稿样。她那天穿的衣服极为怪诞，使整个印刷所的工人停了产。张爱玲长得并不漂亮，无法用美色吸引别人，这因服装而起的百分之百的回头率让她得意不已。高兴之余，她对跟她聊天的女工说："要想让人家在那么多人里只注意你一个，就得去找你祖母的衣服来穿。"女工吓了一跳："穿祖母的衣服，不是穿寿衣一样了吗？"张爱玲说："那有什么关系，别致就行。"

性学家张竞生编过《性史》，写过《第三种水》，书一出版备受非议，某些卫道士恨不得寝其皮食其肉，即使是以开明著称的张伯苓也在南开大学查禁《性史》。本来就处在是非之中，张竞生在私生活上还不拘小节，他居然跟曾为小官僚妻子的褚丛雪"试婚"，使人觉得张竞生的性学理论是在为个人的行为辩护。

这几位名人在事业上都非常有建树。曾昭抡除了在化学科研领域作出了卓越贡献，还把北大化学系建成了重要的研究中心；张爱玲是20世三四十年代上海滩最著名的女性作家，光靠写作就过上了非常富裕的生活；张竞生被称为"中国性学第一人"，在性心理学领域成就非凡。然而，他们在某些时候又确实表现出了很难被普通人认可的那种"二"。

名人太忙，需要做的事非常多，一般很少考虑自己在一些小节上会不会被大众接受，这是一些民国名人很"二"的原因之一。其次，名人往往都是有个性的人，因为他们在事业上非常成功，膜拜者众多，说话做事喜欢特立独行。一些事情可能在我们看来很"二"，而名人觉得正常不过。

民国名人的"二"自然不是优点，然而，这种"二"却使我们看到了他们的性灵和思想。在我看来，一个敢于坦率地"二"的名人比一个虚伪的绅士可爱得多。

陶行知先生的偏见

著名教育家陶行知与胡适是老乡兼同学，又同在美国哥伦比亚大学获得博士学位，但因为政治理念的差异，陶行知很不喜欢胡适。他曾对人说，我最看不起的同学有两个：一是胡适，靠洋人吃饭；二是孙科，靠老子吃饭。

胡适曾经留学西方，希望以自己所理解的民主政治理念改造中国，但在陶行知看来，这些都是"洋八股"，他写了一首新诗《拉车的教员》进行讽刺："分别是教员，爱做拉车夫。拉来一车洋八股，谁愿受骗谁呜呼。"胡适写过一篇《我们走哪条路》的文章，里面提到贫穷、疾病、愚昧、贪污、扰乱是影响中国进步的五个鬼，陶行知却认为帝国主义的侵略才是最主

陶行知

要的，他批评胡适"明于考古，昧于知今：捉着五个小鬼，放走了一个大妖精。"1935年元月，胡适乘西南航空公司"长庚号"飞机，鸟瞰桂林山水，心中感慨万分，写了一首《飞行小赞》："看尽柳州山，看遍桂林山水。天上不须半日，地上五千里。古人辛苦学神仙，要守百千戒。看我不修不炼，也凌云无碍。"不久，陶行知发表《另一看法》讥笑胡适："流尽工农汗，还流泪不止。天上不须半日，地上千万滴！辛辛苦苦造飞机，无法上天嬉。让你看山看水，这事倒稀奇。"

应该承认，在深入下层这一点上，陶行知比胡适做得更好。他放下国立东南大学教务主任的官不当，抛却教授的头衔，1927年在南京市郊创办晓庄学校，服务于穷人。他打赤脚住牛棚，跟学生一起盖校舍；带着自己编写的《平民千字课》、《老少通千字课》奔走于各地乡村，教人识字，希望提高下层人士的生存能力和政治地位。所有这一切都功在国家、利在千秋，但陶行知完全否定胡适所做工作于社会的价值，这是非常偏颇的。

胡适一生主要做了三件事：一是教书，为国家培养人才；二是办报、发表言论，表达自己的政治见解；三是在抗战最艰难的时候出任中国驻美国大使。而在这三个方面，胡适都成就斐然。作为大学教授，胡适写了《中国哲学史大纲》（上卷）、《白话文学史》（上卷），在学界产生了巨大的影响，也成就了他作为著名学者的地位；作为思想者，胡适在新文化运动、训政和宪政、民主与独裁等论争中独树一帜，跟随者众，影响了许多人的思想观念；作为战时的中国驻美大使，他不辞劳苦，在美国各地作了几百场演讲，希望唤醒美国人"人饥己饥，人溺己溺"的意识，并与美国总统罗斯福结下了深刻的友谊，对推动美国政府援华起了非常重要的作用。所有这一切，绝对不是一句"靠洋人吃饭"可以概括的。

陶行知是一个历史人物，他的一些观点正确也罢、错误也罢，都消散在时间的云烟中。只要我们这些后人不肯定他的某种偏见就行了。然而，有些后人似乎不是这样做，比如刘继兴的文章就说："陶行知致力于平民教育与乡村教育，胡适热衷于精英教育，所以陶行知对普通大众要比胡适感情深得多，与陶行知对社会底层的满腔热情相比，胡适的态度可以说是很冷漠。这就是陶行知为何要多次嘲讽胡适的原因之所在。尽管这些嘲讽不免偏激和刻薄，但丝毫未减我们对陶行知先生的尊崇之情。因为中国要富国强民，需要的正是陶行知这样的教育者。"对这样的观点我颇不以为然。我觉得中国想真正强大，既需要陶行知，也需要胡适。有了陶行知这样的愿意从具体的乡村教育着手提高国民素质的人，我们的民众才会变得有见识、有能力；有了胡适这样的全心全意推动上层政治改革的人，我们才有机会构筑一个民主、自由、法治、尊重人权的社会，为下层人士改变命运提供环境支持。

在政治诉求的最深处，胡适与陶行知其实殊途同归。

吴宓经历的另一重风雨

读鲁迅、叶圣陶、柔石等作家写于20世纪二三十年代的作品，我常有一种感觉，那就是他们对当时国人的人性缺乏信心，正因为如此，他们的作品里才有那么多自私、冷漠、贪婪的人。时间过去了几十年，世事变化了好多回，一些国人自然觉醒了，但也有一些国人人性依然那么卑劣，特别是在政治气候反常的时候。

这里，我想谈谈国学大师吴宓在"文革"中的经历。

出生于1894年的吴宓是民国时赫赫有名的大学者，他精通英、法、德、拉丁等四种语言，学识非常渊博，能教外语，能讲西方文学，能评《红楼梦》，对世界历史也有相当研究，民国时曾任教于东南大学、东北大学、西南联大、四川大学、武汉大学等诸多高校，1941年曾被民国政府教育部聘为"部聘教授"，要知道那时的"部聘教授"，每个学科只遴选一人。然而就是这样一个堪称"国宝"的人物,先是在1959年遭到批判,1966年后又被打成"牛鬼蛇神"和"反动学术权威",关进"牛棚",受尽折磨,一条腿也被弄断,西南师院校方长期扣发他的工资,只给少数生活费。

与来自西南师院官方的迫害相比,吴宓经历的另一重生命风雨更使人痛心。1974年,根据上级指示,西南师院准备补发非法扣除的吴宓的工资,总数达到一万多元。一些人为了从中分一杯羹,编造回乡之人钱财被迁入地痞流氓所抢的谎言,极力阻止吴宓回乡养老。除了编谎言恫吓,

吴 宓

他们还有大量夺财行动。重钢五厂一杨姓工人略施小计以几元钱的小闹钟骗取吴宓价值几百元的进口名表。一凌姓女生以患病需去上海治病为由从吴宓手上拿走2000元,后来连面也不见。某日,几个学生模样的年轻人拿着一封信在念,大意是吴的一个学生因住医院动手术,急需一笔钱,请吴老师给予帮助,钱可由来人带回。照顾吴宓的曾婆婆顿时生疑,走过去一看,年轻人读的居然是一张白纸,此事才穿帮。知道吴宓爱书如命,一些小人还搞起了以书行骗的勾当。吴宓保存的26本1935年由上海中华书局出版的《吴宓诗集》,不到半月就被人偷走,每到吴宓发工资,有人会拿了诗集,让吴宓出钱赎回,一本诗集索价几十元。赎回诗集,吴宓屋里的其他书一本本丢失,不久又有人拿着书要求以钱赎回。后来一些人索性将几年前从吴宓手里借走未完的书拿出来,要求吴宓出钱相赎,吴宓只得花大价钱赎回一部分不能成套的中外文书籍。但过不了几天,他的手稿、日记等又被人偷走,又需重新赎回。吴宓大约一半的工资花在赎回自己的书、手稿和日记上。

按照常理，吴宓无端遭受迫害，与政治相对疏离的一般民众应该非常同情他，想方设法关心他才对。然而，在吴宓的晚年，他遭遇到的虽然也有温情，比如西师某女老师偷偷为其织袜子即是一例，但更多的却是一些小人的算计。他们使用恫吓、偷盗、欺骗等各种卑鄙手段，千方百计榨取吴宓的钱财，充分显示了其人性中的自私、贪婪、无耻。

我从来不相信人心会永远堕落，也一贯认为世间有纯洁、高尚、利他的人，但我同时也知道人的纯洁、高尚、利他是需要后天修炼的，而人的自私、贪婪却出自某种天性。一个正常的社会一定会营造一种气氛，压制人本性中的自私、贪婪，鼓励人的善良、无私。社会的道德规则、法律制度其实都是基于鼓励良俗的理念而设计的。但在政治偏执的时代，正常的道德和法律被当成封建主义、资本主义的东西抛弃了，人性中的邪恶肆无忌惮地跑了出来。我敢肯定，当时遭受这种算计的，绝不只是一个吴宓。

判断一个社会健康还是病态，不需要多高的智商和多么渊博的学识，只要看看这个社会普通人愿意行善还是喜欢作恶已经足够。

咱跟前人比性情

犬养毅曾问孙中山先生："您最喜欢的是什么？"中山先生答："革命！推翻清政府。""除此外，您最喜欢什么？"孙两眼看着犬养毅夫人，笑而不言。犬养毅催促他："答答看吧。"中山先生曰："女人。"犬养毅拍手："很好，再次呢？""书。"

换作现在的男人，别人这么提问的时候，他们的回答肯定是：第一，刻苦学习；第二，努力工作；第三，无私奉献，虽然他们同样喜欢女人，但能做不能说，否则，领导会批评你"思想境界不高"。

吴宓教授喜欢毛彦文，有一次在报纸上发表他的爱情诗："吴宓苦爱

孙中山

毛彦文，三洲人士共惊闻。"朋友金岳霖劝他："你的诗如何我们不懂，但是内容是你的爱情，并涉及毛彦文，这就不是公开发表的事情。这是私事情，私事情是不应该在报纸上宣传的。我们天天上厕所，但我们并不为此而宣传。"深受西方个性主义思潮影响的吴宓教授说："我的爱情不是上厕所。"

吴宓的真诚真是让天地动容！如今少有人做到。一位热爱写作的大学教师告诉我：他年轻时也喜欢过几个年龄相当的女孩，喜欢上了谁，总是在心里暗暗与自己叫劲，苦思冥想着如何让她明白、怎样使她产生好感，却从不敢公开对其他人说，更不敢在文章里稍有披露。现在想来，这位朋友实在明智极了，如果他敢像当年的吴宓一样拿自己的爱情四处张扬，别人大概不会说"公事情"、"私事情"什么的，而会直言："那人简直是流氓！"

著名学者于省吾说："在读书人中，我是有钱的；在有钱人中，我是有学问的。"

于省吾先生这段话充满了自信。今天的人估计少有敢这样直接表扬自己的。我的一个朋友并不喜欢吹牛，有一次在网络上贴了篇刚在某报发表的文章，注明了出处，居然被人说成"因为发表了文章而沾沾自喜"，大加讨伐，害得他很长时间贴文章都像做贼似的。

国学大师刘文典讲《文选》课，上课前先叫校役提一壶茶，带上足有两尺长的竹制旱烟杆，讲到高兴时，刘文典一边吸旱烟一边解释文中精要，不管下课不下课。然而，有一次刘文典只讲了半小时就宣布提前下课，改在下周三晚饭后七点半继续上课，原来他已算好时间，要在月光下面讲《月赋》。几天后，一班学生果真围坐在一轮月下，听他大讲《月赋》。

刘文典真是一个浪漫的人，在月光下讲《月赋》，一边赏月，一边教学，美景激发美情，美情催发美言，何其妙哉！今天的大学里肯定也有浪漫的文学老师，他们要教的作品里一定也有写云写月写星星写萤火虫的东西，如果他们也像刘文典这样做，大概只能卷起铺盖回老家。有大学规定：教师上课迟到早退五分钟即为教学事故，照此逻辑，刘文典早退20分钟，应该算事故中的事故。

刘文典

狂傲的底线

狂傲是一种性情，虽然我们内心里未必特别欣赏，但至少应该做到宽容，古往今来，有大本事者往往都跟"狂"字沾了点边。不过，从狂傲者一方来说，一个人再狂傲都可以，但有一个底线不能碰，碰了绝对会让人生出反感。

还是拿国学大师黄侃先生来说吧！黄侃年少时诗文写得特别好，有一次，他拜访当时的文坛领袖王闿运，王称赞他说："你年方弱冠就已文采斐然，我儿子与你年纪相当，却还一窍不通，真是纯犬啊！"黄侃听罢，很不客气地说："您老先生尚且不通，何况您的儿子。"陈独秀滞留日本时，某天专程拜访章太炎，章太炎要求自己的两个弟子钱玄同和黄侃到隔壁房子回避。谈到清代汉学的发达，陈独秀列举戴（震）、段（玉裁）、王（念孙）诸人，多出于江苏、安徽，话题转到湖北，陈独秀说湖北没出什么大学者，章太炎也表赞同。黄侃一向自负，听了这种话内心"喵"地

王闿运

石 瑛

冒出了火，他在隔壁大声反驳道："湖北固然没有学者，这不就是区区；安徽固然多有学者，然而这也未必就是足下。"陈独秀当即拂袖而去。

1926年，武昌高等师范改为国立武昌中山大学，黄侃任代理校长，因其喜欢骂人、作风霸道，与同事关系不睦，教育部便委派黄侃的朋友石瑛为校长。石瑛到任后开了一次校务会，在会上说了一句："听说黄季刚先生治校方面比较专制……"话未说完，黄侃站了起来，说："听说石瑛的姆妈偷和尚。"石瑛质问他为何如此无礼，黄侃说："我听说的。"说完当即辞职。

黄侃曾在私立中华大学任教，但他只拿薪水，从不上课。时间长了，学生不见黄侃来讲课，很有意见，质问校长陈时："学校课表上列了黄季刚先生的课，为什么这年把时间了，我们连他的人影都没有见到？是不是学校没有把钱给他？如果学校没有把钱给他，那要退我们的学费，因为就是由于有鼎鼎有名的黄季刚先生给我们授课，我们才交这么多学费的。"陈时大呼冤枉，中华大学每个月开给黄侃几百块大洋，哪有拖欠的事情？陈时跑到黄侃家中劝他去给学生上几堂课。于是黄侃便上了他在中华大学的唯一一次课，到了课堂上，他开口就骂："你们是何等动物？非要我来上课？你们出去只管甩我的牌子，就说是我的学生，还怕没得饭吃？看哪个不派你事做？"

上述故事足以看出黄侃的狂傲超出常态。拜访文坛长辈，人家着力表扬他，这应该是一种善意，可是他却以恶报善，讽刺人家没有学问。陈独秀与章太炎讨论哪个地方国学人才出得多哪个地方出得少，本来只是一种一般话题，绝对没有轻视湖北人和黄侃的意思，黄侃要扯到陈独秀有无本事上，与他一较高低。石瑛批评了黄侃的治校，这是实情，但他并没有进行人身攻击，黄侃居然侮辱别人的母亲。学生给大学交了学费，要求老师教课天经地义，黄侃拿钱却不愿教课，却还振振有词，辱骂学生。所有这一切，透出的都是自我的极其膨胀和对他人的无视，这样的狂傲自然会受到他人的非议。

说到这里，你应该已经明白了狂傲的底线，这就是：任何人的狂傲都不能以损害别人的利益和尊严作为前提。

自己就是法度

梁宗岱是中国20世纪最有成就的翻译家之一，他的翻译既忠实于原著，又好读好懂，中国社科院终身荣誉委员柳鸣九称其为中国翻译史上的丰碑，台湾杰出诗人余光中说他是"莎士比亚十四行诗的最佳翻译"，其翻译的《莎士比亚十四行诗》被悉数收入国内出的《莎士比亚全集》，他翻译的《浮士德》虽然只有半部，却被海外学者认为是目前的《浮士德》译本中最优秀的。

梁宗岱（1903—1983），祖籍广东新会，1917年考入广州培正中学，此君少年得志，16岁即被誉为"南国诗人"。1923年他被保送到岭南大学文科，第二年赴法留学。因《水仙辞》的中译和《陶潜诗选》的法译，与法国杰出文学家保尔·瓦雷里、罗曼·罗兰结下深厚友谊。回国后，历任北京大学法文系主任、教授兼清华大师讲师，南开大学、复旦大学教授。

梁宗岱性格中非常突出的一点是干什么事都我行我素，一切以自己的

梁宗岱

感觉为法度。梁宗岱好斗。小时与别的孩子打架，一定要打赢才放手。街坊邻里的大人都叮嘱自己的孩子别招惹他，免得吃亏。成年后依然不改其"斗士"本色。梁宗岱素喜辩论，与人争论时迈步如飞，辩得越激烈，走得越快，并伴以尖叫、打手势、踢腿等。辩到难解难分，便想以自己的拳头取胜。翻译家罗念生先生曾经回忆："1935年我和宗岱在北京第二次见面，两人曾就新诗的节奏问题进行过一场辩论，因各不相让竟打了起来，他把我按在地上，我又翻过来压住他，终使他动弹不得。"梁宗岱在复旦大学教过的一名学生回忆说：梁宗岱与中文系一老教授为某学术问题发生争执，导致肢体冲突，"两人从休息室一直打到院子当间，终于一齐滚进了一个水坑；两人水淋淋地爬了起来，彼此相觑一下，又一齐放声大笑。"

在传统的中国社会，官员牢牢掌握着对老百姓的"合法伤害权"，一般人都不愿轻易得罪手握重权的人，梁宗岱却敢于蔑视蒋介石这样的顶尖级权贵。1944年，蒋介石想让名满天下的梁宗岱做参政员，给中将待遇，每月大洋500元，派人持亲笔信召见他。前面三次梁宗岱都毫不犹豫地婉拒了。第四次，老蒋怕梁宗岱再耍花招，特地叫梁宗岱留欧时的同学徐道麟坐其轿车到重庆北碚，接梁宗岱见面，事先还通知了复旦大学校长章益。梁宗岱不禁暗暗叫苦，但他是个绝顶聪明的人，眼珠一转，立即心生一计，对徐道麟说："老同学，我刚下课，肚子饿得叫起来了，我们先上馆子吃一顿再说。"于是拉着章益一起去饭馆。席间，梁宗岱故意不停饮酒，然后装出一副醉态说："今天不能去拜见蒋总裁了，改天再去吧。在北碚兜兜风，就送我们回学校好不好？"又巧妙躲过了一次"召见"。

梁宗岱对婚姻爱情的态度最能显出他不愿为社会规范所约束的性格。他中学尚未毕业，祖母便在家乡为梁聘下一何姓女子，诱骗他回乡成婚。梁宗岱对这门婚事极其不满，把自己关在书屋，坚持不进洞房，家人进来劝说，他立即脱自己衣服，大喊大叫。劝说的人越来越多，梁宗岱索性将自己脱得一丝不挂，然后坐在屋里看书。后来他与何氏口头约定：解除二人婚姻，他出钱送何氏赴广州读护士学校，学成以后在婚嫁上互不相扰。何氏读完护校，本来已嫁人、生小孩，看到梁宗岱留学回国任北大教授，牛气冲天，不禁生出分羹之心。1934年，她突然跑到北平，要求恢复其妻子身份，闹上法庭。胡适一向不赞成朋友离婚，亲自为何氏辩护，此事当时轰动了整个北平城，梁宗岱不得不大放一次"血"才正式解除婚约。

1931年，梁宗岱在上海结识了著名女作家沉樱，沉樱眉清目秀，气质优雅，才华横溢，梁宗岱被她迷得神魂颠倒，两人很快就同居了，并于1935年正式结婚。在一般人看来，梁沉的婚姻非常美满，理应天长地久。然而，让人大跌眼镜的是，1941年，梁宗岱回广西百色老家奔父丧，偶尔看了一出粤剧《午夜盗香妃》，对饰演女主角的甘少苏一见钟情，频频射去丘比特之箭。甘少苏其时正被国民党军官钟树辉霸占，为救甘少苏出苦海，梁宗岱筹了三万元巨款将其赎出。在甘少苏的一再要求下，1943年3月，梁宗岱居然同意与其结婚，当时沉樱的腹中还怀着他的第三个孩子。这件事让沉樱特别生气，后来她不顾梁宗岱的反对坚持将三个孩子带到台湾，并且发誓终生不与梁宗岱见面。甘少苏晚年在《宗岱和我》一书中这样回忆她与梁宗岱的爱

沉 樱

情："在纵情声色、人欲横流的社会里，宗岱抛弃了世俗观念，用艺术审美的眼睛来鉴别人的品性，从社会的最底层发现了我，付出了很高的代价救我于水深火热之中，让我恢复了人的尊严，走出了苦海，过上了正常人的生活。"在我的理解中，这个所谓的"很高的代价"应该既是指梁宗岱筹措的那一大笔赎身的钱，也是指梁宗岱因此放弃与沉樱的婚姻。

梁宗岱的一些做法自然可赞可弹。他在蒋介石召见时坚守独立人格，拒绝依附权贵，表现了一个知识分子的高尚节操，值得后人学习。与何氏未解除婚约而与沉樱同居，也完全可以理解。梁何的婚姻是长辈包办的，两人有解除婚姻的口头约定，梁宗岱对何氏的未来也作了极好的安排，离开何氏另娶自然而然。但梁氏与人辩论从不认输、争不赢就挥拳相向，会让感觉缺了些宽容。与自由恋爱的沉樱尚未离婚，就匆匆跟另一个女人结合，虽然其中不乏英雄救美的成分，还是给人一种见异思迁的印象。不过从更超脱的意义说，梁宗岱一生为人行事跟着自己的感觉走，不愿意受到外在的束缚，充分体现了他的至情至性，即使在如今依然不失为一种风景。

沈从文的"祥林嫂困境"

把祥林嫂与沈从文先生联系在一起，我内心颇有些不安。他们一个是鲁迅小说中的人，一个是现实生活中的人；一个是最底层的劳动者，一个是鼎鼎大名的作家……区别何止天壤，然而，在个人境遇上，他们确实有着某种一致性。

祥林嫂生活在中国20世纪初叶，她死了第二个男人之后，重新来到鲁四老爷家做女仆。鲁四老爷家祭祀时，祥林嫂去拿酒杯和筷子，四婶就会说："你放着罢，祥林嫂，我来摆。"去取烛台，四婶又说："祥林嫂，你放着罢，我来拿！"为何这样？鲁四老爷夫妇嫌祥林嫂是寡妇。受此打击，祥林嫂的精神一天不如一天，最后在鲁镇新年的"祝福"声中悲惨地死去。

沈从文先生被一些人称为"自由主义作家"，他反对内战，在国民党军队节节败退、解放军胜利在望时依然如此，由此引发革命阵营一些人的极端不满。1948年3月，《大众文艺丛刊》第1辑《文艺的新方向》在香港出版，该刊发表了荃麟执笔的《对于当前文艺运动的意见——检讨、批判和今后的方向》、郭沫若的《斥反动文艺》、冯乃超的《略评沈从文的〈熊公馆〉》等文章，在宣传革命文艺思想的同时，矛头直指以朱光潜、沈从文为代表的自由主义文艺思想，判定沈从文"反动"、"与人民为敌"，是"清客文丐"、"二丑的二丑"。沈从文陷入极大的精神苦恼中，他不明白一向与国民党政府疏远、关注小人物生存的自己，怎么就成了人家眼中"反动文艺"的代表？1949年1月31日，北平和平解放，沈从文的心态非常复杂：他知道自己的自由写作理念与新政权相抵牾，但他其实并不反对现在的政权，相反，还想尽快融入新社会。他希望找新政权的高级官员谈谈自己心里的想法，也为此作出过努力，然而，官方一直没有答复。1949年3月28日，万念俱灰的沈从文划破颈部及两腕的脉管自杀，幸亏抢救及时，才未酿成惨剧。

祥林嫂和沈从文都没有受过物质剥夺、肉体摧残。祥林嫂工资及时拿到了手，在鲁家没有冻着饿着，作为男人的鲁四也从未占过她什么便宜。沈从文虽然被一些左派文人点名批判，但没有人冻结他的稿费账号，影响他的生存；也没有人对他进行盯梢、跟踪，扰乱他的正常生活。他们只是被人打入"另册"，受到精神上的歧视。比起物质剥夺、肉体摧残，这种精神歧视更容易摧毁一个人的自信，击碎一个人的坚强。

精神歧视的源头是社会民主、宽容精神的丧失。在文化多元、思想并不定于一尊的环境里，一个人拥有"另类"的经历也好，坚持特立独行的思想也罢，都会得到充分的尊重。西语云："我不同意你说的话，但我坚

邵荃麟

冯乃超

决捍卫你说话的权利。"说的就是这个意思。相反，如果一个社会总想给人的行为、思想制造一种固定的范式，非我族类"诛杀"无赦，精神歧视就会泛滥成灾。

沈从文先生已经走向另一个世界，生活不可能再对他补偿什么，我们唯一能做到的就是避免沈从文当年遭受的悲剧重演，让社会彻底走上民主、法制和人性的轨道。

寻找一个"人"

如果问：哪种人可以称为真正的知识分子？肯定有人这样回答：那些能用自己所学知识为社会创造物质和精神财富的人。这话其实是有毛病的，它遗漏了一个重要前提：知识分子必须具有独立的思想。

沈从文曾被人称为"自由主义作家"，他强烈反对内战，思想特立独行，相当一些时间，沈从文经常受到左翼文学阵营的批判。因为种种原因，沈从文最终选择了为新政权服务。沈从文的友好之举似乎并没有被官方理解。他等啊等，还通过亲戚、朋友给有关人士过话，就是没人找他谈话，更不要说安排合适的工作。人是最容易被绝望打倒的，1949年3月28日，沈从文终于划破了颈部和两腕的脉管自杀，后经抢救而脱险。在老朋友和有关人士的关心、帮助下，1950年3月2日，沈从文进入华北人民革命大学政治研究班学习，这是为改造民主人士和知识分子专门设立的机构。沈从文当时的思想与政治研究班的"学习"气氛南辕北辙，在思想总结和日记里，他流露出对一些干部领导教育的方式和民主制度可能遭受破坏的强烈不满。"革大"学习后，沈从文回到了历史博物馆，思想似乎也没有明显的"进步"，他对报纸上大批电影《武训传》非常费解，说："费力多而见功少，似乎不太经济。即把一个导演、一个演员，并一个在坟墓中的武训骂倒，新的优秀作品还是不会产生。"

沈从文

1951年10月26日至1952年2月27日，沈从文赴四川参加土改，思想出现了明显的变化，此时，他完全认同了当时的主流意识形态，用他自己的话说，叫做由"思"转"信"。他在致张兆和的信中说："知识分子真是狗屁，对革命言，不中用得很。而且一旦脱离人民，渺小的可怕。""只希望好好来为这个伟大的国家伟大的时代来再写几年，看到江岸边的种种，我的创造的心又活了起来了。"反右期间，他甚至也跟着大家批判别人。

沈从文毕竟是沈从文，他的思想转变更多地源于外在的压力，而非内心的向往。"文革"中，他被下放到湖北咸宁"五七"干校劳动，真正体验了底层生活，对世事有了新看法。目睹一些高级知识分子的见风使舵，他极不以为然："有不少知分在'独出心裁'地写批孔文章，都近于采用新的儒术作为基本功，巧佞取悦于上。文章受赞许，反映就是旧儒术在新社会中还大有市场。""一切深明儒术，善于阿谀，用说谎话作为进取的高级知分，都在学习运用新的儒术以自保，或已精通新的儒术，用作向上爬个人发展的主要方法。"

沈从文的心路历程给人一种启示：一个充满良知的知识分子可能由于权力意志和其他种种原因一时迷失自我，但他不会长久如此，更不会主动颠倒是非、混淆黑白，以谋取个人利益。他终身追求的是把自己和芸芸众生变成"人"，让生命充满自由、独立、个性、尊严。

只有成为自由思考的"人"，知识分子的生命才有意义。

胡风也曾做"炮手"

在我以往的认识中，总觉得遭遇冤案的人们大抵都是温和的。然而，细读有关"胡风反革命集团"的史料，我有一个惊人的发现：胡风及其朋友当年对他人的批判也一样毫不留情，这种上纲上线的做法，并不比后来别人对他们的批判好到哪里去。

1954年，文艺界在高层领导的授意下，展开了对俞平伯为代表的"新红学派"的批判，《文艺报》主编冯雪峰在发表李希凡、蓝翎批评《红楼梦》研究的文章时，加了按语，说是李、蓝的批评有些不够的地方，还需要讨论，结果被人指责为压制新生力量，向资产阶级投降。批《文艺报》、冯雪峰的时候，胡风出来讲话，说《文艺报》一贯向资产阶级投降，不仅向俞平伯投降，也向朱光潜投降；在压制新生力量方面，也是一贯的，不仅仅压制了李希凡、蓝翎，还压制过阿垅、路翎等等。

胡风在上海的朋友也有过类似的行动。1951年5月20日，《人民日报》发表最高领袖撰写的社论《应当重视电影〈武训传〉的讨论》，发动了对《武训传》的批判运动，电影是上海拍的，身为上海文化局局长的夏衍

冯雪峰　　　　　　　　　　　夏　衍

受到了极大的政治压力。耿庸在6月4日的《文汇报·文学界》发表《论诚实和负责》一文，对夏衍痛加抨击。他指出，在《人民日报》社论发表之前，上海并不是没有人感觉到《武训传》的错误，但是却被评论界、领导者们阻止了。"负责同志的郑重推荐等等，还不仅仅是以他们自己的错误认识影响了别人，从而，并且也一定产生了正确批评的被阻碍的客观效果的。"他反对一些人提出"人人有责"的观点，认为那些强调每个人都需联系自己思想的人，是想转移批评的中心。在这段时间，罗洛、张禹也分别在"文学界"发表《从"黄马褂"谈起》、《一点杂想——和武训有关的》，痛批《武训传》。8月26日，《人民日报》发表夏衍的公开检讨：《从〈武训传〉的批判检讨我在上海文化艺术界的工作》。对夏衍的公开检讨，张禹不满意，他于9月9日写出长文《读夏衍同志关于〈武训传〉问题的检讨以后》寄给《文艺报》。在文章中，张禹披露一件事实：耿庸的文章发表以后，上海文化局极为不满，其属下的艺术处于6月25日发出通知，召集全市文艺报刊编者座谈会，同时邀请有关文章的作者参加，要耿庸"报告写作动机和今天的看法"。通知发出后，又发"暂不举行"的通知，座谈会遂未举行。张禹认为，这是"要把批评者'揍'一顿"，是与毛泽东的指示相反的。

耿 庸

胡风及其朋友们对冯雪峰和夏衍的严厉批判无疑掺杂着某些宗派情绪，但最根本的还是想争取当权者对自己的信任，以图摆脱人生困境。他们觉得，只有积极充当文艺批判运动的"炮手"，才能给上级官员一个信号：自己是真心实意希望跟体制合作的。

认真一想，在不同的社会环境中，知识分子的觅食方式大不相同。在有的社会，知识分子凭自己的渊博学识和卓越才华，就可以谋取衣食之资和社会地位。知识越渊博、才华越出众，越能受到官员和公众的敬重。在另一些社会，专业水平和能力如何并不要紧，重要的是要以领导的意志为意志、以领导的是非为是非。只有领导看你顺眼，你才能保住自己的饭碗和人身安全。

知识分子要靠揣摩领导脸色才可以获得衣食和生命安全的社会，本质上是权大于天的，它与真正的公民社会背道而驰。

两个柏杨同样真实

假若你问一个大陆读者，台湾作家柏杨是个什么样的人？我猜想他一定会回答：柏杨是一个真正的思想者，他在自己发表的大量杂文中，深刻反思政治独裁体制的罪恶，并进一步剖析造成这种体制的传统文化根源，批评国人的不觉悟。他的杂文时时给人以痛感，让我们反省自己的所作所为。柏杨当得起"台湾的鲁迅"这个神圣的美称。

不能说读者的理解不对，但我必须指出：这只是后期的柏杨，早期

（"大力水手"案出狱以前）的柏杨思想非常复杂。

提到前期的柏杨，不能不说"大力水手"事件。1966年，柏杨当时的妻子倪明华主编《中华日报》家庭版，她请时任平原出版社社长的柏杨负责该版"大力水手漫画"专栏。1968年1月13日，柏杨在该专栏刊出一幅漫画，内容是父子两人购买了一个小岛，然后建立了一个王国，并由父子二人竞选总统。这幅漫画极大地触怒了台湾当局，官方认为柏杨是借漫画讽刺蒋介石、蒋经国父子的家族统治，当年3月4日，以"侮辱元首"、"通匪"等罪名逮捕了他，最初判处的是死刑，后来改为有期徒刑，实际上坐牢9年零26天。对这件事，大陆读者的解读是柏杨早期就有非常明显的民主思想，发表这组漫画，目的就是向蒋氏专制宣战。但这种理解与柏杨当初的想法相去甚远。柏杨在晚年出版的一部回忆录（柏杨口述，周碧瑟执笔）中说：他当年刊出这组漫画"心中并无丝毫恶意，只是信手拈来"。柏杨口述回忆录的时候，已经到了20世纪90年代，台湾的政治言论环境比较宽松，而且柏杨在华人世界的影响也日益巨大，何况，如果他顺着读者的思路说话还可以为他增加光彩，他不太可能故意隐瞒自己的内心真实。

如果读者觉得柏杨在回忆录中说的话分量不够，我们不妨引用柏杨的另一段话作为他前期思想的注脚。1968年8月4日，柏杨这样说："（我）对'总统'有一种婴儿对尊长的依恋之情，至于蒋'部长'，只举一件事，……有一个蒋'部长'住过的一个不知名的地方，我特地定名为'甘棠植爱'，这份钦慕的心情，唯天可表。"对蒋介石有一种"婴儿对尊长的依恋之情"，给蒋经国

柏　杨

住过的地方命名为"甘棠植爱"，对蒋氏父子如此一往情深的人会发表漫画讽刺他们吗？

前期的柏杨对蒋氏的专制统治并没有太清醒的认识，甚至对蒋氏父子顶礼膜拜，这与他接受的"党化教育"、他的生活经历关系极大。

柏杨中学时曾参加国民党的青年团体，1937"七七事变"，投考河南省军事政治干部训练班，1938年加入国民党。东北大学政治系毕业后，又从事国民党文宣工作，曾任东北《青年日报》社长。去台后，曾在"反共救国团"任职，"大力水手"事件前，还曾写过一些"反共"小说，比如《辩的天花》、《天疆》、《异域》等。而当他遭遇了莫名其妙的文字狱，饱尝家庭破裂（1969年第四任妻子倪明华提出离婚）、肉体人格被凌辱的痛苦，他才真正发现台湾社会的问题，也才想到用自己的笔去揭露、批判这些不合理的现象。我们既不能因为后期柏杨的思想独立的姿态否定他前期对专制政治的依附甚至迷恋，也不能因为他前期跟专制政治的牵牵绊绊而否定他后期的思想觉醒和其杂文的精神品位。

让你大跌眼镜的前期柏杨和使你拍案叫绝的后期柏杨，其实同样真实。

陈寅恪走不出的"局"

读有关陈寅恪先生的书籍，我发现陈寅恪在20世纪五六十年面临的大小环境迥然有别。必须说明一下，这里所谓的大环境指的是政府层面的，所谓的小环境指的是单位这个层面。

陈寅恪学贯中西，是民国时赫赫有名的大学者，加上他当年又拒绝搭乘蒋介石派来的飞机奔赴台湾，大陆一些政府官员对陈寅恪非常友好、尊敬，"文革"前陈寅恪个人获得的大环境不错。1953年，中国科学院院礼聘陈寅恪北上担任科学院社会科学部历史研究所二所所长，并派人说服他，此事虽然因为陈寅恪提出的条件比较"另类"没有办成，但可以看出高层对他的礼遇之心。1956年，陈毅由广东省省长陶铸陪同到陈宅探访，两人谈得非常投机。陈毅走后陈寅恪十分感慨："没有想到共产党里有这样懂学问的人。"并找陈毅的诗作来读。1959年时任中宣部副部长的周扬"想看看陈寅恪的藏书"，陈寅恪本不想见，

周 扬

后经副校长陈序经（此君极爱才，与陈寅恪的关系非同一般）再三劝说见了。1961年，郭沫若看望陈寅恪，主动对两人过去的不快做了"解释"，征询陈寅恪有何希望和要求，陈提出应组织力量整理出版《文苑英华》，想得到某些图书资料和因写《钱柳因缘》所需要的特制稿纸，郭沫若痛快地答应了。1962年，胡乔木拜访陈寅恪，是以"学生见老师的心态走到陈寅恪跟前"的，两人讨论了从国家大局到陈氏个人著作出版的一些问题。陶铸对陈寅恪更是呵护有加。他要求中山大学为"中右"的陈寅恪"脱帽加冕"；为方便陈寅恪散步，在门前修一条白色水泥路；在陈病重时配三个护士；为让陈寅恪欣赏戏曲，陶铸指示中山大学给陈氏一台好收音机，中山大学没有认真办，陶铸很生气，说："学校不送我送。"他送了台落地电唱两用机。陶铸被打倒后，造反派曾统计出1966年6月至12月间，远在北京的陶铸先后38次用电话对广东省委作"遥控指示"，这些"遥控指示"中就包括了"对陈寅恪的待遇要保持原状不变"这样的叮嘱。

然而，在学校这个小环境中，陈寅恪又生活得如何呢？肃反期间，中山大学副校长龙潜当众污蔑陈寅恪的一首诗是怀念台湾日月潭的，并公开在大会上声言："你不坦白，就枪毙你。"1958年，陈伯达《厚今薄古，边干边学》一文发表后，中山大学一些大字报直冲陈寅恪等历史系知名教

授，称其学术为"伪科学"，要"拳打老顽固，脚踢假权威"。陈寅恪因病没有出席批判会，其夫人唐筼抄录大字报要点，并向陈寅恪哭诉那荒诞不经的批判场面。陈寅恪大怒，当即上书中山大学校长，表示一不再开课，二马上办理退休手续，搬出学校，以讨回做人的尊严。此后虽然没有搬出学校，但真的不再上课了。1966年7月，在大鸣、大放、大字报、大辩论的"四大"风浪中，中山大学的"革命者"闹得校园鸡飞狗跳，对陈寅恪极尽迫害之能事。他们不但撤除了受陶铸直接关怀而委派到陈家的三名护士，还冻结陈寅恪的存款，停发他的工资，在陈寅恪家里贴满大字报，后来又索性大抄其家、劫掠财物。更无耻的是明知陈氏夫妇有心脏病，造反派还要将几只大高音喇叭架到陈宅的窗前屋后，后来为加大"革命力度"，更将高音喇叭搬进室内，甚至绑在床头，让陈寅恪听取"革命群众"对他发出的怒吼之声。1969年10月，陈寅恪先生不堪折磨，离开人世。

陈寅恪总是逃不出恶劣小环境这个"局"，是有原因的。长期以来，陈寅恪受到政府方面的厚待，这一点让那些因为不学无术而没有获得高待遇的人嫉妒，由嫉妒而生出怨恨，一遇机会，自然要兴风作浪。但最主要的还在于，当时整体的大环境是轻视知识和知识分子的。从新中国成立到"文革"短短17年，由最高领袖发动的针对知识分子的政治运动就有知识分子思想改造、反右和文化大革命。在这三个运动中，许多优秀知识分子被逼得流离失所、家破人亡。不要说陈寅恪这样的"旧知识分子"，就是杨朔、赵树理这样的革命知识分子，不也是被逼得自杀了吗？所以，陈寅恪虽然在一段时期得到了政府高官的诸多关照，但覆巢之下，难有完卵，他后来遭遇到的不幸是时代的必然。

与个人获得的某种有利的大环境相比，整体的面对每一个人的良好的大环境无疑更加重要。道理很简单：整个的大环境非常好，小环境就算不好，也容易得到改造；整个的大环境不好，即使个人得到的大环境还算不错，我们也无法避免被不良的小环境暗算。

第五辑

满园春色关不住

两种鲁迅

多年来，关于鲁迅，我几乎形成了一种思维定势，即认为鲁迅是一个彻底的反封建体制和文化的战士，他对落后的传统文化的批判是毫不留情的，在行动中始终与之作不妥协的斗争。这不仅缘于我从小学到大学所受的教育，也因为我阅读了大量的鲁迅作品，他的《伤逝》、《祝福》、《故乡》等小说和以《灯下漫笔》、《爬与撞》为代表的大批杂文，无不透露出这方面的信息。

后来读了一些有关鲁迅的文章，发现生活中的鲁迅其实有他的复杂性，至少在感情方面是如此。

1906年，鲁迅遵母命与朱安结婚，两人虽然毫无感情，但朱安名义上还是鲁迅的夫人，与鲁迅的母亲鲁瑞一起生活。1927年，鲁迅结束广州的教职，在上海与许广平同居，他很长时间为不能给许广平找到一个合适的身份而苦恼。每当朋友来访，

朱 安

他总是嘱咐许广平不要下楼。有时不得不碰面，鲁迅总会跟朋友解释："这是我的学生，来帮我搞校对的。"1928年夏天，鲁迅和许广平一起去杭州旅游，鲁迅特意嘱咐前期到达杭州的学生矛尘（章廷谦）帮他预订一个三人间，又叫学生许钦文同游杭州。在杭州期间，应鲁迅的要求，许钦文老老实实睡在中间那张床上，鲁迅和许广平则分睡两边的床。

与许广平同居之初，鲁迅为什么不肯让她下楼？两人到杭州旅游，鲁迅为什么要让"第三者"陪睡？原因只有一个：担心社会舆论攻击自己。鲁迅自然有权利也有理由解除他与朱安有名无实的婚姻。毕竟这桩婚姻是他的母亲鲁瑞强加给他的，然而，鲁迅事母极孝，他知道母亲喜欢朱安，不想因此让母亲伤心。同时，鲁迅又对弱者具有深厚的悲悯精神，他知道自己一旦抛弃朱安，像她这种没有基本谋生能力的传统妇女，很可能走上绝路。那么，能不能像当时一些时髦人士一样，家中红旗不倒，外面彩旗飘飘呢？鲁迅也很难做到。鲁迅虽然在日本受过一定的西化教育，对人权、人性、合理欲望之类的东西有相当了解，然而，他毕竟出身于没落的封建士大夫家庭，思想的根始终深植在中华传统文化的土壤中，要名声、讲面子、在乎礼义廉耻的观念随时影响着他的人生选择。尽管鲁迅与许广平的爱情是真挚的，尽管许广平曾经表示不在乎名分问题，尽管在爱情上一直是许广平在主动追求他，比如1925年10月，许广平在鲁迅主编的《国民新报》副刊发表了《同行者》一文，公开表达对鲁迅的爱，说自己不畏惧"人间的冷漠，压迫"，"一心一意的向着爱的方向奔驰"。她还在散文诗《风子是我的爱》中发誓："不自量也罢，不相当也罢，合法也罢，不合法也罢，这都于我们不相干，于你们无关系⋯⋯"然而，作为拥有巨大社会影响的文豪，鲁迅不可能不考量这段合情合理但不合"法"的婚外情带来的各种后果。

理想主义者自然希望鲁迅无论是在精神上还是在个人的实际生活中，都始终不

鲁迅与许广平、周海婴

渝地高举反对封建传统文化的大旗，渴盼鲁迅成为犬儒时代批判的知识分子的神话，然而，无论鲁迅怎样具有先驱者的眼光，因为种种原因，他最终只能成为现在这样的鲁迅。也许正因为鲁迅在实际生活中对封建传统文化不得不作出一定的妥协，正因为他在封建文化的围剿中曾经感受到深深的灵魂撕裂，他对封建传统文化的批判才那么彻底和深刻，他在人类思想之路上才走得那么远。

神的鲁迅只会让人膜拜，人的鲁迅却使我们亲近！

林徽因：甘为"红颜"

在世界上所有的爱情中，相爱而不能得到，大概是最迷人的一种。当然，相爱而不能得到也有两种情形，一是就此成为陌路，这往往由一方或

林徽因

双方的酸葡萄心理而来；一是两人的情感由爱情升华为友情，但又在友情中隐隐可以窥见爱情的身影，男女所谓"红颜"、"蓝颜"知己，相当一部分就是这种情形。

马来西亚华人作家温梓川在《敢说敢为的叶公超》一文中，提到著名作家、建筑学家林徽因的一件轶事。"至于林徽因其人，未嫁中国大建筑家梁思成之前，曾在英国同徐志摩一起坐火车，经过长长的山洞时，两人拥而长吻。志摩坐飞机跌死后，北平亲友在北海开追悼会，在行礼时，有一个全身穿孝，左右须用两名健妇才挽得住的美妇人，哭得成个泪人儿，直往地下倒去，乱碰乱撞，恨不得立刻死去就好的，她就是梁大少奶林徽因女士。当时据说有位女观察家某夫人，冷眼旁观，后来偶一提起时，就说：'那简直是以未亡人自居！'"

林徽因与徐志摩友谊的纯洁，历史早有定论，不会因为一两件轶事而改变，但徐志摩死后，林徽因表现出的这种深创巨痛，确实与她对徐志摩的特殊好感有关。何况，徐志摩之所以匆匆乘装邮件的飞机去北京，终至遇难，也是为了去北京听林徽因的讲座呢！两个婚姻之外的男女至死不渝的真情无法不让人动容。

然而，如果我们因此认为"红颜"、"蓝颜"知己之间的互相欣赏，一定在谋求感情的重组，又不免浅薄。无需讳言，一个人一般是极难忘怀相爱而不能得到的那个人的，然而，正常的人都会明白中国式的爱情不仅仅与情感相关，它还是权力、金钱、年龄等等的一种平衡。两人既已分手，必有越不过去的坎。何况，两人那么般配，有时也是后来彼此努力的结果。相爱却得不到，希望通过事业的进取，使对方对自己多投去一缕关注，以弥补灵魂的失落，扶起在爱情里跌倒的那一份尊严，是失恋者的普遍心态。爱情有时其实只是"红颜"、"蓝颜"的一个道具，借似有似无的爱情疗伤才是他们真正的目的。

在这里，我们不能不讨论一个人对相爱却不能得到的"红颜"、"蓝颜"的态度问题。其实，爱情永远不像某些人理解的那样，一对一发生，终生不可以改变。爱起初是缘于好感，缘于彼此接近的愿望，一条路走不通了，走向另一条理所当

林徽因、泰戈尔、徐志摩

然。对于爱情，有一分希望，我们固然应该尽百分、千分努力。然而，当所有的努力都付诸东流，改弦易辙、重新寻找一份适合自己的感情，绝对是上上之选。幸福永远是具体可感的，不可能由虚无缥缈的想象替代。

"红颜"再美好，我们也只能把它当成"红颜"。

文人的"麻疹"

文人多婚外恋，这是个不争的事实，必须说明一下，我这里的文人特指男文人（中国的文人自古男性多于女性，一说文人，大家想到的首先是男文人）。千百年来，文人的风流韵事如长江之水滚滚滔滔。古代讲究"男女授受不亲"，文人没有多少机会接触女人，想把某个女人发展成"小三"比登天还难，但那时妓女多，而且似乎也没有警察抓嫖，文人喜欢在妓女身上用情，杜牧、柳永等都是典型。"五四"后，年轻女性大量走出闺房，男女交往的机会空前多了起来，文人的婚外恋也就如火如荼。

20世纪20至40年代有一些婚外恋闹得沸沸扬扬，比如徐志摩与林徽因、郁达夫与王映霞、胡适与曹诚英，这些婚外恋谈论的人很多，而且他

们中的一些人选择婚外恋确有苦衷，咱们不多说。这里我给人家讲两个不太"著名"的婚外恋故事，当然所谓的"不著名"，指的是他们的婚外恋少为人知，而不是说婚外恋中的主角名声不彰。

大家都知道，沈从文的婚姻来之不易。他在中国公学教书的时候，爱上了自己的女学生张兆和，一封接一封地给人家写情书，张兆和一点感觉都没有，许多时候连信都懒得拆。幸亏胡适和张兆和的二姐张允和从中帮忙，沈从文才抱得美人归，然而，结婚不到三年，沈从文就与另一位女人发生了婚外情。与沈从文发生婚外感情的女子叫高韵秀，是位诗人，笔名叫高青子，她年轻漂亮，善解人意，又是沈从文的铁杆粉丝，读遍了他的小说，相当熟悉他小说中的各种细节，甚至模仿小说主人公的穿着，所有这些都深深地吸引了沈从文。沈从文老老实实地将自己的经历和感受告诉了张兆和，张兆和顿觉天旋地转，一气之下回了苏州娘家。后来，沈从文很快从感情的迷茫中觉醒，沈高两人结束了这段不该有的感情。

与沈从文近乎柏拉图式的婚外恋相比，国画大师张大千无疑走得更远。许多年前，张大千去了一趟朝鲜，跟一个叫春红的女子产生感情。张大千实在舍不得离开她，就给自己的妻子黄凝素寄去了与春红的一张合

张大千

影，合影的背后写了两首诗。其一是：触讳踌躇怕寄书，异乡花草合欢图。不逢薄怒还应笑，我见犹怜况老奴。其二是：依依惜别痴儿女，写入图中未是狂。欲向天孙问消息，银河可许小星藏。不知是不是因为妻子反对，张大师最后还是跟春红分手了。

婚外恋是一种不太道德的行为，但细究起来，文人之所以频频发生婚外情，也不是没有原因。文人活得感性，

心思也较细腻，待人接物格外注意他人的感受，加上才华横溢，异性自然容易对他们生出好感，这种好感离婚外情只有一步之遥，一旦控制不好，马上就是一场风花雪月。从自己这方面看，文人日日从事的文艺创作是最讲标新立异的，一个人在工作中时时想着如何追求新鲜的东西，有时难免把这种心态带到感情上。

听过这样一句话：婚外恋是一种麻疹，男人迟早会犯一次，犯了之后才会获得长久的免疫力。这句话其实是女人们善良的愿望，就我的见闻所及，有些文人患过一次感情"麻疹"，倒是真的不犯了，比如沈从文；但有些文人似乎对这麻疹情有独钟，一犯再犯，比如胡适，比如张大千，正是因为有了他们后来的"麻疹"，我们知道了大洋彼岸的韦莲司以及张大千那个年龄跟其女儿相当的起先的情人、后来的四太太徐雯波。

作为"大众情人"的胡适

胡适是一个喜欢交际的人，"我的朋友胡适之"曾是一个时代文人与非文人的口头禅，喜欢交际的人不但男性朋友多，女性朋友也很多，何况，作为异性，胡适也的确极讨女人喜欢。

跟胡适有过特定关系的女性朋友，比如韦莲司、曹诚英、罗慰慈、哈德门太太，我们不多说，近年来这些故事被人炒黄豆一样不知炒过多少遍。胡适跟陆小曼的关系也颇让人联想。虽然目前没有直接证据认定胡适与陆小曼有过卿卿我我的关系，但陆小曼1925年写给胡适的两封信却相当暧昧。一封信说："这几天我很担心你，你真的不再来了吗？我希望不是，因为我知道我不会依你的。""你为什么不写信给我呢？我还在等着呢！而且你也没有给我电话。我今天不出去了，也许会接到你的电话。明天再给你写信。"另一封信说："我终于还是破戒写信给你了！已经整整五天没有见到你了，两天没有音信了。""现在要换成我当先生，等你好了之后，我要好好地教训你，如果你再一次不听话，你就等着瞧！你这个淘气的人，我会处罚你，让你尝尝滋味。""哦，我现在多么希望能到你身边，读些神话奇谭让你笑，让你大笑，忘掉这个邪恶的世界。你觉得如果我去看你的时候，她刚好在家会有问题吗？请让我知道。"两封信开头的称呼都是"我最亲亲的朋友"，结尾的署名一为"眉娘"，一为"你永远的玫瑰眉娘"。

陆小曼

感情是男女双方你情我愿的事，靠一方强迫无法成就。胡适对女人的"磁力"表现在什么地方呢？首先，胡适长得好看。他的个子虽然不算高，却眉清目秀、风度翩翩，足以在外貌上让女人着迷。其次，胡适谈吐儒雅、学贯中西，年纪轻轻就声名远播，也容易使女人生出好感。不过我觉得胡适最吸引女人的地方还在于他对女人那种出自骨子的好，这种好真诚、坦率，并不考虑回报。

胡适的女性朋友陈衡哲想来北大教书，找胡适帮忙，胡适痛快地答应了。他立即去找蔡元培。听说是才女作家陈衡哲，蔡元培当即表示同意，让胡适自己去落实。胡适又找到历史系主任朱希祖，朱希祖也愿意接受。陈衡哲提出来要教"西洋史"，胡适又去找朱希祖，因为系里已安排别的老师上这门课，朱希祖表示很为难。好不容易才给陈衡哲安排清楚课表，陈衡哲又提出希望一天有两三个小时的课连在一起，并且周六不安

陈衡哲

排课。胡适再次气喘吁吁地跑到朱希祖的办公室，帮助陈衡哲将课调整到位，一点也不觉得麻烦。

徐志摩不幸遇难后，陆小曼心甘情愿被翁瑞午包养。得知这个消息，胡适非常着急。某天，他特地去找了陆小曼，让他脱离有妻有子的翁瑞午，自己会尽朋友的本分，保证她的基本生活。陆小曼执迷不悟。半个月后，胡适又给陆小曼写了一封信，提出三个要求，即希望陆小曼戒除鸦片烟瘾，远离翁瑞午，速来南京，由他安排新的生活。遗憾的是陆小曼没有听从他的安排。

胡适与陈衡哲、陆小曼的关系大致属于朋友的范围，他对她们尚且这样关心，对自己真正的女朋友自然更不用说了。碰上此种肯掏出一颗真诚的心的男人，几个女人可以拒绝和抵抗？

张幼仪的眼界

提起徐志摩背后的女人，人们首先想到的是风情万种、才华横溢的林徽因，美艳逼人、一掷千金的陆小曼，不太容易想到张幼仪，尽管张幼仪其实也是一个非常出类拔萃的女人。

15岁那年，张幼仪由父母作主嫁给了19岁的徐志摩，那时她还在苏州第二女子师范学校读书，不懂什么叫爱情和婚姻。张幼仪家境不错，祖父当年做过清朝的知县，父亲为名医，大哥张君劢是国家社会党创始人之一，二哥张嘉敖当过中央银行总裁。徐家是江南有名的富商，经营着电灯厂、蚕丝厂、布厂、徐裕丰酱园、裕通钱庄等，也算门当户对。然而，张徐脾性不合，他们的婚姻自然问题多多。据说初次见到张幼仪的照片时，徐志摩就说了一声"乡下土包子"，他跟张幼仪整天不说话，偶尔有点夫妻之事，不过是为了满足父母抱孙子的要求。1920年徐志摩赴剑桥大学留学，张幼仪奉公婆之命来到丈夫身边，徐志摩就当没这个人，张幼仪偶尔跟徐志摩说点什么，他总是以鄙夷的口气斥责："你懂什么"、"你能说什么"。不久，张幼仪怀孕，另有心上人的徐志摩却置妻子的性命于不顾，执意要求张幼仪打胎。1921年春天，张幼仪从大胡子邮差手中接过一封信，无意中拆开，是徐志摩的心上人写给他的，里面一段话让张幼仪欲哭无泪："我不是那种滥用感情的女子，你若真的能够爱我，就不能给我一个尴尬的位置，你必须在我与张幼仪之间作出选择……"徐志摩果然作出了"选择"，逼张幼仪离婚。

张幼仪是一个非常有眼界的女人，这种眼界表现在她身为旧女性，却具有浓厚的自立意识。张徐离婚后，徐志摩的父母对她一如既往地好，张幼仪赴德国，徐志摩的父亲徐申如一直坚持给她寄生活费。张幼仪进入裴斯塔洛齐学院，专攻幼儿教育，为日后的独立作准备。其间，幼子彼得病逝，张幼仪内心非常悲痛，即使这样，她也没有放弃自己的学业。1926年夏天，张幼仪学成归国。第二年，她开始在东吴大学教授德文。后来，她又出任濒临倒闭的上海女子银行副总裁，接手后，她将自己的办公桌放在银行大堂最后面的角落，这样，办公的同时，可以对全行业务和职员办事效率一目了然，使决策更加具有针对性。经过一番苦心经营，上海女子银行终于扭亏为盈。与此同时，张幼仪还在上海静安路经营着一家云裳公司，这是中国第一家新式服装公司，每天从银行下班之后，再去服装公司管事，生意做得很成功。

事业上做得风生水起，人格上，张幼仪也令人敬重，她对伤害自己的人能够一笑置之。回国后有段时间，张幼仪住在上海海格路范园4号，其时徐志摩住在附近，每次看到徐志摩，张幼仪都会像个老朋友似的嘘寒问暖，没有对徐志摩当年的无情耿耿于怀。徐志摩因空难身亡，陆小曼不知所措，张幼仪毅然派13岁的儿子去山东收尸，自己主持丧葬，几次在徐志摩灵前恸哭失声。1941年，林徽因做了肺结核手术，担心自己不久于人世，托人告诉张幼仪，希望见她一面。
林徽因当年抢过自己的老公，直接导致徐张
离婚，给张幼仪造成了极大伤害，她本可拒
绝，然而，最后她还是满足了林徽因的要
求，带儿孙去了林徽因的病房。几十年后张
幼仪对侄孙女张邦梅说："我想，她此刻想
要见我一面，是因为她爱徐志摩，也想看一
下他的孩子。她即使嫁给了梁思成，也一直
爱徐志摩。"

张幼仪

　　张幼仪不是一个浪漫的女人，不会吸引那些一心想找激情的男人，然而，
在将近一百年前，她能有如此眼界和胸怀，足以证明这个女人的非同寻常。

坚持的心灵成本

　　常听人说：一个人的高度是自己砌上去的。到底怎么个砌法？每个抵
达了命运彼岸的人肯定都有自己的方式。不过，有一点可以肯定：为了梦
想，他们都曾付出过各种各样的成本。

　　著名语文学家、百岁老人周有光与沈从文是连襟（周夫人张允和为沈
夫人张兆和的二姐）。周有光曾经在央视节目《大家》中兴致勃勃地讲述
当年沈从文追求张兆和的情况。张兆和是沈从文在中国公学的学生，年轻
时的她既漂亮又有才情，沈从文对她穷追不舍。当时追求张兆和的人很
多，沈从文在她心中根本排不上号，用张允和的话说，沈从文顶多是追求
者中的"癞蛤蟆十三号"。张兆和对沈从文寄来的信看都不看，更不用说
回信了。沈从文不死心，不管张兆和的态度如何，他的信总是铺天盖地。
收得多了，张兆和随便抽了两封看，觉得这人挺有才气。周有光补充说：

沈从文与张兆和

沈从文是写小说的，他把每封情书都当成小说来写，极其认真。张兆和对沈从文开始产生好感，终于成就一段绝世良缘。

在对爱情的坚守方面，我最佩服的是梁思成。林徽因长相漂亮、气质儒雅，在建筑、诗文等方面都极有造诣。才貌双全的女人最容易吸引男人，早年徐志摩痴痴地追她，甚至不惜为她离婚，虽然有情人最后未成眷属，彼此那份好感却维持了终生，两人一直保持着非常密切的联系，直至徐志摩因飞机失事离世。某段时间，林徽因又爱上了金岳霖，打算共同生活，还认真地征求梁思成的意见。任何男人都是有自尊心的，说林徽因的做法完全不让梁思成心灵受伤是不可能的，梁思成的可贵之处在于他始终包容林徽因性情的缺点，并用自己的善良、坚贞、耐心一点点感动她，他的那句"你是自由的，如果你选择跟老金结婚，我祝你幸福"，已成为男人大度的象征。"精诚所至，金石为开"，生性活泼的林徽因终于在感情上安定了下来。

我们听到过很多关于如何坚持的说法，比如"坚持就是胜利"、"谁笑到最后，最笑得最美"等等，似乎一个人只要学会坚持，一切的美妙，就会像自来水哗哗地流到你面前。其实，坚持是需要成本的。这种成本可分为两种：一是物质成本，一是心灵成本。坚持的物质成本，指的是某些坚持必须以物质的丰富或金钱的宽裕作为保证，比如你想长期从事发明，必须买得起实验材料；你想成为地理学家，必须有充足的路费跑遍大江南北……坚持的心灵成本，指的是坚持必须与一个人的信心、毅力、勇气、胆识、宽容为伴。

林徽因

　　并不是每一个坚持都要耗费物质成本，但所有的坚持都必须支付心灵成本。在坚持的道路上，良好的心态始终是我们成就事业的一种支撑。坚持只是给自己多创造一些机会，并不等于绝对的成功。有的事我们坚持了，果然成功了；有的事我们虽然付出了所有的努力，最终还是美梦难圆。一个人选择了坚持，固然应该始终怀抱对未来的憧憬，同时也要勇于承担坚持可能产生的负面效应。我们必须明白一个道理：对一个事情没有坚持，它恰好走到了我们愿望的反面，你可能后悔不迭；你一直在努力，即使失败了，你也会输得心平气和。坚持者的深层动机也就在这里：对某件自己看重的事情，要赢就赢个痛快，要输就输个甘心。

　　许多时候，坚持的过程产生的影响会远远超过坚持的结果。

罗隆基：寻爱却被爱烧伤

罗隆基

文人大都感性，这种感性主要体现在两个方面：一是碰上某些事情难以保持镇静，喜怒哀乐溢于言表；二是文人容易对婚外异性产生感情，不时弄出些花花草草的事来。民国时代，陈独秀、徐志摩、胡适、张大千、罗隆基等文人都曾闹出过沸沸扬扬的婚外恋，其中又以罗隆基走得最远。

罗隆基1896年出生于江西，1913年考入清华留美预备学校，1921年赴美留学，先后入威斯康辛大学和哥伦比亚大学攻读政治学，后来就读于英国伦敦政治经济学院，获得政治学博士学位。回国后曾任清华、光华、南开、西南联大等校教授，《新月》杂志主编，北京《晨报》社社长，天津《益世报》主笔。罗隆基是个大才子，口才、政论都是第一流的。据说他当年为了在演说中夺魁，常常独自跑到旷野大声演说，同时不断注视自己的身影，观察手势是否得当，就这样练就了惊世辩功。20世纪30年代，他的时评《一国三公的僵政局》、《可以战矣》，严厉批评国民党实行党治、强烈要求对日开战，一时洛阳纸贵。

才子本来就讨女人喜欢，何况罗隆基这种才子自己又格外多情，其浪漫故事自然像和尚挂的佛珠一串一串。除了有过张舜琴、王右家两任妻子，罗隆基至少跟张幼仪、王立明、史良、浦熙修、罗凤仪等女性有过情感瓜葛。

留学英国的时候，罗隆基在一个舞会上认识了张舜琴。张的父亲是新加坡的华侨资本家，非常有钱，两人在岳父家举行了隆重的婚礼。然而，罗隆基与妻子的性情格格不入，他们一个风流倜傥、爱出风头，一个贤淑朴实、只想过安静的生活，因此不时吵得鸡飞狗跳。也许是为了聊解伤感和寂寞吧，初生的女儿夭折后，罗隆基一个劲地追求徐志摩的前妻张幼仪，为了接近张幼仪，他特地加入张幼仪哥哥张君劢创办的国家社会党。张幼仪在感情上特别传统，看不惯罗隆基的浪子行径，对他的"爱情"自然不屑一顾。这是罗隆基在爱情上遭遇的第一次失败。

　　1931年，罗隆基在上海王造时家结识了刚从美国留学归来的王右家。王右家那时只有20出头，美得像一枝沾着露水的初绽玫瑰，罗隆基日里想她夜里梦她。他那时尚未与张舜琴离婚，为了得到王右家，就给梦中情人洗脑说："你这么青春美丽，如能给这古老封建的社会来颗炸弹，使得万万千千的人为你的勇敢喝彩、赞美，一定会给这死气沉沉的社会平添生气……"王右家天生就有反叛性格，在罗隆基的引诱下，果然不顾后果和他同居。然而，才子的感情比高山的天气还容易生变，王右家好不容易等到罗隆基跟张舜琴离婚、与自己结婚，罗隆基又莫名其妙地与别的女人好上了。一气之下，王右家不顾罗隆基的苦苦哀求，毅然决然离开了他。

王右家

　　抗战后期，罗隆基去了重庆，与史良相恋。对这段感情，史良很认真，罗隆基却没当回事。1946年，罗隆基认识了《新民报》采访部主任浦熙修，被她的才貌深深倾倒，两人立即坠入爱河，史良得知后，生气地中断了跟罗隆基的关系。其实，此时的浦熙修还是有夫之

浦熙修

妇，她的丈夫袁子英时任民国政府经济部华中矿务局副局长，两人育有两女一子。1947年11月，民国政府宣布民盟为"非法组织"，民盟大部分要员开始远走高飞，有的甚至去了异国。罗隆基也准备去杭州，临行前约浦熙修见面。浦熙修如约前往，正当两人卿卿我我、难分难舍之际，袁子英一脚踹开了内室门，给罗浦两人每人一记耳光。罗浦也不示弱，联合反击袁子英，直到附近的警察出面，此事才得以平息。不久，浦熙修与袁子英正式离婚，罗隆基与浦熙修维持了十余年的情爱关系，直到1957年罗隆基被打成右派两人才分手。有一点使罗隆基特别伤心：在其遭难的日子里，他一生最珍爱的浦熙修交出了自己写给她的全部情书，使他的"罪孽"又加了一等。

用传统道德衡量罗隆基的情爱，值得诟病的地方实在太多了。他追求张幼仪、王右家、浦熙修，不是"使君有妇"，便是"罗敷有夫"，都是将自己的快乐建立在别人的痛苦之上。罗隆基这样做，自然与民国时代的开放风气有关。民国早年中国发生了著名的"五四"新文化运动，知识人在爱情婚姻上的普遍观念是"我是我自己的"，非婚同居成为一种潮流。再说那时的官僚、军阀也没带个好头，一个个三妻四妾，作为文人的罗隆基自然也难以免俗。不过，认真考察一下，我们可以发现，罗隆基至少对浦熙修是忠诚的，两人相爱期间，他再未与跟其他女人牵牵绊绊。浦熙修离开他之后，他才与罗凤仪短暂相恋。换句话说，罗隆基未必没有借恋爱玩弄女性之心，但他对真正的爱情也不像后人想象的那样满不在乎。他的问题在于：知道爱情像火，可以温暖自己的灵魂，却不明白这种火有着两面性，在错误的时间、地点，也可能将人烧伤。

杰出之人的世俗处

出生于1908年的周立波在事业上出类拔萃。他只有初中学历，却靠自学成了著名的翻译家，翻译了苏联作家肖洛霍夫的《被开垦的处女地》和捷克作家基希的《秘密的中国》。在20世纪30年代即享有盛誉。后来，他选择文学创作，又写出了《暴风骤雨》、《山乡巨变》等标志着一个时代文学高度的作品。然而，作为一个丈夫、一个父亲，周立波是不太称职的，用一句曾经流行的话说，他做过"负心人"。

周立波的第一个夫人姚芷青是其父亲前妻弟弟的大女儿，虽然是父亲周仙悌定下来的，但姚芷青眉清目秀、身材苗条，又在益阳县立女子职业技术技术学校读过书，也具有一些现代眼光，周立波对这段婚姻并无异议，两人最初的感情称得上如胶似漆，否则，周立波也不会在经历大城市的繁华之后还与姚芷青生儿育女。只是周立波曾在省城中学就读，不甘心一辈子待在清溪村，加上他参加过政治活动，当地的恶势力想找他麻烦，于是选择了去上海发展。上海生活增长了他的见识，让他产生了靠一支笔生存的信心，但它也实实在在毁了周立波的婚姻。周立波对自己的婚姻与家庭始终漫不经心，姚芷青生孩子，他不在身边，也未作过什么安排；姚芷青生了孩子后，他只寄给过20块大洋给家里，从此再也没有尽过什么义务，尽管他不无抚养孩子的能力。奔赴抗日根据地之后，他更是先后两次结婚，跟林兰的婚姻还维持了终生，这一切，都是在姚芷青不知情的情况下进行的。

然而，周立波的复杂之处也正在这里，他对姚芷青母子不太关心，对其他人却宅心仁厚。周立波翻译的《被开垦的处女地》出版后，得到了600大洋，当时一块大洋可买两担米，保姆月薪才三四块大洋，这笔稿费的购买力可想而知，然而，周立波用这笔钱资助贫困的文艺青年、营救坐牢的人，没有多久，就花了个精光。还有一次，出版社送来大笔钱，周立

左一为周立波

波将它堆到桌子上，来的朋友一人抓一把去花，直到拿完为止。周立波对自己的亲友也多有关照，新中国成立后，周立波的工资是文艺一级，月薪300多元，和当时国务院副总理的工资差不多。周立波交代单位的会计，按他开列的名单，每月这个15元、那个20元像发工资一样寄出去，一发就是几十年。

中国20世纪三四十年代战乱频仍，文化人几乎都是提着脑袋过日子，要将一家老小照顾周全不是一件容易的事，许多时候，文化人往往陷入这样一种矛盾：想照顾家人，只能待在经济落后、信息闭塞的乡下；想外出发展，又很难对家庭承担实质性的责任。周立波当时也是这种情形。此外，它与周立波内心深处的男性本位思想也不无关系。前面说过，周立波在上海期间靠翻译、写作收入不菲，假若姚芷青在他心中的位置稍稍重一些，多寄点钱给妻儿毫无问题。再说，不要讲姚芷青是个知识妇女，即使只是一个农村的目无识丁的老太太，男人另娶时也要有个交代，对前任妻子的生活得作出安排，但周立波没有这样做，而且一辈子没对姚芷青说过一声"对不起"。

世界上永远只有吃五谷杂粮的人，不存在十全十美的神，杰出之人其实同样有自己的世俗处。

民国文人的情爱地图

民国时期的婚恋非常有意思。与过去相比，它多了自由恋爱这一个选项，而且这种选项得到了政府和社会舆论的极力支持；与后来相比，它又有许多包办婚姻的残余，不但普通老百姓的婚姻往往停留在"父母之命，媒妁之言"的档次，就是那些留学英美的"海龟们"也常常被包办婚姻烦恼。然而，文人毕竟比寻常人多些见识，也更多些精神上的舍命突围，于是，在民国那个特殊的舞台上，他们也就演出了许多轰轰烈烈的婚恋戏剧。

民国时代文人的婚恋，可以概括为四种模式。第一种是固守包办婚姻，努力与对方进行精神沟通，并且取得了良好效果，比如俞平伯；第二种是保留包办婚姻的名分，自己另寻新的感情，比如鲁迅；第三种是身在包办婚姻里，心在千花万蝶间，也就是我们通常说的"家中红旗不倒，外面彩旗飘飘"；第四种是自始至终坚持自由恋爱，就算是已经有了包办婚姻也要将其彻底打碎，"我是我自己的"，很能概括这类文人的心态。

"家中红旗不倒，外面彩旗飘飘"的带头大哥是胡适，胡适与江冬秀很难说有什么爱情，他们一个是西装革履的留洋博士、大学教授，学识渊博、风度翩翩、能说会道；一个是常穿大襟衣、写一封简单的书信都错别字连篇的小脚女人，然而，胡适一生除了在与曹诚英恋爱的时候有过离

表演昆曲时的张充和

异别娶的念头，其他时间都绝对高举老婆的伟大红旗。不过，胡适可不是个老实的男人，相反，他像一只喜欢偷腥的猫儿，只要江冬秀的眼睛稍稍偏离一下，就会四处播下风流的种子。据后人考证，胡适当年的情人有徐芳、陆小曼、朱毅农、曹诚英、韦莲司等十多个，他对曹诚英、韦莲司用情至深，颇能让人产生"恨不相逢未娶时"的联想。

为心上人跋山涉水的民国文人也不在少数。比如徐志摩为了追求林徽因不惜抛弃原配张幼仪；沈从文在大学教书时爱上学生张兆和，一天一封情书，不达目的绝不罢休；吴宓爱上毛彦文，敢于在课堂上公开个人隐私，以求他人支持。卞之琳对张充和的痴恋最是使人感叹。张充和是张家四姐妹里年纪最小的，人长得非常漂亮，才华横溢，懂诗词、精书法、擅昆曲。卞之琳1933年初次见到张充和就对她一见钟情，他对张充和的爱无所不在：1935年，张充和因病休学，回了苏州老家，1936年卞之琳因为奔母丧回老家海门，专程探望她，并在张家住了几天；1937年卞之琳写了五首名为《无题》的小诗，诗里处处有着张充和的可爱身影；抗战初期卞之琳本在四川大学任教，为了追随在西南联大的张充和，毅然改赴该校任教；1943年，卞之琳在寒假前赴重庆探访张充和，希望其回心转意；1946年5月，卞之琳到上海，准备回南开大学，见到刚从重庆回到上海的张充和，立即决定在江南停留一段时间，其间还到苏州张充和家里过中秋节；1947年临近暑假，卞之琳为办理去牛津大学访学的手续来南方，在苏州小住数日，与张充和话别，然而，"多疑使我不能自信，文弱使我抑制冲动……隐隐中我又在希望中预感到无望，预感到这还是不能开花结果"。后来，张充和认识了在北京大学西语系任教的美国人傅汉思，1948年11月结婚，随即双双去了美国。1955年，卞之琳与青林结婚，才算是给最初的那份感情画上了句号。

民国绝对不是一个好时代，军阀混战，民不聊生，然而，因为那时的政府对国家的控制力比较差，没有足够的能力管制文人的思想和行为，文人才得以表现自己的性情，在恋爱婚姻上凭着自己的感觉行事，从而造就了许多在我们今天看来摇曳多姿的风景。

参考文献

程丕来：《百年中国大师恩怨录》，中国青年出版社2008年版。

范　泓：《隔代的声音》，广西师范大学出版社2008年版。

冯友兰等：《联大教授》，新星出版社2010年版。

傅国涌：《民国年间那人这事》，珠海出版社2007年版。

傅国涌：《文人的底气》，云南人民出版社2007年版。

刘宜庆：《绝代风流》，北京航空航天大学出版社2009年版。

刘宜庆：《浪淘尽——百年中国的名师高徒》，华文出版社2010年版。

刘克敌、李酉宏：《那些翻译大师们》，金城出版社2010年版。

李　扬：《沈从文的最后40年》，中国文史出版社2005年版。

李　菁：《活在别人的历史里》，文汇出版社2010年版。

李　辉：《胡风集团冤案始末》，人民日报出版社2010年版。

民国文林：《细说民国大文人：那些国学大师们》，现代出版社2010年版。

沈　宁：《一个家族记忆中的政要名流》，中国青年出版社2008年版。

邵　建：《瞧，这人》，广西师范大学出版社2007年版。

陶方宣：《胡适的圈子》，山东画报出版社2010年版。

温梓川：《文人的另一面》，广西师范大学出版社2004年版。

汪修荣：《民国教授往事》，河南文艺出版社2008年版。

徐百柯：《民国那些人》，中央编译出版社2007年版。

邢军纪：《最后的大师》，北京十月文艺出版社2010年版。

余世存：《非常道》，社会科学文献出版社2005年版。

余世存：《常言道》，新世界出版社2007年版。

岳　南：《陈寅恪与傅斯年》，陕西师范大学出版社2008年版。

岳　南：《从蔡元培到胡适：中研院那些人和事》，中华书局2010年版。

岳　南：《南渡北归·南渡》，湖南文艺出版社2011年版。

岳　南：《南渡北归·北归》，湖南文艺出版社2011年版。

岳　南：《南渡北归·离别》，湖南文艺出版社2011年版。

朱文楚：《胡适的家事与情事》，团结出版社2007年版。

智效民：《八位大学校长》，长江文艺出版社2006年版。

张昌华：《曾经风雅》，广西师范大学出版社2007年版。

张志勇：《曾经风流》，团结出版社2009年版。

曾　辉：《最后的声音》，团结出版社2009年版。

周仰之：《人间事都付与流风：我的祖父周立波》，团结出版社2010年版。

历史是远行者的行囊

我是一个好奇心比较强的人，好奇心强的人大抵都喜欢历史，历史一如魔术，藏着许多普通人不知道的神秘，这些神秘无时不吸引我们窥视。初中、高中，我的历史成绩名列前茅，大学本想专攻历史，报志愿时阴差阳错将汉语言文学专业写在前头，就这样与心爱的历史专业失之交臂。

大学毕业后被分配到位于湘中腹地的湖南人文科技学院任教，做大学老师业余时间相对充裕，加上年轻人又好幻想，于是捡起了学生时代的一个爱好：文学创作。最初写诗，后来写散文、随笔、小说，最近六七年又开始移情历史随笔。

公道地说，我现在的历史写作不是年轻时的历史梦的简单延续，它更多的是源于文学创作的一种现实窘境：内心有许多东西想表达，由于种种原因，如果赤裸裸去写，文章可能很难问世，只好将历史当成一件隐身衣，自己躲在后面为美好的梦想呐喊，向社会和生活中的阴暗开枪。刘宜庆先生评我的文章"有历史的向度，有现实的关怀"；向继东先生说我善于"从历史细节中挖掘今人缺失的或需引以为戒的东西"；魏剑美先生讲我的作品"直指历史和世道的真相，并且始终不放弃对当下意义的追寻与追问"，郑连根先生言我"情牵民国，心系当下"，都是针对我这一特点立论的。

我的历史写作有两个重点方向，一个是晚清，一个是民国文人。写晚清，主要是想揭示专制政治下的权力运作秘密，剖析专制者的权力心态，挖掘平民百姓曾经有过的血泪。写民国文人，则是因为我对那个时代的文人和大学体制充满走近的激情，民国很有点像战国，战争不断，时局混乱，民不聊生，文人却大都活得元气充沛、性情张扬，每次写到这些人，我都有一种路遇知音的感觉。《不为繁华易素心：民国文人风骨》收录的就是我后一个方向的作品。

历史随笔应该如何写？这确实是个见仁见智的问题。不过，我觉得，假若我们的历史写作只是停留在贩卖前人轶事、趣事，揭秘权力争夺，曝光历史大小暗角这种层次上，实在没有多大意义。历史事件、素材本身都是客观存在的，后世的人再有本事也创造不了，你将各种散落的历史材料捡到一起，组装成一篇"文史随笔"或者一本所谓的"历史专著"，顶多也就是做了个文字搬运工的工作。你不搬运，别人照样可以从其他地方读到。恕我直言，现在的报亭、书市上，由"搬运工"们堆砌成的历史文章或著作绝对不在少数。

因为不愿做文字搬运工，我对本书的写作提出了三个要求：一是注重鲜活的历史细节；二是表达新颖的个人感悟；三是追求作品的文学性。

历史是由一个个形象、生动、充满动感的生命细节组成的，没有众多的雨点般的细节，一个时代的历史就不可能流成小溪、汇成大河。随着时间的流逝，历史的主干会越来越突出，历史的枝叶则会被有意无意地遮蔽。因此，打捞五颜六色的历史细节，还原大大小小的历史事件的具体情境，让读者产生历史的现场感，便成为历史写作义不容辞的任务。基于这种认识，我写历史从来不愿停留于浮泛的概述，也不喜欢对历史事件作空洞的提升，而是将大量笔墨投注到新颖的、富有内涵的历史细节上，力图通过血肉丰满的细节揭示事物的意义。

历史随笔不仅需要充足的史实，更需要新颖、深刻的史识，只有史识才能给现实以镜鉴。如果将一篇历史随笔比作一栋房子，史实是房子的基脚，史识则是它的地面构造。一个人能够广泛地收集史实，只是说明他的知识比较渊博；有能力表达新颖、深刻的史识，才能呈示其思想、眼界的出类拔萃。何况，不同的作家面对的史实大同小异，我们的作品要表现出与他人相异的模样，也必须在史识上多下工夫。面对历史写作，我们理应拥有这样一种认知：历史素材永远像远行者的行囊，我们背在身上，不是为了展示过去有多少宝贝，而是为了挑选对当下有用的东西。

孔子曰："言而无文，其行不远。"孔子此处的"言"并不专指文学，而是指一般的语言、文字。普通的言语、文字尚且要追求"文"（形象、生动），文学作品就更不用说了。历史随笔是文学的一种，由史实、史识与文学技巧杂交而成，追求文学性原本天经地义。我在写作中很在乎文章的可读与否，无论文章结构还是语言，我都希望尽可能灵活、精致、有意思。文学不是中药，中药苦一点没关系，毕竟有病不吃药，很可能马上死人；但文学必须"口感"良好，文学虽然可以作用于人的心灵，让我们的精神变得丰富、雅致、诗意，但你不走近它至少不会立即出现生命危险。我一直有个褊狭的观念，不注重文采、不重视可读性的文字不是真正的文学作品，哪怕它在别的方面做得完美无缺。

本书能及时出版，首先要感谢责任编辑胡畔女士。没有她的热情约稿，没有她后来的不断鼓励，书中的相当一部分文章可能至今仍沉睡在我的脑子里。我要感谢著名作家岳南、刘宜庆、向继东、魏剑美、郑连根、朱文楚、王国华诸位先生，岳南先生在百忙中抽出时间为本书作序，刘宜庆、向继东等先生联袂推荐本书，并为之写推荐语，为本书极大地增添了华彩。我也要感谢湖南人文科技学院中文系主任李夫泽教授、前任系主任成远镜教授和其他中文系领导，没有他们的持久支持，我今天的成绩一定会大打折扣。最后，我必须感谢我的家人，是他们营造了良好的家庭环境，使我不必操心各种生活琐事，得以集中精力完成本书的写作。

游宇明

2011年11月于湖南人文科技学院